2015年江苏沿海沿江发展

研究报告集

主　编　成长春　周威平
副主编　陈长江　冯　俊

苏州大学出版社

图书在版编目(CIP)数据

2015年江苏沿海沿江发展研究报告集 / 成长春,周威平主编. —苏州:苏州大学出版社,2016.10
ISBN 978-7-5672-1845-1

Ⅰ.①2… Ⅱ.①成… ②周… Ⅲ.①区域经济发展－研究报告－南通－文集②社会发展－研究报告－南通－文集 Ⅳ.①F127.533-53

中国版本图书馆CIP数据核字(2016)第219645号

2015年江苏沿海沿江发展研究报告集

成长春 周威平 主编

责任编辑 施 放 王 娅

苏州大学出版社出版发行
(地址:苏州市十梓街1号 邮编:215006)
宜兴市盛世文化印刷有限公司印装
(地址:宜兴市万石镇南漕河滨路58号 邮编:214217)

开本 700 mm×1 000 mm 1/16 印张 15 字数 225千
2016年10月第1版 2016年10月第1次印刷
ISBN 978-7-5672-1845-1 定价:48.00元

苏州大学版图书若有印装错误,本社负责调换
苏州大学出版社营销部 电话:0512-65225020
苏州大学出版社网址 http://www.sudapress.com

目录

第一编 长江经济带发展研究

紧抓长江经济带建设机遇 推动江苏经济转型升级
　　　　　　　　　　　　　　　　成长春 徐长乐等 / 3
关于推进南京江北新区发展的几点建议 成长春 杨春蕾等 / 8
打造世界级产业集群
　　——第二届长江经济带发展论坛综述 （光明日报2016.04.04）/ 15
打造长江经济带世界级产业集群
　　——第二届长江经济带发展论坛观点综述
　　　　　　　　　　　（中国社科报2016.04.26）杨春蕾 / 17
助推长江经济带绿色发展和经济提质增效
　　——第二届长江经济带发展论坛暨长江经济带世界级产业集群建设
　　学术研讨会发言摘登 （光明日报2016.04.23）/ 21
长江经济带定调绿色
　　——解读《长江经济带发展规划纲要》 （科技日报2016.04.08）/ 29

第二编 南通沿海沿江发展研究

南通市海洋经济发展面临的形势及"十三五"展望
　　　　　　　　　　　　　　　　　　杨凤华 杨晓峰 / 35
通州湾江海联动开发的对策和示范效应研究 陈长江 / 49
南通沿海前沿区域深化区镇一体化发展研究 马 亮 杨晓峰等 / 61
日本港口发展经验对南通沿海港口建设的启示
　　　　　　　　　　　　　　　　　　周威平 冯 俊等 / 76
关于南通沿海港口资源整合的思考与建议 王丞华 刘 建等 / 96

南通沿海建设大宗货物仓储物流中心的可行性研究
　　　　　　　　　　　　　　　　　　　刘利平　沈小燕 / 110
南通滨海现代旅游业产品开发与营销对策研究
　　　　　　　　　　　　　　　　　　　吉倩倩　王英利 / 121
南通沿海旅游经济发展与旅游产品开发研究
　　　　　　　　　　　　　　　余凤龙　王英利　阚耀平 / 134
关于提高南通沿海地区供电、供热、供水能力的建议
　　　　　　　　　　　　　　　　　　　童　霞　高申荣等 / 144
南通沿海快速集聚人才的路径研究　何春宏　朱　栋等 / 153
南通涉海金融创新问题研究　　　　冯　俊　杨晓峰等 / 164
推进南通现代农业加快发展的实践与展望　金　飞　周　晟 / 176

第三编　启东经济发展研究

启东市"十三五"海洋产业发展对策研究　沈衍冰　祝凤祥等 / 187
启东市推进新型城镇化对策研究　　李菲菲　施　亮等 / 203
启东市设立综合保税区的条件分析与路径选择　　祝凤祥 / 215
陆海统筹背景下启东市园区发展新模式研究　石光辉　岳国强 / 228

后记　/235

第一编

长江经济带发展研究

紧抓长江经济带建设机遇
推动江苏经济转型升级

> **编者按** 改革开放以来,江苏历经三次经济转型,成绩显著。在新常态下"从要素驱动转向创新驱动"的新阶段,江苏经济发展还面临着一些矛盾问题。江苏应紧抓新一轮长江经济带建设机遇,按照"东西互补、江海联动、双向开放、共赢发展"的战略思路,通过强化先进制造业和现代服务业的区域引领带动、促进行业龙头骨干企业的跨地区辐射结盟、推动异地园区的联合共建、打造南京等沿江中心城市总部经济集聚区、协作共促区域一体化市场体系等途径,推动江苏经济转型升级迈上新台阶。

2014年底,习近平总书记在视察江苏时提出"调高调轻调优调强"的发展思路,以及近年来国家推进"一带一路"、长江经济带建设等重大战略,为江苏经济的转型升级提供了更宽的思路、更大的空间和更强的支撑。

一、长江经济带建设与江苏经济转型升级的机遇与挑战

新一轮长江经济带建设对江苏经济转型升级带来重大历史机遇:一是国家层面相关重大战略部署的加快制定和实施,为江苏经济增长动力的转换与新旧接续带来政策机遇;二是长江上中游广阔的经济腹地为江苏经济增长拓展了空间;三是随着世界第三次工业革命浪潮的到来,江苏可以充分发挥率先融入全球价值链以及产业、人才、技术、管理等方面的优势,引领长

江上中游地区参与国际分工,有利于重塑产业空间格局,推动产业链层次提升。

与此同时,在经济新常态的大背景下,全省经济转型升级也面临着一定的挑战。一是产业经济的结构性矛盾依然突出。制造业大而不强、强而不优;服务业尤其是现代服务业的发展缓慢;外向型经济呈现疲软态势;农业经营规模小,高效农业比重低,产业化经营水平不高。二是经济内生增长动力不够强劲。投资拉动经济增长的边际效益明显递减,主要依靠内需拉动经济增长的格局尚未真正形成,长期支撑外贸出口的人口资源红利等传统竞争优势正在逐步弱化,打造核心竞争新优势仍尚需时日,创新驱动新格局、新动力尚在积极培育之中。三是经济资源要素的配置空间和配置效率有待进一步拓展与提高。优势产业的外部规模经济和范围经济效应不够理想;行业龙头骨干企业区际扩张、沿江拓展的意愿和动力不强;省域中心城市的区域辐射扩散、服务带动作用不够突出,南京的沿江中心城市地位仍待进一步确立。

二、推进江苏经济转型升级的对策建议

(1)构建"东西互补、江海联动、双向开放、共赢发展"的经济发展新思路。一是抓住江苏经济转型升级压力与中上游加快发展需求的互补性。通过企业走出去、园区共建等多种途径,促进江苏产业梯度转移、上中游产业有序承接、战略性新兴产业共同发展。二是用好长江上中下游地区生产要素配置的互补性,促进江苏产业、经济要素西移与上中游资源能源东送的双向流动新态势。三是挖掘长江上中下游地区优势产业的互补性。凭借以长江黄金水道为天然纽带且发展日臻完善的区域市场体系和综合交通运输体系,共同培育打造全流域共同参与国际国内竞争的现代产业体系和统一市场体系。四是抓住东西双向开放的互补性。依托长江黄金水道向西打通中巴、中印缅经济走廊;依托陇海—兰新线对接丝绸之路经济带,打通从太平洋到波罗的海的国际运输大通道;依托21世纪海上丝绸之路进一步开拓东南亚、南亚和非洲市场。

(2)强化先进制造业和现代服务业的区域引领带动。一是继续强化优化江苏作为长江经济带工业龙头大省的优势地位。大力实施《中国制造2025江苏行动纲要》,加大对传统制造业的改造升级力度和沿江转移力度。二是紧紧对接上海市"4+1国际中心"建设,助力江苏现代服务业大发展。如对接上海自贸区建设,提升江苏国际金融、国际贸易的规模水平和领域拓展;对接上海国际航运中心建设,推进南京区域性航运物流中心建设;对接上海全球科技创新中心建设,提升江苏高科技产业和战略性新兴产业的综合竞争力及其在长江经济带的领先地位。三是积极实施"互联网+"行动计划。大力拓展互联网与本省社会经济各领域的深度融合,建立以数字化车间为代表的现代生产体系,打造一批智能工厂。同时,以"互联网+"为支撑,促进企业全流程互联互动。

(3)促进行业龙头骨干企业的跨地区辐射结盟。一是鼓励江苏企业特别是龙头骨干企业走出去。鼓励企业通过市场化投资方式参与跨地区、跨国界兼并重组。可借鉴推广上海港务集团2001年起实施的"长江战略"的成功经验,积极鼓励本地龙头骨干企业到沿江各地及国内外建厂布点。二是依托长江黄金水道,重点培育大型港航物流企业。南京要重点打造大型综合性港航物流企业集团;苏州、南通着力形成一批特色货种储运企业。三是聚焦企业品牌质量双提升。持续培育国际竞争力强、影响力大的自主创新品牌企业;支持行业龙头企业主导或参与国际、国家或行业标准制定;加快工业智能机器人、增材制造等先进技术在生产过程中的应用。

(4)推动异地园区的联合共建。一是积极组建沿江跨地区的园区联盟。继续加大江苏三大区域板块之间、江苏与上海之间以及与境外合作共建园区建设的力度,并借鉴"长三角园区共建联盟"的组织管理模式,推动组建沿江跨地区联合共建园区联盟。二是推进高新园区建设的创新能力。在深化科技体制改革、建设新型科研机构、科技资源开放共享,以及在与沿江省市联合组建大型工业技术创新项目联合体和区域协同创新等方面进行积极探索,建立政产学研金用协同创新体系。三是依托园区,与沿江省市共同搭建跨地区产业合作与科技创新的利益共享、协同创新等六大机制和打造新型科研创新平台等五大平台。

(5) 打造南京等沿江中心城市总部经济集聚区。一是打造南京江北新区总部经济集聚区。积极吸引跨国企业、沿江企业和本省企业总部落户江北新区，充分发挥总部经济的突出优势，加强对皖江城市带的辐射服务，加强南京与上海浦东、重庆两江、贵州贵安等沿江四个国家级新区的结盟。二是做好与上海、武汉、重庆总部经济的嫁接、配套与联动。做好上海总部经济发展过程中的产业配套与产业联动，积极吸引与制造业相关的国内外生产性组织总部、技术应用研发总部等落户南京、苏州等市；并与长江中上游的武汉、重庆总部经济集聚区互动衔接，共同打造长江流域总部经济集聚带。三是加强国际产业融合力度。以苏南国家自主创新示范区建设为契机，重点加快苏锡常城市群群内、群外的产业分工合作和基础设施建设与联通，深度推动产城融合，不断提升苏锡常城市群的全球生产网络节点城市地位。

(6) 协作共促区域一体化市场体系。一是推动形成省内三大区域板块跨江融合发展新格局。以打造快捷的跨江交通网络和信息共享平台为支撑，加快苏南产业、技术、人才、资金、管理向苏中、苏北地区的转移步伐，着力推进沪嘉苏通经济圈的一体化、同城化建设。二是政府搭台、企业唱戏、规划引领，建立区域联动发展新机制。以国家即将出台的《长江经济带发展规划》和新一轮《长三角区域发展规划》为统领，积极推进江苏与沿江各省市在沿江联动发展中的协调磋商机制。三是以流域整体视野构建综合立体交通网络体系。以南京港、苏州港、南通港和连云港为重要节点，加强江苏沿江港口联盟和沿海港口联盟建设。支持通州湾江海联动开发以及南通深水港和高等级内河航道建设。共同推进长江"黄金水道"和"一带一路"等重大交通基础设施的建设与对接。四是多管齐下、联防联治，共建长江绿色生态廊道。积极参与长江全流域以水污染治理为核心的环境综合治理工作；协调长江生态跨区域监管，参与建立上中下游生态补偿机制，促进全流域联防联治机制的形成。利用江苏现有优势,在水权、碳排放权、排污权交易方面率先进行市场化探索,力争相关交易中心在江苏落地。

课题组负责人:
  南通大学江苏长江经济带研究院 成长春
执笔人:
  华东师范大学长江流域发展研究院 徐长乐
课题组主要成员:
  南通大学江苏长江经济带研究院 陈长江
              冯 俊
              周威平
              杨凤华

(本研究报告为2015年江苏省应用研究重大课题、江苏省社会科学基金项目[15WTA007]"新一轮长江经济带建设与江苏经济转型升级研究"研究成果)

关于推进南京江北新区发展的几点建议

> **摘 要** 为了深入研究南京江北新区在落实国家重大改革发展任务和创新体制机制的试验示范作用,南通大学江苏长江经济带研究院组织科研力量对近年来国家级新区的发展绩效进行了系统研究,并先后赴南京江北新区、重庆两江新区以及武汉、成都等地开展实地调研,在此基础上,研究提出了推进南京江北新区持续健康发展的几点建议。研究认为,在国家级新区全面推进、开放型经济遭遇挑战等新形势下,南京江北新区不是政策洼地,而应通过实施创新驱动、优化产业布局、挖掘港口潜力、推动东西开放、放大文化优势、创新管理体制等途径,努力走出一条创新驱动、开放合作、特色发展的现代化建设道路。

南京江北新区于 2015 年 7 月 2 日正式获批设立,其作为江苏省唯一的国家级新区,必然被寄予提供经济增长新的动能、推动江苏经济转型升级的厚望。获批成为国家级新区的利好信息仅能在短期内为区域经济的发展注入活力,并不能成为推动发展的持久动力。江北新区应更多依靠自身的区位、历史文化、自然禀赋、创新资源等方面优势,精准定位,综合形成区别于其他国家级新区特色发展的核心竞争力。课题组在对新区的基本现状进行深入分析的基础上,提出推进南京江北新区发展的几点建议。

一、南京江北新区发展的基本现状

1. 国家级新区全面推进,江北新区不是政策洼地

1992 年 10 月中国第一个国家级新区——上海浦东新区获批,带动了中国尤其是东部沿海地区的改革开放与经济发展。随后,为推动北部与西部内陆地区发展,依托所属直辖市,国务院先后于2006年5月、2010年5月批复了天津滨海新区、重庆两江新区。2008年的全球性金融危机,宣告了以大稳定为主要特征的旧常态的结束,全球经济进入一个深度调整与再平衡的"新常态"。为寻求新的经济增长点,国务院于2011年批复浙江舟山群岛新区;2012年批复兰州新区、广州南沙新区;2014年批复陕西西咸新区、贵州贵安新区、青岛西海岸新区、大连金普新区、四川天府新区;2015年批复湖南湘江新区、南京江北新区、福州新区、云南滇中新区。至此,中国国家级新区总数达到15个。国家级新区是中央基于新的发展形势提出的改革尝试,尤其在国家级新区数量达到15个的情况下,能够给予新区的优惠政策以及优惠政策的效力越来越有限。并且,按区域发展的需求,未来每个省份都有可能获批一个国家级新区,成为带动区域发展的战略基点。因此,南京江北新区不会是政策洼地,其发展优势不在于国家给予的特殊权限与优惠措施,而在于创新发展、率先发展,先行先试对外开放与制度创新等方面的重大改革举措。

2. 开放型经济遭遇挑战,江苏传统竞争优势削弱

作为对外开放的先行区,江苏开放型经济一直处于全国领先位置,但近些年也遇到了强大的挑战。一方面,2008年的全球性金融危机致使国外需求收缩、海外资本大量撤回,新兴经济体迅速崛起并参与全球竞争;国家针对外资的纳税优惠政策逐步取消,对外资的吸引力进一步减少;土地、资源、劳动力等要素价格不断上升,低成本竞争优势已不再明显。尽管江苏做出积极调整,但以出口导向型和加工贸易为主的经济发展方式已陷入困境,江苏对外开放仅有数量上的增加没有质量上的提升。另一方面,伴随着西部大开发、中部崛起、长江经济带和"一带一路"战略的相继推进,在政策效应的强力引导下,各类要素加速向中西部及内陆、沿边地区转移集聚,促使这些地区经济增速不断加快,经济占比不断提升,发展优势不断凸显。传统的贸易格局正在发生改变,中西部及内陆、沿边地区从传统上对外开放的末梢转变成对外开放的前沿,削弱了江苏既有的沿海开放优势。此外,仅长三角

区域内,上海浦东新区、中国(上海)自由贸易试验区、浙江舟山群岛新区等区域的发展,也将与江苏形成一定程度的竞争。

3. 行政管理体制未定型,新区机制体制有待创新

行政管理体制的核心是行政管理机构的设置,各管理机构职权的分配以及各机构间的协调度,将直接影响到管理的效率和效能,决定新区的发展方向和发展效益。国家级新区担任着先行先试的任务,在管理体制的设计上有较大的自主权,通常来讲,可有松散联合模式、管委会模式、属地政府模式等选择。上海浦东新区与天津滨海新区的管理体制均经历了"开发办公室或领导小组办公室—管委会—建制政府"的演变历程。重庆两江新区则直接迈进管委会模式。新区的规划和发展既涉及原有行政区利益关系的调整,又需要按照便捷高效的改革要求推进,处理好两者之间的关系,必须要有超强的行政统筹能力,以有利于发展为出发点,合理调整利益关系,使新区行政管理体制能尽快落实到位。南京江北新区目前采用的是较为灵活的管委会模式,但缺点是管委会没有社会事务的协调权,对下辖行政区、功能区的约束力度不够,建制政府则是新区管理形态的最终走向。如何减少未来管理体制大幅调整带来的阵痛,避免不必要的弯路,又能够迅速对接现有的管理体制,使更多的精力投入到新区的开发开放中,是在新区成立之初就需要妥善规划的问题。

二、推进南京江北新区发展的对策建议

国际级新区承担着国家重大发展和改革开放的战略任务,江北新区的获批对南京、江苏甚至是长三角以及更广区域来说都有着非常重要的意义,在对其基本现状进行了解分析的基础上,课题组提出以下建议。

1. 实施创新驱动,建设"双创"集中区

低廉的劳动力是江苏早期发展的优势,但这种优势在人口红利消逝和劳动力成本刚性增长的作用下已渐趋失去。随着经济发展的深化,经济增长将更多依靠人力资本和技术进步,并以创新驱动作为经济增长的新引擎。建议新区充分利用所富集的高等教育资源,由政府牵线、搭建平台,推动企

业与周边高校、科研院所开展各种形式的合作,搞好校企联合、产学结合;常规性地开展产业技术培训讲座、专题知识讲座、实际操作培训、行业科技咨询,促进技术创新所需各种生产要素的有效组合。同时,积极向先进国家和发达地区汲取先进的经营管理方法和技术创新方式,延长产业链条、创新工业化模式,鼓励发展以人力资本和知识资本作为主要投入品的生产性服务业,鼓励发展新型业态。建议将"大众创业、万众创新"作为江北新区的战略重点,培育"大众创业、万众创新"的良好氛围,同步强化知识产权意识,在高新区建成如北京中关村模式的双创集中区,在实施"中国制造2025江苏行动纲要"的过程中,推进江苏产业转型升级。

2. 优化产业布局,推动产业高端化

科学的产业布局能够使各类资源、要素甚至是各产业以及各企业在空间上得到合理配置,实现外部规模经济性。建议江北新区依托各区域现有产业基础,调整优化重点区域功能定位,构建高端、高质、高新的产业体系,打造智能制造、生命健康、新材料三大国家级制造业基地。具体来说:大力发展资本市场,建立社会化投资机构的集聚区,发展生产性服务业,特别要加快速度发展互联网金融;依托高新区,重点发展智能制造产业、生命健康产业;依托南京化工园,重点发展新材料产业;依托浦口经济开发区,重点发展高端交通装备产业;依托六合经济开发区,重点发展智能制造产业;依托海峡两岸科技工业园区,重点发展生命健康产业;依托紫金特别社区,重点发展科技服务产业;依托七坝港和西坝港,重点发展现代物流业。江苏工业化发展已较为成熟,建议新区在产业布局之初,就有意识地引导具有成本优势的资源加工型和劳动密集型产业以及具有市场需求的资本和技术密集型产业向西转移,进行战略合作,借助国家推进"一带一路"与长江经济带的战略契机,与中西部、沿边地区以及"一带一路"沿线国家共同发展。

3. 挖掘港口潜力,联通长江上下游

长江12.5米深水航道延伸至南京后,南京将成为长江入海口,南京港成为深水"海港",成为深入长江流域最远、距离中西部腹地最近的江海转运港,并形成南通与上海两向出海通道。建议一是整合南京港口资源、集中力量做大做强西坝、七坝港,与江南的龙潭港联动发展,推进南京区域性航运物流中心建设;并在省内以南京港、苏州港和南通港为节点,联合推进内河港口海港化管理,打造长三角北翼枢纽港群。二是与上海港、宁波—舟山港展开合作,逐步引导南京港管理和收费标准与上海港保持同一水平,降低到港船舶营运成本、提升船舶进出港口效率,并推进发展长三角区域内铁路、高等级公路与港区的连接线建设。三是以长江中游武汉港、长江上游重庆港为节点,探索跨区域多式联运与口岸监管的无缝衔接和无障碍流转,在长江经济带区域内联合实现"一次申报、一次查验、一次放行",实现更大范围的大通关合作和无纸化电子通关,使南京成为联通长江中上游与下游,沟通东部与中西部的综合性枢纽城市。

4. 推动东西开放,拓展广阔大市场

南京是长江经济带与东部沿海经济带的重要交汇点,拥有东向的对外开放优势。随着长江经济带战略的加快实施,中西部地区从传统上对外开放的末梢逐渐变成对外开放的前沿。新区需要适应对外开放格局变化的新趋势,在放大传统的东向开放优势的同时,向西寻求市场,向长江中上游以及内陆、沿边地区开放,同时积极与"一带一路"沿线国家展开合作,拓展更加广阔的开放空间。据了解,目前我国已开通的中欧班列除苏欧(苏州—波兰华沙)、义新欧(义乌—西班牙马德里)起点在东部外,其他线路起点都在中西部内陆地区。其中,起点在江苏苏州的苏欧班列北上至满洲里经俄罗斯至欧洲,并未经过中西部地区,这使得江苏在陆上与我国中西部地区以及中亚国家还处于"失联"状态。对此,江苏应借助高铁时代所带来的发展便利,迅速连入中欧铁路网,构建西向开放的立体式通道,与我国中西部地区及中亚、欧洲国家加强国际地缘政治经济联系,寻求面向中亚和欧洲的经贸合作项目。

5. 放大文化优势,增强新区吸引力

南京历史悠久、文化底蕴深厚,拥有自身独特的人文魅力。建议新区在开发建设过程中,注重保留历史景观,协调发展新区与老城区,合理布局、科学规划古城与产业区、商业区、居民区,使保护历史遗产成为增强城市发展

内涵不可分割的一部分,一来增强城市的人情味与归属感,二来维系海外投资者对南京的恋地情结,增强城市吸引力,三来可以推进新型城镇化试点工作。除招商引资、吸引产业与项目落地之外,尽快完善商业、医疗、教育、文化娱乐等生活配套设施,使新区居民在日常生活方面与老城区无异,才能避免在新区开发建设过程中出现空心化的现象,避免因工作区与生活区相分离而使部分区域在通勤时段交通过于拥堵。同时,新区的各功能区之间、新区与老城区之间不能孤立,需要通过公路、地铁、桥梁等将各区域之间联系起来,实现互联互通。高层次人才是江北新区发展的推动力,中低端的产业工人、服务业从业人员也是新区建设的主体,建议新区在给予高层次人才政策保障的同时,为外来劳工者提供相应市民化待遇,创新落户模式,使得新区率先成为多层次优质人口集聚的福地。

6. 厘清政府职能,还市场主体地位

多年来,江苏经济运行和宏观调控的特征可以用"强政府+强市场"加以概括,该模式在特定的历史时期起到了积极的作用,促进了江苏经济快速发展。然而,从发展的眼光看,江苏在市场化发展上还应迈出更大的步伐,给予市场更多活力。新区的发展应以市场机制为基础,使市场在资源配置中起决定性作用。政府应该重点关注公共产品与公共服务的提供,完善知识产权保护,创造并维护有利于创业创新的社会环境;适应贸易和投资便利化的大趋势,营造市场化、国际化、法治化的营商环境。建议在新区发展的产业选择、技术选择等方面不应过度干预,避免直接作为市场主体参与其中。进行制度创新,将上海自贸区先行的改革创新措施复制到江北新区,不断创造新的制度优势。打造一批公共服务平台,为新区企业提供低成本、便利化、开放式、全要素的一站式服务。切忌仅为某些产业、某些技术甚或某些企业提供特别支持,应让市场来决定资源的配置方向。尤其是要充分发挥中小微企业在创新与创业方面的关键作用,大力培育为创业者提供财务、法务、人事及与风险投资嫁接的新型孵化器发展,搭建服务于中小微企业创新创业的信息平台、实验与检测平台,为中小微企业参与商业化潜力较大的公共科技项目创造条件。

7. 创新管理体制,增强行政统筹力

上海、天津、重庆等城市在新区创立之初就设立市级层次的新区领导小组,由市主要领导(1名直辖市副市长)兼任组长,构建行政资源高地,一方面保证了新区的规划和发展能放置在国家直辖市的层面加以布局和推进,另一方面也有效地统筹了新区与原有行政区以及新区内部各职能部门之间的利益关系。借鉴外省市的经验,同时也为了更好、更快地推进江北新区的体制机制创新,建议江苏省和南京市根据需要赋予新区市级和部分省级经济社会管理权限;成立党政合一的新区管理机构,由省委常委中的一名副省长兼任江北新区管委会主任,以确保新区在发展资源上拥有较强的行政统筹能力。也应认识到,在新区建设初期,管委会能够迅速组织新区的建设与项目的实施,具备一定的灵活性,但是管委会模式终究受机制体制所限,是新区成立初期的选择,而建制政府则是新区管理形态的最终走向。因此,为避免未来机制体制调整带来的阵痛,应按照"大部制、扁平化"的方向和"精简、统一、高效"的原则进行机构设置,并使所设立的管委会机构能够较好过渡成为未来的新区政府机构。

课题组负责人:
南通大学江苏长江经济带研究院　成长春
执笔人:
　　　　　南通大学商学院　杨春蕾
课题组主要成员:
　　　　　　　南通大学　蒋乃华
　　　　南通大学地理科学学院　王英利
　　南通大学江苏长江经济带研究院　周威平
　　　　　　　　　　　　　　　杨凤华
　　　　南通大学管理学院　季燕霞

原载于《光明日报》2016 年 04 月 04 日 03 版

打造世界级产业集群
——第二届长江经济带发展论坛综述

> **编者按** 由光明日报社、上海社会科学院、南通大学联合主办的第二届长江经济带发展论坛4月2日圆满落幕。与会专家围绕"长江经济带世界级产业群建设"这一主题,就长江经济带创新驱动发展战略研究、长江经济带立体交通走廊战略研究、长江经济带世界级产业群战略研究、长江经济带绿色生态廊道战略研究等热点问题,进行了深入探讨。

关于长江经济带创新驱动发展战略研究。上海社会科学院研究员王振说,实现长江经济带的创新驱动发展,要立足区域协同,从国家全面创新改革试验部署和协同创新驱动发展两个层面切入,勾画长江经济带创新驱动发展的区域格局。江苏长江经济带研究院院长成长春认为,坚持创新驱动、转型发展,要精确瞄准世界主流市场、核心技术和高端产品,开展联合攻关。

关于长江经济带立体交通走廊战略研究。重庆社会科学院课题组从提升长江黄金水道航运能力、建设深入腹地的黄金水道网络、完善三峡综合翻坝运输体系、提升三峡翻坝能力、加快交通运输方式转型升级、推动交通运输的绿色发展等六个方面,提出了长江经济带立体交通走廊战略实现的相应策略。华东师范大学教授徐长乐认为,航道、干支直达、航运中心的联动联盟等,是长江经济带黄金水道建设不能回避的关键问题,如果没有很好的解决方案,黄金水道功能的提升将会大打折扣。

关于长江经济带世界级产业群战略研究。江苏长江经济带研究课题组从地理的临近性、产业的关联性、市场的竞争性、社会的根植性以及创新活动五个方面，给出了产业集群的一般性定义。同时，课题组以全口径、集聚集约等原则，筛选确定了电子信息产业集群、轨道交通产业集群、港航物流产业集群等十个产业集群。中国国际经济交流中心总经济师陈文玲认为，现代世界级产业集群，应是对整个制造业链条起主导作用的龙头企业、龙头产品和龙头行业的集聚，是有现代技术支持、以实体经济和虚拟经济之间互动关系、以最本质最先进的产业为基础而形成的制造业集聚高地。因而，在研究和建设长江经济带世界级产业集群时，她建议要更关注其在整个产业集群中的功能定位。

关于长江经济带绿色生态廊道战略研究。四川省社会科学院研究员刘世庆提出，该战略研究的核心是绿色发展和生态廊道，她着重从绿源战略、绿廊战略、绿洲战略等六个方面进行汇报，并希望政府规划引领、市场资源供求、社会公众参与三方合力，推动长江经济带绿色生态廊道建设及长江上中下游的协同发展。上海社会科学院经济研究所研究员张兆安说，生态补偿机制急需推进，流域的利益协调问题需要考虑到位。

关于长江经济带与"一带一路"互动战略研究。张兆安认为，在全球化经济以及国内经济新常态的形势下，长江经济带肩负着国内改革的任务，"一带一路"则肩负着对外开放的使命，长江经济带战略要服务、助推"一带一路"战略。张兆安说，实现长江经济带与"一带一路"战略互动，要解决好三个利益平衡，即两大战略之间的利益平衡、国家发展与区域发展之间的利益平衡、区域发展与地方发展之间的利益平衡。同时，两大战略的发展还需要在目标、空间、产业、交通网络方面做到契合。

关于自贸区建设与长江经济带开放型经济战略研究。上海社会科学院世界经济研究所研究员沈玉良说，长江经济带是中国最大的消费地带、是全球最集聚的制造基地之一。因此，形成长江经济带产业群国际竞争力，需要具备全球科技创新的能力，同时具备较低的贸易制度成本和制造成本。从短期看，提升长江经济带产业群国际竞争力的途径，就是通过海关特殊监管区的设立和贸易便利化的实现降低贸易制度成本。对此，王振建议，自贸区建设可以沿长江经济带进一步有力推进，让长江上中下游共享开放型经济。

原载于中国社科报 2016 年 04 月 26 日 05 版

打造长江经济带世界级产业集群
——第二届长江经济带发展论坛观点综述

编者按 今年3月25日,中共中央政治局会议审议通过《长江经济带发展规划纲要》,明确长江经济带发展的战略定位必须坚持生态优先、绿色发展。以绿色发展理念为引领,打造世界级产业集群,使长江经济带成为生态保护与产业开发相协调、充分体现国家综合经济实力的内河经济带,是推动长江经济带发展的重要任务。以此为背景,第二届长江经济带发展论坛暨长江经济带世界级产业集群建设学术研讨会于4月1日在南通召开。本次论坛由光明日报社、上海社会科学院、南通大学联合主办,四川社会科学院、重庆社会科学院、湖北社会科学院、江苏社会科学院协办,南通大学江苏长江经济带研究院承办。全国人大常委会原副委员长顾秀莲等领导参加论坛,著名经济学家洪银兴教授、中国国际经济交流中心总经济师陈文玲研究员、中国社会科学院学部委员金碚研究员、南通大学党委书记兼江苏长江经济带研究院院长成长春教授、上海社会科学院副院长王振研究员、四川社会科学院副院长盛毅研究员、重庆社会科学院副院长张波研究员、湖北社会科学院副院长秦尊文研究员、江苏社会科学院副院长吴先满研究员、上海社会科学院沈玉良研究员等专家学者,围绕长江经济带世界级产业集群培育这一热点问题进行了广泛、深入的交流。

一、绿色发展引领提质增效

新年伊始,习近平总书记提出,推动长江经济带发展必须从中华民族长远利益考虑,走生态优先、绿色发展之路,使绿水青山产生巨大生态效益、经济效益、社会效益,使母亲河永葆生机活力。

与会专家根据"生态优先、绿色发展"战略定位,构建了长江经济带世界级产业集群综合竞争力评价指标体系,遴选出电子信息、高端装备、汽车、家电、纺织服装、港航物流、绿色能源、旅游休闲、信息服务、现代农业与特色农业等十大可培育的世界级产业集群,并指出要通过优化供给、改造传统、淘汰落后、提质降耗等途径,引导产业集群向高端化、智能化、知识化、低碳化方向发展。沿江各省市环境基础设施较为完善,环境管理常抓不懈,公众环保意识逐步提高,以绿色发展理念引领长江经济带世界级产业集群建设具备良好基础。但与此同时,环境承载力已达上限、地区局部利益与流域整体利益相冲突等问题,仍然是长江经济带产业集群绿色发展的瓶颈。因此,要增强系统思维,统筹推进沿江各省市生态环境改善和产业布局优化,协同走出一条绿色低碳循环发展之路;要引导沿江产业有序转移,在不转移高污染产业前提下努力消除长江经济带区域差异;要在保护生态的条件下,培育形成具有国际水平的产业集群。

二、创新发展推动供给侧结构性改革

创新发展是供给侧结构性改革的关键,也是建设长江经济带世界级产业集群的核心理念。长江经济带培育世界级产业集群,至关重要的是要使制造业提升为世界级。与传统上若干同类企业简单扎堆而成的制造业集群相比,长江经济带培育的世界级制造业集群应是拥有现代技术支持、实体经济与虚拟经济良性互动的制造业配置资源的战略高地,能够不断通过技术创新,释放新需求,创造新供给。技术创新包括五个方面:一是满足消费需求的颠覆性技术;二是突破一批基础零部件制造的关键技术;三是研发具有放大效应和共享性的关键技术;四是拥有在全球处于领先水平的核心技术;五是超前部署一批前沿技术。

长江经济带世界级产业集群还应创新地向网络形态方向发展。这种网络由相互连接的五个"实"网络与三个"虚"网络组成。"实"网络包括高效

的铁路网络体系、便捷的公路网络体系、发达的航空网络体系、一体化的城际交通网络体系以及油气管道网络体系。"虚"网络则包括互联网、物联网和市场网。

三、融合发展构建链式共生关系

世界级产业集群对生产要素、基础设施、开放程度要求很高,一般只有都市型产业集群才能担当起世界级产业集群的角色。因此,应以沿江国家级、省级开发区为载体,发挥中心城市的产业优势和辐射带动作用,强化大中小城市和小城镇产业协作协同,形成横向错位发展、纵向分工协作的发展格局,使城市格局与产业布局紧密衔接。培育长江经济带世界级产业集群,应推进制造业与服务业融合发展。制造业、服务业的发展分别影响产业集群发展的"量"和"质"。发达服务业与先进制造业的充分融合,是增强产业集群功能与竞争力的关键。

长江经济带世界级产业集群是优势产业和各类要素集聚、融合而成的链式共生平台。这种链状关系包括以下几种主要形式:一是产业链。围绕着龙头企业的龙头产品形成的上下游产业链。二是供应链。产业集群是众多企业共享资源的物流平台或体系。三是价值链。长江经济带的产业要走向价值链的高端,在价值链上创造更多财富、获得更大受益。四是服务链。服务业要贯穿于支撑整个制造业,实现两者融合共生发展。此外,还有信用链、信息链、资金链,等等。

四、全球化发展增强国际竞争力

长江经济带一直是中国迎接经济全球化的首要地区,长江经济带培育形成具有世界影响力的产业集群,在很大程度上彰显着中国经济在全球化中的地位和竞争力。世界级产业集群具备以下特征:一是影响范围大、规模效应显著、市场占有率高;二是建立在更高水平的开放型经济基础上,国内外要素双向流动频繁;三是技术层次、创新能力强于一般产业集群,执行更高标准;四是拥有比其他区域低得多的制造成本以及贸易制度成本。长江经济带世界级产业集群的培育应突出体现以下全球化特征：第一，高度的活力和创新驱动力。第二，高度的开放性和包容性，便利的商事制度环境。第三，在全球分工体系中占据众多制高点。第四，在陆海兼具的地缘格局中发挥突出的区域竞争优势。

也有学者立足长江经济带上游，提出上游地区传统上在经济全球化中的参与度较东部下游地区要低，当前应紧抓"一带一路"战略机遇，充分发挥南向到东南亚、北向到中亚、欧洲等陆路和海路距离比东部更近的优势，建设以铁路货运班列、航空为主体，公路和水路协同配合的新通道，面向国际市场实现物流、人流以及原料、产品的大进大出。

五、一体化发展提高要素配置效率

中国产业发展正从"特殊政策区"时代转向"自由贸易区"时代。以往主要依靠差别政策、优惠政策来推动产业发展，现在则是使产业发展努力融入公平竞争和有序合作的一体化经济区域，进而融入一体化的全国经济和高度自由化的全球经济。

长江经济带具有承东启西的作用，应围绕产业优势，探索沿江各省市间的一体化联动发展机制，实现长江上中下游产业集群协调性均衡发展。一是要以上海港、武汉港、重庆港为节点，推进口岸信息互联互享，探索跨区域多式联运与口岸监管的无缝衔接和无障碍流转。二是沿江各省市应共同清理阻碍要素合理流动的地方性政策法规，打破区域性市场壁垒，实施统一的市场准入制度和标准，推动劳动力、资本、技术等要素跨区域流动和优化配置，全面提高资源配置效率。三是要更加强调合理分工与协作，提高产业内一体化程度，增强产业集群竞争力和可持续发展能力。四是要根据沿江省市各自资源禀赋优势，坚持错位发展、特色发展，避免重复建设和同质化竞争，在长江经济带世界级产业集群的培育过程中，促进全流域产业结构优化调整，同时，加强长江全流域生态环境监管和综合治理，实现全流域一体化联动发展。

南通大学商学院　杨春蕾

原载于《光明日报》2016.04.23

助推长江经济带绿色发展和经济提质增效
——第二届长江经济带发展论坛暨长江经济带世界级产业集群建设学术研讨会发言摘登

> **编者按** 在保护生态的条件下推动长江经济带发展,是党中央、国务院做出的重大战略部署。坚持生态优先、绿色发展的战略定位,积极培育长江经济带世界级产业集群,调整优化长江经济带产业布局,成为长江经济带实现绿色发展和经济提质增效的重要任务。4月1日,由光明日报社、上海社会科学院、南通大学联合主办,四川省社会科学院、重庆社会科学院、湖北省社会科学院、江苏省社会科学院协办,南通大学江苏长江经济带研究院承办的"第二届长江经济带发展论坛暨长江经济带世界级产业集群建设学术研讨会"在南通召开,专家学者围绕培育长江经济带世界级产业集群的议题展开研讨。

走产城融合之路

(南京大学原党委书记 洪银兴) 推进供给侧结构性改革,应以发展的途径来解决库存和产能问题,当前消化过剩产能和库存的重要举措就是加快新的城市群建设。因此,以绿色发展理念为引领,推进长江经济带世界级产业集群建设,要与长江经济带世界级城市群的打造相结合,走产城融合之路。

长江经济带以长三角经济带为龙头。在国内众多经济带中,长三角经济带最活跃、潜力最大、中心最为突出。长三角经济带是一个产业带,更是一个城市带。长三角城市带过去在江苏主要是沿沪宁线城市带,随着交通各方面条件的改善,江苏长三角城市群有了一个新的发展方向,即以南通为重要节点、联合盐城与连云港而组成的沿海城市群。在长三角一体化、江苏沿海开发等国家战略深入推进形势下,江苏要进一步巩固苏南地区在长三角城市群中的地位和作用,同时要加快推动沿海城市群积极融入以上海为中心的长三角城市群。

2015年中央城市工作会议提出:要以城市群为主要形态,科学规划城市空间布局,实现紧凑节约、高效绿色的发展;要结合各城市的资源禀赋和区位优势,明确它们的主导产业和特色产业,强化大中小城市和小城镇产业协作,逐步形成横向错位发展、纵向分工协作的发展格局。这些措施的实施有利于推进长三角及长江流域间的区域分工与合作,引导产业合理布局和有序转移,有利于长江经济带培育形成具有国际水平的产业集群。

体现经济全球化3.0时代先进产业群的特征

(中国社会科学院学部委员、中国区域经济学会会长 金 碚) 长江经济带是我国历次经济全球化首要发展区域,长江经济带产业集群竞争力在很大程度上代表着我国在全球产业分工中的地位和竞争优势,在每一个全球化时期,长江经济带都有最具特征性的表现。在经济全球化3.0时代,即利益交织、权力多极、多国共治的全球化时代,中国应以善治与活力引领世界经济,以"公平性"和"开放性"促进经济社会包容、健康发展,以长江经济带世界级产业集群的培育和形成标示中国经济在全球化中的地位和竞争力。

在迎接经济全球化3.0时代到来的历史时刻,上海成为中国自由贸易区的第一个试验区,标志着中国改革开放的基本政策取向开始转向以公平竞争和普惠政策为主导,形成更完善的市场经济体制和更开放的全球化战略。以上海自贸区为起点,自贸体制向长江流域广阔腹地延伸,将再次奠定长江经济带在中国迎接经济全球化3.0时代中的引领地位。可见,打造长江经济带产业集群,不仅对于中国经济发展具有重大战略性意义,而且对于世界经济的全球化态势都将具有重大意义,长江经济带产业集群的发展将具有世界性影响。

但是,要成为世界级产业集群,必须具有体现经济全球化3.0时代先进产业群的主要特征:第一,具有高度的活力和创新驱动力;第二,具有高度的开放性和包容性,以及极为便利的商事制度环境;第三,在全球分工体系中占据众多制高点,在"全球制造"产业体系和产业链中稳固保持"中国制造"的优势领域和环节;第四,以优越的区位条件和高度完善的基础设施,在陆海兼具的地缘格局中发挥突出的区域竞争优势;第五,实体经济与金融经济高度融洽。

具有"世界级"所赋予的独有特征

(四川省社会科学院副院长 盛毅)世界级产业集群除具有产业集群的一般特征之外,还应具有"世界级"所赋予的独有特征,主要体现为:在影响范围和地位上,是世界同类产业的重要中心和专门化基地;在相关配套条件上,基础设施良好、开放型经济发达、产业集群内有国内外生产要素的大量流动;在技术层次和创新力上,要明显高于以劳动密集型为主体的一般加工型产业集群。

长江经济带世界级产业集群的培育,需要在政府的正确引导下,依据沿江省市产业的发展基础,选择合理的产业类型、载体、规模和集聚度。在产业类型选择方面,除《长江经济带创新驱动产业转型升级方案》(发改高技〔2016〕440号)中明确的五大重点领域和十大新兴产业集群外,还应参照沿江省市发展思路和发展基础,推动相关省市联手打造在制造业和服务业等领域具有优势的产业集群;在承载空间选择方面,应充分发挥中心城市的产业优势和沿江国家级、省级开发区的载体作用;在规模及龙头企业选择方面,要根据是否能影响甚至左右产品或服务的国际市场价格、增加值,以及对长江流域的经济影响等因素进行确定;在政府作用发挥方面,要把集群当作一种政策工具,取代传统产业政策,来刺激集群所在地区的创新和发展。

目前,长江上游地区世界级产业集群的培育可以分为两个层次。第一个层次是重点建设国内生产规模大、具有自主创新能力、已经走向世界市场的汽车、笔记本电脑、重大装备三大产业集群。第二个层次是在清洁能源、白酒、中成药、航空航天、旅游、物流等具有较好发展基础和巨大发展空间的领域,培育2到3个世界级产业集群。

重点打造五大世界级产业集群

(湖北省社会科学院副院长 秦尊文) 目前,世界级产业集群主要分布在发达国家,其中尤以美国底特律汽车产业集群、日本丰田汽车产业集群、美国硅谷高新技术产业集群、日本半导体产业集群、英国伦敦生物医药产业集群等最具代表性。归纳起来,它们具有以下共性特征:一是产业规模在行业内占有较大比重;二是拥有世界一流的行业领军企业;三是围绕领军企业形成专业化分工系统与协作网络;四是具有世界领先的核心技术和持续创新能力。

未来,长江经济带要围绕优势产业集聚,打造一批世界级产业集群,加快重点产业领域规模化、体系化、高端化发展。要以沿江国家级、省级开发区为载体,以大型企业为骨干,发挥中心城市和园区的产业优势和辐射带动作用,重点打造五大世界级产业集群。一是以合肥、武汉、上海、重庆、成都为核心,依托显示面板生产线,打造新型平板显示产业集群;二是以上海、湖北、江苏、重庆为核心,依托8英寸、12英寸集成电路芯片生产线,打造集成电路产业集群;三是以株洲、重庆、南京、成都为核心,提升城际轨道车辆制造能力以及轻轨、地铁组装能力和维修能力,打造先进轨道交通装备产业集群;四是以上海、武汉、重庆、安徽、长株潭区域、成都、浙江、南昌为核心,完善整车制造及配套产业链,大力发展新能源汽车产业,打造汽车制造产业集群;五是以沿江电子商务示范城市为核心,利用移动互联网新模式新业态,打造电子商务产业集群。

关于长江经济带建设世界级产业集群的几点建议

（江苏社会科学院副院长　吴先满）　对于长江经济带建设世界级产业集群，我建议做到以下几个方面：

第一，要将"创新、协调、绿色、开放、共享"五大理念落实到位，增强长江经济带产业自主创新能力，加强长江上中下游地区协调互动，坚持走绿色发展路线，推动东西双向开放，更好地发挥产业集群发展的富民效应。

第二，要按照中央推进供给侧结构性改革的要求，推动长江经济带产业集群发展。要扎实推进供给侧结构性改革，提高长江流域经济的生产力，对低效无效的产能做减法，对高效有效的产能做加法甚至乘法，培育新动能，提高长江流域供给体系的品质效率和水平。

第三，要紧密结合长江流域各城市群建设产业群，对现有国家开发区、园区、新区等载体平台进行优化组合，促进其转型升级，利用他们的特色优势，更好地发挥它们在长江经济带产业集群建设中的载体作用。

第四，江苏应积极参与长江经济带世界级产业集群建设，通过打造长江经济带建设先行示范区、合力推进长三角区域一体化、深化与长江中上游地区合作等途径，致力于打造具有全球影响力的产业科技创新中心，建立具有国际竞争力的先进制造业基地。

要有在全球领先、水平一流的核心技术

（中国国际经济交流中心总经济师　陈文玲）　长江经济带培育世界级产业集群，至关重要的是要把制造业提升到世界级。我国是制造业大国，但还不是制造业强国，制造业当前面临着如何向中高端迈进、如何将存量产能调优等严峻形势。寻求解决这一问题的突破性新思路，需要深刻认识世界经济形态的革命性变化及其对制造业的影响。

随着信息技术、3D技术等高技术的诞生和应用，实体经济、虚拟经济成为驱动世界经济的两个轮子。世界经济的表征也发生了重大变化，互联网、物联网成为一种泛在，它的渗透性、包容性、融合性、散发性影响超越了资本

的力量。虚拟经济必须与实体经济连接,否则就会成为泡沫。

制造业的表征是以产业链、供应链、服务链、价值链、资金链等链状的形态存在。制造业链状联系紧密,可以集中在一起的部分就是产业集群。世界级产业集群应该是对整个链条能起主导作用的龙头企业、龙头产品、龙头行业的集结,是由现代技术支持,实体经济与虚拟经济联动下形成的若干个制造业集中的高地,实际上是制造业配置资源的战略高地。

研究长江经济带世界级产业集群,更应该关注我国在世界制造业产业链中的位置,要将创新驱动放在第一位,将链条中最高端的部分、占主导的部分、创造最大价值的部分集聚在一起,形成世界级产业集群;要加快推动制造业供给侧结构性改革,促进制造业结构性调整,让外溢的需求重新回到国内,以满足国内即时消费需求、潜在消费需求、全生命周期的消费需求。制造业要在颠覆性技术、基础性技术、共享性技术、核心技术方面形成优势。长江经济带世界级产业集群,一定要有全球领先、水平一流的核心技术。

建立起生态环境硬约束机制

(南通大学党委书记、江苏长江经济带研究院院长 成长春) 长江是中华民族的生命河,也是中华民族发展的重要支撑。面对长江流域资源约束趋紧、环境污染严重、生态系统退化的严峻形势,在长江经济带积极培育世界级产业集群,首先必须要从维护长江流域生态安全的高度,按照全国主体功能区规划要求,建立起生态环境硬约束机制,选择好绿色低碳循环发展之路。

世界级产业集群是产业集群的升级版和动态演进的高级阶段。美国硅谷、印度班加罗尔IT产业、东京湾临港工业产业、日本丰田汽车产业、第三意大利艾米丽亚—罗马格纳制造业、丹麦新能源产业、美国现代农业产业等都是世界著名产业集群。这些世界级的产业集群,除了具有集聚、国际化、创新、网络、社会根植性等传统特征外,随着人类的生态觉醒和可持续发展观念的日益深入人心,已普遍呈现出不断加快的绿色升级态势。

与国外世界级产业集群相比较,长江经济带产业集群具有较好的产业基础,但总体而言,当前长江经济带产业集群的发展,仍然面临产业发展和资源环境矛盾加剧、自主创新能力偏低、在全球价值链中依附式发展、产业链联系不够紧密、低成本竞争优势逐渐减弱等问题。因此,以绿色发展理念为引领,克服和摆脱价值链低端锁定状态,推进产业集群可持续发展和转型升级,将长江经济带具有潜力的产业集群培育成世界级产业集群,是推动长江经济带发展的重要任务。

基于市场规模、集聚集约、品牌影响力、国际化程度、流域特色等筛选原则,从全产业口径角度分析,长江经济带已形成电子信息、高端装备、汽车、家电、纺织服装、绿色能源、港航物流、旅游休闲、信息服务、现代农业与特色农业等十大可培育的世界级产业集群。将它们打造成世界级产业集群,不仅要求其在世界范围内形成显著的规模效应和较高的市场占有率,而且要求其走在世界绿色革命、绿色发展的前沿,担当起共同维护全球生态安全的重任,积极推动国际绿色经济规则和全球可持续发展目标的制定,积极参与国际绿色科技交流。

大力发展临港、绿色产业和口岸经济

(重庆社会科学院副院长 张波) 长江上游地区肩负着保护长江水资源的重任。为兼顾保护与发展,重庆可依托区位优势、经济基础条件、资源要素禀赋以及在长江经济带中的重要作用,选择发展以下产业。

一是大力发展临港产业。万州港在长江经济带建设中具备发展临港产业的良好基础,可借助港口优势和长江经济带发展机遇,全体系发展临港产业,包括:港口的装卸以及港口企业经营的临港直接产业,与港口主业有着前后相联系的海(河)运业、集疏运业、仓储物流业等临港关联产业,港航金融、保险、房地产、饮食、商业等临港现代服务业。

二是大力发展绿色产业。渝东北区域属于国家重点生态功能区和农产品主产区,要坚持绿色低碳发展,要充分利用丰富的矿产资源、水资源、旅游资源、农业资源优势,大力发展生态农业、生态工业、生态环保产业和生态旅游业。

三是大力发展口岸经济。争取将万州航空和水运口岸升级为国家一类开放口岸，纳入启运港退税口岸范围，争取设立万州保税物流中心 B 型、国家进境粮食指定口岸。充分发挥万州保税物流中心功能，积极推进进口商品保税仓储、跨境电子商务、简单加工增值服务等业务。深化检验检疫及报关便利化改革，推进口岸信息互联互享。增加外贸班轮密度，扩大"五定快班轮"在万州的集散规模，争取开通集装箱始发班轮；保障蓉万集装箱班列运行，争取开通西安—万州、兰州—万州集装箱班列。

切实降低贸易制度成本

（上海社会科学院研究员　沈玉良）长江经济带在全球产业分工体系中承担着两个方面的作用：一方面，长江经济带是中国最大的消费地带，也是全球消费品进口市场的一个重要组成部分；另一方面，长江经济带不仅是中国重要制造基地，也是全球最集聚的制造基地之一，而这种产业集聚不是大而全的空间分布，而是全球分段格局下的产业链集聚，即完成某个工序，但工序之间的组合需要中间品在不同关境区内的多次进出。

目前，长江经济带产业集群在形成国际竞争力的三个基本条件中，成本竞争优势正趋减弱，科技引领态势尚待时日，唯有贸易制度成本降低才是当前有效提升长江经济带产业集群国际竞争力的关键所在。

贸易制度成本降低主要依靠海关特殊监管区的设立，解决中间品的多次进出问题，保证贸易便利化措施的实施。首先，要从全球供应链角度设计贸易便利化。其次，海关特殊监管区需要建立货物状态分类管理制度，在货物贸易安全和有效监管条件下实现贸易便利化。最后，在长江经济带各口岸复制、推广上海自贸区经验，建立国际贸易单一窗口，是实现贸易便利化的重大基础设施。

原载于《科技日报》2016.04.08

长江经济带定调绿色
——解读《长江经济带发展规划纲要》

2016年,长江经济带成为热门话题。近日,中共中央政治局召开会议审议通过了《长江经济带发展规划纲要》,将生态环境保护居于压倒性的战略地位,以期改变长期以来生态建设与经济社会发展"两张皮"的问题。

长江经济带撑起中国经济脊梁

长江经济带横跨我国东中西三大区域,覆盖上海、江苏、浙江、安徽、江西、湖北、湖南、重庆、四川、云南、贵州等11省(市),6亿人口,面积约205万平方公里,GDP占全国45%,具有独特优势和巨大发展潜力。

长江经济带是我国经济稳增长的重要支撑,有专家表示,正是由于长江经济带的特殊地位,国家才会将其上升为国家战略。早在20世纪80年代,中央即提出"一线一轴"战略构想,一线指沿海一线,一轴即长江。2014年,"打造黄金水道,建设长江经济带"在政府报告中首次提出,到如今,《长江经济带发展规划纲要》的推出,长江经济带的战略地位可见一斑。

中国社会科学院学部委员金碚在第二届长江经济带论坛上指出,长江经济带历来都是中国迎接经济全球化的首要地区。从大趋势看,发展长江经济带,不仅对于中国经济的发展具有重大战略意义,而且对于世界经济的全球化态势都将具有重大意义。

"长江经济带肩负着国内改革的任务,'一带一路'则肩负着对外开放的使命,长江经济带战略要服务、助推'一带一路'战略。"上海社会科学院经济研究所研究员张兆安说。

共抓大保护突围生态短板

中共中央政治局会议称,长江是中华民族的生命河,也是中华民族发展的重要支撑。长江经济带发展的战略定位必须坚持生态优先、绿色发展,共抓大保护,不搞大开发。同时,要贯彻落实供给侧结构性改革决策部署,在改革创新和发展新动能上做"加法",在淘汰落后过剩产能上做"减法",走出一条绿色低碳循环发展的道路。

"这是首次将改善生态环境放到了长江经济带发展战略的第一位,之前都是首先强调交通走廊和产业。"四川省社会科学院研究员刘世庆说。

有专家表示,长江经济带建设,要有效破解发展与保护两难,为中国经济发展注入新动能,把开放放在更宽的视野中,由要素驱动向创新驱动转变,以创新驱动促进产业转型升级。

此前,习近平总书记主持召开中央财经领导小组第十二次会议,会上强调:推动长江经济带发展,理念要先进,坚持生态优先、绿色发展,把生态环境保护摆上优先地位,涉及长江的一切经济活动都要以不破坏生态环境为前提,共抓大保护,不搞大开发。思路要明确,建立硬约束,长江生态环境只能优化、不能恶化。要发挥长江黄金水道作用,产业发展要体现绿色循环低碳发展要求。

"从这个意义上讲,顶层设计下的发展设计是相当重要和必要的。"全国人大常委会原副委员长顾秀莲说,要积极推进长江经济带建设,有序开展黄金水道治理、沿江码头口岸等重大项目,构筑综合立体大通道,建设产业转移示范区,引导产业由东向西梯度转移,将"创新、协调、绿色、开放、共享"五大发展理念体现在长江经济带的发展中,实现长江经济带生态效益、经济效益、社会效益的统一。

中国国际经济交流中心执行局副主任陈文玲表示,长江经济带作为我们的生态屏障,要实现绿色发展,能否把环境生态摆在压倒性位置,这是非常重要的。在经济新常态下,长江经济带的发展方式必须要转变,不能像过去一样只要速度、规模,唯GDP论,而是要创新发展、绿色发展、协调发展。

以世界级产业集群推动发展

专家指出，中央政治局审议通过《长江经济带发展规划纲要》，是中国空间经济战略的一个重大政策举措，将为中国经济可持续增长注入新动能，而产业升级无疑将成为长江经济带发展的推手之一。

"长江经济带产业优势突出，有必要依托现有的产业资源和发展环境，深刻把握未来产业发展的趋势，加快形成若干个世界级产业集群，为我国经济转型发展提供重要支撑。"湖北省社会科学院副院长秦尊文说。

此前，国务院曾明确提出："以沿江国家级、省级开发区为载体，以大型企业为骨干，打造电子信息、高端装备、汽车、家电、纺织服装等世界级制造业集群。"

秦尊文认为，习总书记明确提出共抓大保护不搞大开发，但并不是不开发，而是要适度开发，整合资源，协同发展。而世界级产业集群的打造，必将推动城市群之间的合作，互联互通，优势互补。

秦尊文长期致力于世界级产业集群研究，在他看来，长江经济带具有良好的产业基础，要以沿江国家级、省级开发区为载体，以大型企业为骨干，发挥中心城市的产业优势和辐射带动作用，在新型平板显示、集成电路、先进轨道交通装备、汽车制造、电子商务等五大重点领域，布局一批战略性新兴产业集聚区、国家高新技术产业化基地、国家新型工业化产业示范基地和创新型产业集群。

"一定要以'生态优先、绿色发展'作为筛选适应长江经济带产业集群的首要原则。"江苏长江经济带研究院院长成长春强调，坚持以优化为主线，调整产业存量、做优产业增量，完善现代产业体系。

第二编

南通沿海沿江发展研究

南通市海洋经济发展面临的形势及"十三五"展望

> **摘　要**　"十二五"以来,南通市海洋经济加快发展,在促进全市经济转型发展和长三角北翼经济中心建设中发挥了重要作用。"十三五"期间,南通应紧抓"一带一路"和长江经济带国家战略机遇,充分利用江苏获批成为国家海洋经济创新发展区域示范试点、南通创建陆海统筹发展综合配套改革试验区和通州湾建设江海联动开发示范区的有利契机,大力发挥"靠江靠海靠上海"的独特区位优势,推进形成"一个新引擎、两条发展带、八大集聚区"的海洋经济总体发展格局,分类推进海洋新兴产业加快发展,大力促进海洋传统产业转型升级,加快海洋科技教育发展,完善海洋基础设施网络,加强海洋生态文明建设,全面建成海洋经济强市。

2009年江苏沿海开发上升为国家战略以来,南通海洋经济发展步伐明显加快,总体实力不断提升。2013年南通全市海洋生产总值在全省、长三角地区(沪苏浙两省一市)以及全国海洋生产总值中所占的比重分别比2010年上升了2.7、1.8和0.5个百分点。与此同时,南通海洋三次产业结构实现了由"二三一"向"三二一"的转变,海洋基础设施建设快速推进,海洋产业集聚态势日趋明显,海洋创新体系逐步健全,海域使用管理成效显著。在"十二五"以来南通海洋经济取得长足发展的同时,也存在着海洋新兴产业尚需引导、配套产业发展滞后、海洋科技基础薄弱、海洋统计亟须加强等问题。为适应新常态下南通未来一段时期经济社会发展的需要,充分发挥海洋经济在拉动南通经济增长方面的支撑作用,本课题对当前南通海洋经济发展面临的形势及"十三五"期间的发展目标、发展重点、保障措施等开展了深入研究,以期使海洋经济的发展能在"十三五"时期为全市的产业转型升级做出更大贡献。

一、"十三五"期间南通海洋经济发展面临的形势

(一) 机遇

1. 海洋强国战略引领中国海洋经济加速发展

党的十八大首次做出了"建设海洋强国"的重大战略部署。为了推动实施这一战略,2013年初,国务院从顶层设计的高度做出了重新组建国家海洋局的重大机构改革方案,以更好地推动海洋经济发展,维护海洋权益。2013年7月30日,中共中央政治局就建设海洋强国问题进行了集体学习,习近平总书记在主持学习时强调,发达的海洋经济是建设海洋强国的重要支撑,要提高海洋开发能力,扩大海洋开发领域,着力推动海洋经济向质量效益型转变,让海洋经济成为新的增长点。2013年11月,财政部下拨2013年海洋经济创新发展区域示范补助资金10亿元,重点支持海洋生物高效健康养殖、海洋生物医药与制品、海洋装备等成果转化和产业化以及海洋产业公共服务平台项目。2014年1月,我国第一次全国范围的海洋经济调查正式启动,旨在完善我国海洋经济基础信息。海洋强国战略的加快实施,为南通海洋经济在更广范围、更大规模、更深层次上参与国际、国内合作与竞争,进一步拓展新的发展领域和空间提供了良好政策环境。

2. "一带一路"与长江经济带战略加快推进

南通地处我国沿江、沿海"T"型经济带交汇点,兼具滨江与临海两大战略优势。近年来,随着长三角一体化发展和江苏沿海开发两大国家战略的深入实施,特别是随着苏通大桥、崇启大桥的相继建成通车和洋口港等海港的初步通航,南通的区位优势、资源优势、产业优势进一步放大,集聚效应、辐射效应进一步凸显,跨江融合发展之势进一步强劲。在当前全球经济格局深度调整、国际竞争更趋激烈以及中国发展面临陷入"中等收入陷阱"风

险的背景下,党和国家领导人审时度势,提出了"一带一路"和长江经济带战略、谋划区域发展新棋局的重大部署,这有利于南通以海洋经济延伸流域经济、支撑开放型经济,有利于南通通过优江拓海、江海联动,达到优化资源配置和产业结构升级,将南通打造成流域经济与海洋经济联动协调的长江经济带北翼"桥头堡",并进而将综合经济优势尤其是海洋经济优势向内陆地区扩散和转移,带动腹地经济发展。

3. 江苏获批开展海洋经济创新发展区域示范

财政部、国家海洋局在2012年首次设立专项资金支持山东、青岛、浙江、宁波、福建、厦门、广东、深圳等部分省(市)开展海洋经济创新发展区域示范之后,又于2014年4月决定增设天津、江苏两省作为海洋经济创新发展区域示范试点,重点推动海水淡化、海洋装备等产业科技成果转化和产业化。2014年9月,我省海洋经济创新发展区域示范实施方案获得国家财政部、国家海洋局批准,中央财政将对试点工作给予滚动支持。至此,我省成为第五个国家海洋经济创新发展区域示范试点地区。这为南通充分发挥滨江临海的独特区位和资源优势,借助国家战略性新兴产业发展专项资金支持,示范探索产学研用协同创新的新模式与新机制,重点突破海洋装备等重大核心关键技术,大力推动海洋装备等产业向全球价值链高端跃升提供了新的契机。

4. 南通陆海统筹发展综合配套改革全面深化

为充分利用南通独特区位优势和陆海资源优势,2013年6月,全省苏中发展工作会议将支持南通创建陆海统筹发展综合配套改革试验区上升到苏中"一市一试点"层面。2013年12月,省委、省政府正式印发《南通陆海统筹发展综合配套改革试验区总体方案》后,南通市委十一届六次全会即对以陆海统筹发展综合配套改革为重点的全面深化改革工作做出了全面部署。创建陆海统筹发展综合配套改革试验区,是南通破解当前发展瓶颈、奠基未来竞争优势的一项战略工程,是加快建设长三角北翼经济中心和打造长江经济带北翼"桥头堡"的重要载体和有力抓手,也是进一步促进南通海洋经济又好又快发展的重大机遇。

5. 通州湾江海联动开发示范区建设加快推进

2015年3月12日,国家发改委同意设立通州湾江海联动开发示范区,这有利于南通抓住用好"一带一路"与长江经济带发展等国家战略叠加机遇,充分发挥通州湾地处我国沿江沿海"T"字形经济带交汇处的独特区位优势和资源禀赋优势,加快发展港口物流、滨海旅游等临港产业,加快培育海洋工程装备、海洋生物医药、海洋新材料、海洋新能源等战略性新兴产业,提升江苏沿海地区开放发展整体水平,为依托黄金水道推动长江经济带发展提供新平台,为全国江海联动合作、陆海统筹改革和海洋经济发展探索新路径。

(二)挑战

1. 国际国内竞争日趋激烈

海洋是人类存在与发展的重要空间,占地球70%面积的巨大空间,使得海洋孕育着广阔的发展空间,在新技术革命的推动下,新的可开发利用的海洋资源不断发现,海洋已成为财富源泉与全球经济重要增长极和发动机。就国外而言,金融危机后的全球经济增速放缓,世界经济格局孕育着深刻变化,产业发展格局和发展路径正在发生新的变革,包括海洋在内的新兴产业越来越成为竞争的焦点。为应对新的形势和挑战,沿海国家普遍调整或制定新的海洋战略和政策,从全局战略高度出发关注海洋问题,实施海洋行动计划,加大海洋科技研发投入,优先布局海洋新兴产业,力图争夺发展主导权,抢先确立国际竞争优势。就国内而言,"十二五"以来,国家先后批准了山东、浙江、广东、福建、天津五个海洋经济试验区,浙江舟山群岛新区获批成为首个以海洋经济为特色的国家级新区,辽宁沿海经济带、河北曹妃甸工业区、天津滨海新区、上海浦东新区、广西北部湾经济区、海南国际旅游岛等沿海区域发展规划相继实施,各沿海省市发展海洋经济百舸争流的局面正在形成,南通发展海洋经济面临着比较严峻的竞争形势。

2. 生态文明建设任务艰巨

党的十八大报告将中国特色社会主义事业总体布局由经济建设、政治建设、文化建设、社会建设"四位一体"拓展为包括生态文明建设的"五位一

体"，由此，中国在科学发展的历史进程中，进入到一个崭新的生态文明时代。我国是一个陆海兼备的大国，在海洋上有着广泛的战略利益，海洋生态文明建设是我国社会主义生态文明建设的重要组成部分，美丽中国离不开美丽海洋。当前，在国家陆海统筹战略的推动下，我国海洋事业呈现出全面发展的良好势头，加强海洋生态文明建设面临着难得的历史机遇，但与此同时，由于包括南通在内的我国海洋经济发展仍然存在着"重近岸开发、轻深远海域利用，重资源开发、轻海洋生态效益，重眼前利益、轻长远发展谋划"等诸多问题，我国海洋生态系统正承受着巨大压力，海洋生态文明建设任务艰巨。就南通而言，随着沿海地区经济快速发展以及临海产业的加速集聚，当前南通近海生态和资源约束强化，瓶颈制约增大，科学利用海洋资源、合理保护海洋生态环境成为当前较为紧迫的战略任务。

二、"十三五"期间南通海洋经济发展的目标和重点

（一）发展目标

到2020年，陆海统筹发展成效显著，海洋经济强市全面建成。其中：全市海洋生产总值力争突破3 000亿元（占全市地区生产总值比重达30%），海洋经济综合实力、辐射带动力和可持续发展能力明显提升；海洋产业结构进一步优化，三次产业结构优化为5∶40∶55，海洋新兴产业增加值占海洋生产总值比重达30%左右；海洋开发研究与试验发展经费占海洋生产总值比重达2.5%，科技贡献率达80%左右；沿海港口货物吞吐量突破1亿吨，建成万吨级以上码头泊位超过20个，集装箱和原油、成品油等大宗商品运输在沿海港口中所占比例较大提升，港航服务水平大幅提高；大宗商品储运与贸易、海工装备制造、海上风电、滨海旅游、现代海洋渔业等产业在全国地位巩固提升，海洋生物医药、海水利用、海洋科教服务等领域取得重大突破，建成现代海洋产业体系；海洋生态文明建设取得显著成效，海洋生态环境、灾害监测监视与预警预报体系健全，陆源污染物入海排放得到有效控制，基本建成陆海联动、跨区公保的生态环保管理体系，形成良性的海洋生态系统，防灾减灾能力明显提高。

（二）发展重点

1. 优化海洋经济空间布局

按照陆海统筹、江海联动、优势集聚、合理分工的原则，整合挖潜各类功能区，优化海洋产业空间布局，着力强化通州湾新区的新引擎地位，积极构建沿海蓝色产业发展带和沿江新兴产业发展带，重点打造八大海洋产业集聚区，推进形成"一个新引擎、两条发展带、八大集聚区"的海洋经济总体发展格局。

一个新引擎：紧抓江苏成为国家海洋经济创新发展区域示范试点的有利契机，积极争取南通单独获批创建国家海洋经济创新发展示范市，并全力支持通州湾新区创建国家海洋经济创新发展示范区，以海工装备制造业、海水淡化与综合利用业、海水养殖业、海洋生物医药业以及海洋新兴服务业为主导产业，努力将通州湾打造成江苏海洋经济发展新引擎和长江经济带龙头新支撑点，成为江苏海洋经济创新发展区域示范的先导区。

两条发展带：（1）沿海蓝色产业发展带。依托南通海岸带地区和沿海港区，加快推进贯通沿海的疏港铁路、通达沿海的高等级公路及轨道交通建设，加强海岸带及邻近陆域、海域优化开发，突出港产城联动发展和产业集聚发展，因地制宜构建现代海洋产业体系，推动形成要素高度集聚、功能布局合理、生态环境良好、海洋特色鲜明、竞争优势突出的沿海蓝色产业发展带，打造陆海统筹发展综合配套改革试验的前沿支撑轴带。（2）沿江新兴产业发展带。依托南通沿江船舶海工等海洋产业的现实基础，以提升质量、延伸产业链、加快转型升级为重点，有机结合沿江"腾笼换鸟"与沿海"筑巢引凤"，在推动与中心城市功能矛盾突出的沿江老港区液化品仓储和大宗散货功能向沿海通州湾、洋口港和吕四港三大港区先行转移的同时，加快推进船舶造修及配套相关企业向高端船舶及海工装备等新兴产业领域转型升级，推动海工船舶、装备制造产业做大做强，打造促进海洋产业加快转型升级的示范引领轴带。

八大集聚区：（1）船舶和海洋工程装备产业集聚区。依托沿江船舶和海洋工程装备产业发展基础，高端打造六大"海洋工程装备配套产业基地"

（南通经济技术开发区海洋工程船舶及重装备制造产业基地、崇川海洋工程产业基地、南通船舶配套工业集中区、通州船舶海洋工程产业基地、启东船舶海洋工程产业基地和如皋船舶海洋工程及配套产业基地），提升南通船舶及海洋工程装备产业综合竞争力，形成一批创新能力强、发展潜力大、经济效益高的船舶和海洋工程装备产业集群。(2) 临港石化产业集聚区。依托洋口港、吕四港优越的集疏运条件，紧抓国内外石化产业布局向沿海地区集聚和结构调整的历史机遇，充分利用两大海港在发展石化产业方面所具有的区位优势、资源优势、空间优势、交通优势和环境优势，按照"优江拓海"的发展新思路，坚持走"生态化、一体化、专业化、园区化"产业发展道路，以大项目建设为抓手，构建产业结构、布局合理、产业链配套完善、国际竞争力和可持续发展能力强的临港石化产业体系，研究制定激励南通沿江石化企业向沿海地区转移升级的政策引导机制，加快推进沿海地区形成具有国际水准的现代化石化产业集群。(3) 海洋新能源产业集聚区。依托如东近海及潮间带风电场，科学开发丰富的海上风能资源，大力发展近海风力发电，打造集风电运营、管理、科研、培训等于一体的海洋新能源产业集群，有力支撑江苏"海上三峡"建设。同时，以风电场规模化建设带动风电装备产业加快发展，实施重大科技攻关，加快科技成果转化和重点产品开发，推进风电装备规模化、标准化、系列化。(4) 海洋高科技产业集聚区。依托滨海园区科教城，加快引进"国字号"、"海字头"海洋科研院所以及国内外涉海高校来南通设立科研分支机构或研究生院，创建一批海洋高端研发机构，全力打造海洋基础科研、应用技术创新、成果孵化与企业培育三大平台，提升海洋科技服务、海洋人才培养、海洋科技成果转化和产业化等功能，形成海洋高新技术产业集群。(5) 港航服务业集聚区。依托南通港、如皋港、洋口港、启东港等国家一类开放口岸以及南通综合保税区和规划建设中的通州湾港区等载体，以打造辐射长江中上游地区及广大内陆腹地，具有通关、代理、物流、商贸、金融、法律等多种港航服务功能的区域性国际航运服务平台为目标，加快构建集疏运网络、大宗商品交易平台以及金融和信息支撑系统"三位一体"的港航物流服务体系，加速推进南通区域性国际航运服务中心运营和建设,形成集商品交易、产品展示、金融服务、电子商务、仓储物流、信息发布于一体的港航物流与港航服务业集群。(6)海洋生物医药产业集聚区。依托江苏双林海洋生物药业有限公司等重点企业,以打造企业科技园区的方式,带动海洋生物医药产业集聚区发展。同时,通过设立海洋生物医药产业发展引导基金,加大国内外优秀海洋生物医药科研机构、企业和人才的引进力度,加快建立具有较强海洋生物医药技术研发能力和产业化促进体系,形成集约式、特色化的海洋生物医药产业集群。(7)海洋渔业经济集聚区。依托国家中心渔港和一级渔港,以打造我国重要的海洋水产品资源集散地为目标,推进集渔民居住、海洋水产品精深加工、贸易、物流、餐饮、休闲等于一体的渔港区域综合开发,创造条件加快远洋渔业发展,形成现代海洋渔业产业集群。(8)滨海旅游产业集聚区。依托滨海特色景观,打造沿海重点旅游板块,进一步巩固和提升南通"近代历史名城,江海休闲港湾"的旅游品牌形象,大力推进以滨海休闲度假和江海文化为核心的旅游产品体系建设,推进滨海旅游与沿海产业、文化、生态、城镇加快融合,形成面向国内外游客的特色海洋休闲度假旅游产业集群。

2. 构建现代海洋产业体系

(1)分类推进海洋新兴产业加快发展

紧紧抓住国家鼓励发展战略性新兴产业的政策机遇,优先发展海洋工程装备制造业、海洋可再生能源业和海洋现代服务业,积极培育海水利用业、海洋药物和生物制品业。

——优先发展领域

海洋工程装备制造业。紧密围绕海洋资源开发,推动船舶企业转型,发展壮大海洋工程装备制造业。重点发展新型高端海上石油、天然气钻井平台和生产平台、浮式生产储卸装置、深海探测设备、海洋风能工程装备、大型一体化模块制造业,以及动力定位系统、控制系统、深海锚泊系统、海水淡化、油污水处理等关键系统制造业,提高大型海洋工程装备的总装集成能力,支持大型海洋工程装备制造企业与钢铁、石油等上下游企业以战略联盟或参股、合资合作等方式,适当延伸产业链,实现优势互补,大力推进产业集

聚发展,努力打造国家级海洋工程装备制造业基地。

海洋可再生能源业。重点发展以海洋风力发电为主的海洋可再生能源业。加快完善海上风电场设计及运营、核心装备部件制造、并网、电网调度和运维管理等关键技术,形成从风况分析到风电机组、风电场、风电并网技术的系统布局。加强各有关部门间的沟通协调,明确海上风电管理的关键环节和有关要求,提高管理效率。

海洋现代服务业。重点发展涉海物流服务和滨海旅游。首先,依托良好的产业基础和交通条件,放大江港、海港、空港"三港同城"优势,完善物流服务和政策体系,引进国内外知名物流企业,建立区域性总部型物流基地和运营中心,推进现代物流加速发展。其次,挖掘沿海生态、渔港、海鲜、温泉、文化、风光等特色旅游资源,推进江海旅游整合发展。加快发展休闲度假旅游、文化体验旅游、滨海湿地生态旅游和江海美食旅游,打造江海旅游门户城市。稳步发展游艇高端消费,推广游艇大众化消费,配套发展游艇租赁、保险、服务、培训、装饰、维修等相关游艇服务业。另外,推动发展海洋商务服务业,打造沿海信息港。培育发展涉海中介及会展服务业,发展船舶航运中介、海洋环保、海洋科技成果转化交易等新兴海洋服务业。

——重点跟踪培育领域

海水利用业。引进发展国内外海水直接利用和海水淡化先进技术,培育发展海水利用设备制造,实施海水综合利用和循环利用。重点开展超滤和反渗透膜、水质自动监测、新能源海水淡化、能量回收、新兴管阀等海水淡化关键技术和装备的研发和产业化,积极开展海水淡化产业发展试点示范。

海洋药物和生物制品业。积极发展新医药,优化提升中成药,加快发展海洋生物技术及产品。重点开展海洋生物功能活性物质研究,开发高附加值的海洋药物与生物活性分子、医药原料、终端制剂以及海洋生物营养品、功能食品、保健品和新型营养源、生物质能源产品等,打造长三角北翼重要的生物医药及保健品基地。

(2)大力促进海洋传统产业转型升级

以技术改造、品牌战略、集聚发展等为工作重点,推进船舶制造、海洋化工、海洋渔业等海洋传统产业转型升级。

船舶制造业。提升海洋船舶制造业水平，建立现代造船模式，推动船舶制造向大型化、全能化、特色化、低碳化转型，重点发展超大型油轮和矿砂船、大型集装箱船、大型LNG船等高附加值船舶及配套设备，打造世界级"船谷"。

海洋化工。积极争取大型石化布点、构建沿海石化产业集群，突破高端关键技术，大力发展高附加值、低能耗产品链，配套发展绿色精细化工，实现海洋石油化工绿色低碳循环发展。重点发展大型炼化一体化项目和智能催化剂、环保新农药等产品，打造国内新兴石化基地和重要的精细化工基地。

现代海洋渔业。大力发展浅海养殖和工厂化养殖，推动水产养殖园区化、设施化、高效化。稳定发展海洋捕捞，创造条件加快远洋渔业发展，打造集海洋捕捞、冷链物流、休闲旅游、美食消费于一体的现代都市型海洋渔业产业链。大力发展水产品精深加工，建设国内一流的水产品加工基地。推进海洋类地理标志产品的开发与保护，着力打造长三角地区优质水产品供应基地、国家沿海地区现代渔业示范区。

3. 加快海洋科技教育发展

加强海洋类院校、涉海人才队伍、海洋科技创新平台建设，提高自主创新和成果转化能力，增强科技教育对海洋经济发展的支撑引领作用，推动海洋经济实现创新驱动、内生增长。

首先，增强涉海院校和科研院所的办学质量和研究水平。支持本地高校加强涉海学科建设，加大海洋应用型人才培育力度。加快推进与上海交通大学、南京航空航天大学、香港理工大学、东南大学、浙江大学物流学院、中科院海洋所等国内外优秀高校和科研院所合作开展海洋学科建设和项目研究，扩大研究生培养规模，提升海洋科研层次。其次，加快涉海人才队伍建设。制定中长期涉海人才发展规划，实施涉海人才培养、高技能人才招聘、海外领军人才引进、企业家培训、人才留住与发展等计划。加强创新型海洋领军人才队伍建设，加快实施海洋紧缺人才培训工程，积极培育高技能实用人才队伍。建设一批创业创新平台，完善涉海人才交流服务平台，引导

人才资源向涉海企业流动,形成海洋人才高效汇聚、快速成长、人尽其才的良好环境。再次,构筑海洋科技创新平台。进一步引导科研机构、科技型企业在海洋基础研究和船舶设计、海工装备、海洋能开发、海水利用、海洋生物工程、海洋渔业等领域建立科研中心和重点实验室。加强重点科研创新服务平台建设,为涉海企业提供科研创新服务,推进科研成果转化。

4. 完善海洋基础设施网络

一是要加快建设沿海港区重点航道工程。重点建设吕四港区 10 万吨级、洋口港区北水道 15 万吨级、通州湾港区网仓洪进港航道,吕四港区进港航道上延工程,南通长江口北支航道疏浚工程等航道工程。设立沿海港口基础设施建设专项基金。以港口规费征收部分、国家和省补助以及港口所在县市区和受益企业共同筹措资金为来源,为沿海进港航道、锚地等基础设施的建设和维护提供有力保障。二是要加快建设江海河联运航道网。加快沿海"一纵一横一闸"内河航道建设。建成"一纵"连申线高等级航道,"一闸"九圩港复线船闸及通江连接线航道,打通入江口门。加快"一横"通扬线航道建设,尽早实现吕四港区至九圩港出江全线贯通。加快完善内河航道网规划布局。按不低于三级航道的标准建设重点航道,全力推动通州湾、洋口港等疏港航道列入国家和省"十三五"专项规划,实现一次中转即能由海直达长江中上游地区和进入全国航道网络。三是要加快建设多式联运枢纽。实现县级节点和重点港区有高速公路直通,主要临港产业园区有一级以上公路直达。组建港口铁路公司,推动沿海港口间铁路的衔接。加快洋口至吕四铁路和通州湾至南通主城区轨道交通等项目研究实施。市、县(市)区、各相关职能部门联合开展对建设以海港为核心的多式联运枢纽的研究,力争列入国家和省"十三五"专项规划,尽快建成江海河、公铁空等多种方式的联运枢纽。

5. 加强海洋生态文明建设

一是要节约集约利用海洋资源。加强岸线管理,严格控制自然岸线的开发利用,保留公共岸线,开辟公共休闲岸线,严格审批企业业主岸线,发展可再利用岸线。依法加强围填海项目用海审批管理,根据海洋资源环境承载力，合理安排用海规模、空间和时序，探索开展海域资源利用项目后评估。充分发挥市场配置资源的基础性作用，建立健全海洋科学开发利用长效机制，有偿、有序利用海洋资源，探索建立海域资源闲置处罚及海域使用权收回制度。二是保护修复海洋生态。加强海洋自然保护区基础设施和综合能力建设，提升规范化管理水平。搭建海洋保护区监测监视网络和综合信息平台，加大执法力度。推进海洋生态红线制度建设，实现海洋经济可持续发展和生态文明和谐发展。探索建立保护区生态补偿机制、生态原产地产品保护机制。有效保护自然海岸线及其景观，开展生态化人工岸线和人工滩涂湿地建设。加强海洋生物资源保护，强化生态环境损害评估，完善落实补救措施，维护海洋生态平衡。构筑人工生态潜堤，修复浅海生态系统。三是综合防治海洋环境污染。加强石油化工等企业污染治理设施的运行管理，推进工业与城镇建设区配套建设污水和生活垃圾处理处置设施，加强水产养殖业污染防治，严格控制新增主要污染物排放量，实行区域主要污染物排放总量控制。科学布设监测设施，加强海洋环境监测。推进陆源入海污染物和海上排海污染物综合整治，实现达标无害排放。四是建立健全海洋防灾减灾体系。提高海洋、气象灾害和突发事件预报预警能力，强化海洋灾害预报预警。健全海灾情管理体系，建立海洋灾害风险评估制度。加强部门协调，提高海洋灾害应急能力。开展沿海和海上生产项目风险排查与安全管理，建立涉海企业生产事故应急体系。

三、推进南通海洋经济加快发展的保障措施

（一）强化组织领导

市政府要围绕建设海洋经济强市目标，切实加强对"十三五"海洋经济发展规划实施的组织领导，制定实施意见、工作方案和考核制度，明确分工，落实责任，完善决策、协调、执行的长效机制。按照规划确定的功能定位和发展重点，制定专项规划，加快重点项目建设，有序推进海洋经济发展试点工作，确保规划顺利实施。成立由市长牵头的海洋经济工作联席会议制度，全面统筹协调南通海洋产业发展工作及重大事项的审议。筹建海洋产业专

家委员会，为产业发展提供决策咨询。成立海洋产业行业协会，鼓励协会发挥桥梁、纽带和协调作用，支持行业协会建设公共服务平台，参与海洋产业发展的政策研究、人才培养与交流、技术与产品推广等产业服务工作。

同时，极力争取财政部、国家海洋局在批准江苏实施海洋经济创新发展区域示范的基础上，单独批准南通创建国家海洋经济创新发展示范市，列入全国海洋经济发展"十三五"规划；极力争取国务院有关部门按照职能分工，切实加强对南通"十三五"海洋经济发展规划实施的指导，在政策实施、项目安排、体制创新、人才培训等方面给予大力支持，帮助解决规划实施过程中遇到的问题。

（二）深化改革开放

坚持市场化改革方向，加快海岸线、海域使用权、海岛等海洋资源的市场化建设，探索以海洋为内容的城市资产经营方式。大胆突破阻碍海洋产业发展的体制机制，积极争取国家以及省有关部门支持，以全球化视野配置国际海洋资源，先行先试探索建立有利于海洋产业发展的体制机制，以主体开放、科技创新、生产方式创新、产业组织创新、商业模式创新、金融创新与体制机制创新，实现海洋产业的开放创新发展。探索建立根据海洋经济发展规划和产业政策调控海域使用方向和规模的机制。

（三）加强金融支持

增强沿海基础设施建设融资能力。采取政府注入土地、海域、股权等方式做大资产规模，通过收购、兼并、重组等方式，做大现金流，推动政府投融资实体做大做强，争取达到3A信誉等级。研究运用政企合作模式（PPP），吸引社会资本参与沿海基础设施建设。鼓励和引进公共基金、保险资金等参与具有稳定收益的沿海基础设施项目建设和运营。增强对涉海企业金融支持。鼓励银行业金融机构创新信贷产品，研究在现有法律法规和政策框架下，适当扩大贷款抵（质）押物范围，探索试行在建船舶抵押融资模式。支持符合条件的涉海企业发行债券和通过境内外资本市场上市融资。极力争取国家海洋局支持南通开展开发性金融支持海洋经济发展试点，重点围绕发挥涉海资源、资产的资本化效能和市场化配置作用，开发新的涉海金融与保险产品,构建更多的融资平台,畅通融资渠道,满足未来海洋经济重点发展领域和重大工程对资金的迫切需求,促进海洋经济健康快速发展。

(四)加大政策扶持

在科学编制南通市"十三五"海洋经济发展规划的基础上,抓紧研究制定相关配套政策和海洋产业发展指导目录,建立重点海洋产业项目和工程审批"绿色通道",加快用地预审、海域使用、环境批复、规划选址等审批事项办理进度。对重点区域和项目给予优先安排,实行优惠的海域使用金政策。鼓励战略性新兴产业合理用海,严格控制过剩产能的用海供给,限制落后用海方式,大幅降低海域消耗强度。加强海洋经济发展高层次人才战略需求研究,在"双创"计划、"333"高层次人才培养工程、科技企业家培育工程等方面向沿海地区、涉海企业倾斜,进一步吸引涉海高校和科研机构在南通设立分校分院。

(五)完善统计工作

在市级经济统计系统上开辟海洋经济统计子系统,构建海洋经济统计数据直报平台,建立海洋经济发展数据定期通报制度,对海洋经济运行情况及时加以监测和分析。统计及发布数据要细化到沿海各地区、各类海洋产业与海洋相关产业,为政府部门指导与决策、为社会涉海投资与产业发展研究提供依据和参考。在海洋经济统计与运行检测方面实现国家、省、市、县系统兼容与信息共享。明确市、县两级海洋主管部门在海洋经济统计中的主导地位,相关涉海行业主管部门和沿海区镇是本行业、本地区海洋经济统计的责任主体。

南通大学商学院　　杨凤华
南通市沿海办规划处　　杨晓峰

(本研究报告为2014年度江苏沿海沿江发展研究院委托课题"南通市'十三五'海洋经济发展研究"研究成果)

通州湾江海联动开发的对策和示范效应研究

> **摘　要**　江海联动开发模式是江苏省的重要理论和实践创新,通过南通这些年在沿海开发中的创造性运用,已经产生了一定的示范性效应。长江经济带战略进一步赋予通州湾江海联动开发以新的历史使命。长江经济带战略下,南通应扩大通州湾江海联动开发的范围,提升江海联动开发的内涵,从而塑造更具普遍意义和典型性的江海联动开发模式示范。本文回答了在长江经济带战略背景下,通州湾"怎样联动开发"以及"示范什么"两大焦点问题。

一、江海联动开发模式的提出和前期实践

江海联动开发模式是江苏人民的重要理论和实践创新。2002年江苏学者孙月平首次提出了江海联动开发的概念,随后江苏南通市创新性地将这一开发模式运用于沿海开发实践中。通过南通十余年的实践创新和总结,江海联动开发模式日趋成熟,并已逐渐地对国内其他沿海地区发展形成典型性示范作用。

(一)理论提出

江海联动开发模式是对现有理论的重要突破和创新。根据已有理论,在不平衡的区域体系中,对于欠发达区域的开发共有六种模式,包括:点线开发模式、线面开发模式、立体开发模式、优势区位开发模式、梯度式开发模式以及跨越式开发模式。但是这些开发模式没有将发达地区与落后地区的

开发放在一个整体框架内考虑,也没有在发达地区发展与欠发达地区之间建立良好的相互促进机制,忽视了发达地区对欠发达地区的帮助本身有助于自身的发展,因而提出的欠发达地区开发策略往往是针对局部利益,而不是针对整体利益。

江海联动开发是针对江苏江强海弱的区域发展不平衡情况而提出的一种区域开发模式,核心是通过以江带海、以江促海、江海互动的方式,加快沿江资源、产业、要素、发展空间向沿海延伸,从而在加快沿海开发的同时促进沿江升级的目标。江海联动开发模式的提出,一方面考虑到江苏沿江和沿海发展的巨大不平衡性,另外一方面也考虑到沿海开发与沿江开发在功能开发、主导产业等方面具有一定的相似性,通过将沿江的产业优势、资金优势及先行优势推广到沿海开发中,不仅可以加速江苏沿海地区的开发,而且可以形成江海共赢、互补协调的发展体系。因此相对于其他不平衡区域开发模式,江海联动开发模式具有快速、协调、共赢、可持续的特征。

(二)南通的前期创新实践以及示范效应

2003 年南通市首次将"江海联动开发"确立为南通沿海开发的发展战略,之后又写入了《"十一五"规划纲要》,这是江海联动开发模式首次得到承认和实践应用。2012 年,南通市决定以通州湾为沿海开发主战场,自此掀开了通州湾开发的历史序幕,也提供了江海联动开发模式更大的实践舞台。

随着江海联动开发模式在南通沿海开发中的创造性运用,这一新的区域开发模式逐渐得到了我国其他区域的承认和重视,南通江海联动开发的示范性效应逐渐显现。2010 年以后,广西提出,要实现广西"两区一带"的区域发展战略意图核心在于沿海崛起,重要途径是实施江海联动开发,要重视江苏江海联动开发经验,以西江为依托积极推进广西沿江、沿海经济融合互动发展。近两年来,山东的黄三角区域也对江海联动的开发模式表现出了浓厚的兴趣,并付诸实践。

二、长江经济带国家战略赋予通州湾江海联动开发新的历史使命

(一) 长江经济带战略简介

长江经济带战略是全面提升中国综合竞争力打造中国经济新格局的重大战略。长江经济带是下一阶段中国发展战略重心转移的主力承载带,是疏通黄金水道大动脉的战略通道带,是联动东中西部协调发展的战略扁担带,因此也被认为是支撑中国经济转型升级的新支撑带和实现中华民族全面复兴的战略脊梁带。长江经济带与"丝绸之路经济带"及海上丝绸之路共同主导着中国未来经济发展新格局。

(二) 长江经济带战略赋予通州湾开发新历史使命

2014年9月24日,在国务院发布《关于依托黄金水道推动长江经济带发展的指导意见》(后称《指导意见》)中明确提出:"推进……通州湾江海联动开发",至此,通州湾的开发建设进入国家发展战略,同时这也是首次在国家文件中明确赋予了江海联动开发模式的主体开发功能。2015年3月12日,国家发改委函复江苏省政府同意设立通州湾江海联动开发示范区。2015年5月19日,江苏省人民政府正式批复南通市人民政府,同意在南通市通州湾设立江海联动开发示范区。

长江经济带国家战略对通州湾的江海联动开发提出了新的要求。首先是扩展通州湾江海联动开发的范围。在长江经济带国家战略下,江海联动范围需要从原来的南通市辖区内,扩展到整个长江经济带,必须要放眼整个长江经济带来定位通州湾的开发。其次是提升江海联动开发的内涵和外延。在长江经济带国家战略下,通州湾需要从原来的强调"开发联动",转变为"开发联动"与"功能联动"相互结合转变。即不仅要通过联动来实现通州湾的开发和快速崛起,而且要在这个过程中打造与长江中上游互促、互联的一体功能体系,形成上中下游优势互补、协作互动的区域分工格局,培育经济合作竞争新优势。再次是要形成江海联动开发模式的示范性效应。通过通州湾江海联动开发,进一步地创新、总结、提炼江海联动开发模式的示范效应,使得江海联动开发这一南通的实践创新具备更大范围内的推广价值和意义,使得其他沿海区域开发能够从通州湾开发中得到普遍的、一般性的借鉴。

(三)长江经济带战略下通州湾开发的功能

长江经济带战略要求扩大通州湾江海联动开发的范围,并且将开发联动与功能联动结合,以开发联动实现功能联动,以功能联动促进开发联动,形成服务于长江上中下游的功能体系,助力长江经济带一体化战略目标实现,包括:(1)助推长江经济带江海物流联动体系形成。通州湾开发建设是长江经济带入海口重大枢纽建设的重要一环,通过建设江海河多式联运中心,加快长江经济带的资源流动,促进长江经济带物流一体化体系的形成。(2)助推长江经济带双向开放体系的形成。通过通州湾保税区和一类开放口岸的申报建设,扩大长江经济带向东开放的空间,有利于长江经济带中上游城市的对外开放。(3)助推长江经济带的产业合作与一体化体系形成。作为南通市开展长江经济带跨区域合作的支撑点,通州湾应利用南通的产业发展高度和毗邻上海自贸区的优势,积极开展产业合作,推动长江经济带产业一体化。(4)助推长江经济带沿线城市与一带一路沿线地区和城市对接。作为长江经济带与一带一路的交点,通州湾应发挥中转站和枢纽功能,将长江经济带沿线城市对接一带一路的需求结合起来,打造中间接力点。

三、通州湾示范区建设的功能定位与思路

(一)功能定位

通州湾区位独特:位于长江经济带这条巨头的龙睛地,是中国沿海地区的中段战略节点。建港条件优越:具备建设大中小配套的港口集群。开发空间广阔:可以为长江经济带功能建设提供广阔的空间。江海联运便捷:可建设江河海水水中转、货物多式联运、港口分工协作的综合内河航运体系。生态环境优良:具备可持续开发的优越条件。

通州湾江海联动开发示范区建设必须站在国家经济新支撑带的视角,

放眼长江流域整体经济发展的新格局,充分发挥自身的区位、空间、港口等优势,来助推长江经济带江海联动物流体系、双向开放体系、产业合作与分工体系、城市合作体系的形成。实现这一新历史使命的通州湾开发战略定位为:

(1) 新支点:长江经济带龙头的新战略支点。从长江经济带核心区向北翼延伸的格局出发,充分发挥毗邻长江经济带龙头上海的优势,将上海的龙头功能向长江经济带北翼延伸,成为上海向北辐射的重要战略支点。通过联动长江经济带,建设长江经济带北翼桥头堡、江海联动现代物流集聚区、江海产业联动发展先导区、陆海统筹配套改革先行区,把通州湾建成长江经济带上下联动、内外联动的重要支点。

(2) 新门户:长江经济带通向世界的新门户。滨江临海的独特区位使得通州湾示范区可以更好地利用国内国际"两个市场、两种资源",发挥"面向全世界、支撑长三角、拓展大上海、带动长江北、服务中西部"的门户功能。

(3) 新前沿:长江经济带改革开放的新前沿。利用通州湾独特的区位优势和改革平台,打造长江经济带的改革开放新前沿。一方面要用好南通陆海统筹发展综合配套改革试验区这一改革平台,强化海域管理制度改革、海域与陆域一体化改革、金融配套改革、农地管理制度改革、户籍制度改革等。另外一方面要用好中国(上海)自由贸易区这一新的改革开放试验田,深度对接,主动向国际惯例靠拢,打造通州湾示范区的制度领先优势。

(4) 新枢纽:长江经济带江海联运的新枢纽。以长江经济带为依托,深度挖掘和延伸放大通州湾江海联运潜力,将通州湾承南启北、承江启海的区位优势打造为进一步的交通枢纽优势,成为与长三角南翼对应的新枢纽。

(5) 新基地:长江经济带绿色能源战略储备的新基地。把通州湾建成长江经济带重要的能源战略储备的新基地,为保障国家及长江经济带的能源安全提供支撑。

(二) 总体思路

作为长江经济带战略的重要部署,通州湾示江海联动开发示范区建设的战略思路是:以深水大港建设为先导,打造综合现代化海港集群区;以交通枢纽建设为基础,打造长三角北翼的区域交通枢纽中心;以产业合作为引擎,打造长江经济带产业合作新高地;以综合物流为重点,建设亚太地区国际物流中心;以转口贸易为重要抓手,远景建成国际自由贸易港区;以深化改革为保障,建成国家陆海统筹综合配套改革试验区。

四、通州湾江海联动开发的展开路径与对策

江海联动开发模式的特色在联动开发,核心和精髓也是联动开发。因此,通州湾的建设应该突出联动开发的特色,协同各方力量,共用通州湾门户优势,共享通州湾开发收益,从而促进通州湾的快速、协调、可持续崛起。以联动促开发的路径包括:

(一)以规划联动推进开发

(1)空间布局上江海一体。突破南通区域内行政区域的分割限制,把通州湾和南通沿江轴线看作统一的大系统,编制包括覆盖南通沿江和沿海一体的概念规划、港口群协调发展规划、产业布局规划、交通发展规划、港城发展空间布局规划及相关专项规划,将所有规划要素纳入"一本规划、一张蓝图"。(2)功能设计上差异互补。将通州湾规划与南通沿江功能提升结合起来,沿江侧重功能升级,通州湾侧重集聚和成长,推动沿江的"腾笼换鸟"与沿海的"筑巢引凤"有机结合。沿江港口主要侧重运输功能、配送功能和物流功能,而沿海港口主要侧重转口贸易功能、运输功能、物流功能、商品展示功能、保税功能。(3)规划衔接上上下融合。与上位规划长江经济带发展指导意见保持一致,密切跟踪国家即将出台的长江经济带发展规划纲要、"一带一路"实施意见和国家"十三五"规划动态以及省级层面的实施意见,以上位规划为基础谋划好通州湾的江海港航枢纽中心、产业合作中心、江海联动国际物流中心三个功能。(4)外延拓展上内外对接。一是要与上海的"四个中心"战略、上海自贸区规划对接,主动承接上海四个中心建设中的海运功能、仓储功能、物流功能,配合上海自贸区建设,成为上海自贸区产业的重要配套和延伸。二是要与苏南现代化示范区和自主创新示范区国家战略规划对接,构建与苏南自主创新区相适应、相匹配的合作平台和合

作机制;三是与南京城市群、长江中游和成渝三大跨区域城市群发展规划对接,加快构建港口合作网络,在海洋能源、港口航运、出口贸易、装备制造、重型装备、化工能源等具有共同基础的主导产业集群方面展开合作,构建一体化的产业体系。

(二) 以载体联动推进开发

(1) 创新合作机制推进跨区域园区合作。结合通州湾产业定位和发展需要,采用股份合作、托管建设、扶持共建、协议共建、产业招商等模式,推动通州湾与上海以及其他长三角核心城市政府、开发区、大型企业集团等进行园区共建,积极探索合作园区的考核机制以及利益分享机制。(2) 加快推进建设与上海自贸区的合作开放平台。抓住上海自贸区扩容的契机,主动寻求与洋山保税港区、上海浦东机场综合保税区的合作,争取上海自贸区的改革创新经验率先在通州湾得到复制和推广,并以此打造国际合作园区、跨江合作园、跨区合作园区。(3) 建设长江流域航运公共信息平台,实现长江流域信息系统的互联互通和共享,推动海关、港口、航运服务企业组成业务联盟和信息联盟。(4) 加快发展通州湾跨境电子商务平台建设,推进通州湾港与长江沿线港口联运联检和通关一体化,争取启运港退税政策试点,进一步提升对外贸易便利化水平。

(三) 以产业联动推动开发

(1) 以产业转移推动开发。以沿江产业和岸线升级为目标,在调查摸底基础上,省级层面和南通市均应尽快出台鼓励沿江向沿海转移的产业目录,指导沿江将一些大进大出、大用地、大用水的产业或者产业环节逐步有序向通州湾转移。(2) 以产业配套建设推动开发。针对上海四个中心建设和上海自贸区,做好产业配套和产业延伸,打造上海自贸区产业配套和延伸基地。(3) 以跨区域产业合作推动产业开发。以产业转型升级、生产资料供给互补、产业链分工协作展开与长江中游与上游城市群合作。对于以武汉、长沙为核心中游城市群,目标产业包括:综合能源、重型装备、出口贸易、装备制造、港口物流等产业。对于上游的成渝城市群,目标产业包括:航运物流、智能装备、航空、游艇、国际航空运动、跨境电子商务、现代金融等产业。

（四）以港航联动推动开发

（1）推动通州湾港和南通江港的一体化。创新体制和机制，实现南通港和通州湾海港的管理运营一体化，一体化安排货物流、资金流、信息流、人才和管理等。（2）以资本为纽带探索通州湾港与上海港战略合作。包括控股、参股、租赁、共同经营等形式，共同开发沿海通州湾港口集群。（3）发挥通州湾承南启北、沟通东西的区位优势、交通优势、政策优势，联合南京、武汉、重庆三大区域性航运中心发展现代物流、航运服务等产业，打造长江经济带江海转运联盟。（4）发挥南通江海港口的枢纽优势，以港航业务为纽带，与南京港和苏州港共建江海联运同盟，与武汉港、重庆港等长江沿线主要港口进行协作联营。

（五）以交通联动推动开发

（1）加快建设通州湾与上海、苏州之间的1小时快速交通体系建设，不断提升通州湾各种交通运输方式的集成水平，提高通州湾与长三角核心区之间要素通畅度。（2）加快通州湾与沿江各市的多式联运体系建设。按照长江经济带建设南通重要区域性综合交通枢纽（节点城市）的定位，大力推进公铁水空管多式联运，打造顺畅的江海直达体系。（3）建设以通州湾和南通港区为节点的长江内河入海口航道，纵向建成连申线高等级内河航道，横向整治改造通吕运河、通扬运河，将其提升到三级内河航道标准甚至更高，争取打通长江第二入海口。

（六）以要素联动推动开发

（1）借力上海和苏南实现创新资源联动。加快形成与国际惯例接轨的管理服务体系，充分利用国际国内两个市场，吸引集聚优质资源和要素。借力上海在长三角地区人才资源配置方面的枢纽和辐射作用，为通州湾提供强有力的人才支撑。大力发展人事代理、猎头服务、人才租赁等新型人才中介服务，使人才流动渠道保持畅通。（2）以产学研联合推动创新资源联动。与上海、南京、武汉、重庆的各类知名高校和科研院所开展产学研合作，建立产业技术创新战略联盟，推动创新资源在通州湾集聚。（3）推动金融资源联动。加快与上海金融业的对接,强化合作,推进各类金融机构的跨区营运,促进区域融资便利,全力打造长三角北翼金融总部基地、产业金融创新基地和金融业后台服务基地。借力上海加大与境外金融机构的合作,引入境外战略合作者。(4)强化城市建设推动人力资源流动和集聚。一方面,通过政策鼓励南通中心城区的干部、人才资源向通州湾流动;另外一方面,也要不断提升通州湾城市硬件基础设施建设及公共服务水平建设,大力吸引上海、苏南的资金、人才等要素跨江流动。

(七)以城市联动推动开发

(1)推动南通中心城区的要素和功能向通州湾转移,打造以通州湾与崇川区为核心的"双核中心城市"。(2)积极对接和利用上海自贸区和上海四个中心建设,合作设立上海自贸区—通州湾战略合作区,在招商、产业、贸易、金融、财政、改革、管理七大领域进行深度合作。(3)强化与苏南城市的战略合作,尤其对接好苏南现代化示范区和自主创新示范区建设,推动创新资源的共享共用、提升放大创新效应。(4)对接长江中游的武汉城市群,针对中游城市群的产业需求,共建大宗商品集散交易中心、江海联动国际物流中心和棉油大宗商品储运基地、煤炭和LNG综合能源基地、石化原油战略储备基地。(5)对接长江上游的成渝城市群。针对成渝城市群的产业特性,共同打造通州湾通用航空配套基地、智能装备基地。(6)针对一带一路国家,积极开展战略新兴产业和海洋产业的合作,打造江苏国际产业合作示范区、海洋高新产业基地以及国家海洋经济创新发展区。

五、以创新打造江海联动开发模式的示范效应

通州湾江海联动开发示范区的建设,首先应该是打造江海联动开发模式的示范,而非其他别的什么示范,否则就不能被称为江海联动开发示范区,这一点必须要明确。通过创新和拓展江海联动开发模式的内涵和外延,形成更加典型的示范性效应,使得江海联动开发这一南通的实践创新具备更大范围内的推广价值和意义,使得其他沿海地区的开发能够从通州湾开发中得到普遍的、一般性的借鉴。江海联动开发示范效应可以分解为:产

业合作开发示范、港航联动示范、跨区域合作开发示范、改革开放示范四个方面。

（一）创新产业合作模式，建立产业合作开发示范

通州湾的产业联动开发，应该综合运用多种模式展开，包括：（1）政策推动模式。主要适合于南通辖区内的产业转移。由发改委和经贸委等有关部门依据产业升级和岸线优化的原则制定产业转移方案，提高沿江用地、能耗、水耗和污染物排放标准，提升通州湾承接产业的用地、税收政策。（2）援建推动模式。主要适用通州湾与苏州、南京等苏南各市间的合作。即在通州湾示范区中划出园区，由合作方提供资金、人才、信息援助，协助谋划产业转移和园区发展，参与共建园区的管理工作，并实行产出和税收的分成，同时江苏省政府提供税收和融资方面的支持。（3）产业托管模式。适合通州湾与各类大型企业集团展开合作。通过托管协议，要求受托方进行基础设施投资和建设，负责产业招商，甚至承担一定的社会管理责任，并同意受托方获得园区前期开发所有收益（一般为5年），后期收益由合作双方按比例分享。（4）股份合作模式。这一模式广泛适用于通州湾与主要城市之间的合作。在通州湾示范区中设立共建园，交由合作双方成立的合资股份公司管理，公司负责园区规划、投资开发、招商引资和经营管理等工作，收益按照双方股本比例分成。（5）产业招商模式。这一模式适合于通州湾与成熟的产业集群合作。在通州湾区内划出一块区内园，全权委托给第三方，对特定区域或特定产业开展招商。根据协议，委托方提供相当于到位投资的千分之五至千分之八的奖金给予受托方，或将招商项目产生的地方税收的一定比例给予受托方。受托方则按照合作园的总体规划及产业规划要求，负责招商引资工作。通州湾应综合运用以上模式推动产业联动开发。

（二）创新港航开发模式，建立港航联动发展示范

深水大港具有建设投资规模大、建设周期长、收益周期长的特征，制约通州湾港口和航道建设的主要瓶颈是建设资金。通州湾江海联动开发中，应该引入多元化的投资主体，创新融资模式（包括 BOT、TOT、ABS、PPP 模式）。而且联动开发模式下必须注意融资对象、融资业务的选择，应在解决

资金瓶颈问题的同时推动业务联动:(1)引入上海国际港务(集团)股份有限公司作为战略投资者加快通州湾深水码头体系建设,以资本为纽带,打造上海国际航运中心北翼的重要组合强港。(2)组建南京港、苏州港和通州湾港的江海港口联盟,合作投资建设和运营通州湾港区的集装箱码头以及散货中转码头,实现资源共享、联盟发展。(3)与武汉港口集团和重庆港口集团合作成立长江港口开发投资集团,共同开发沿江港口。(4)与新加坡、中国香港等具有发达港航体系的港口投资集团合作,共同开发和经营通州湾港口和其他一些基础设施。

(三)创新区域合作机制,树立区域合作示范

通州湾的联动开发,应该协同长江沿线的各种力量,通过合作开发,共享通州湾门户优势,共用通州湾战略机遇,共对通州湾的发展困难,共促通州湾快速成长。(1)创新跨区域合作机制。建立跨区域合作发展平台和合作机制,包括利益共享机制、产业合作机制、资源要素流动整合机制、区域协调机制等,可以利用已有的长三角地区合作与发展联席会议、南通国际江海博览会等平台,推进通州湾与各个城市之间建立合作机制。(2)建立高层协调机制。建立省市政府的江海联动开发协调机制,协调解决通州湾江海联动开发推进过程中港口建设、内河航运、产业布局等需要向国家各部委申请报批的问题,也包括需要沿江各市支持和协同的相关问题。(3)共建示范区建设推进机制。建立通州湾江海联动开发示范区建设省内市厅际联席会议制度,定期研究部署江海联动开发的工作制度,把江海联动开发纳入全省工作计划,及时检查,加强考核,逐项落实。

(四)创新体制机制,树立改革发展示范

(1)强化与上海自贸区的投资、贸易和金融改革联动。全面复制、推广上海自贸区的投资管理、行政管理等方面的改革经验,在金融、投资、贸易方面形成与上海自贸区并行的体制改革创新。(2)强化与苏南自主创新示范区的自主创新改革联动。在跨国技术转移、技术市场建设、科技评价机制等形成与苏南自主创新示范区并行的改革创新。(3)强化与长江沿岸各重点港口的监管改革联动。通过改革强化港口合作,联合打造海关特殊监管区,

提升通关服务和外贸平台。

（五）创新联动平台建设,树立联动平台示范

在长江经济带国家战略背景下,通州湾不仅仅是南通对接长江经济带的重要切入口,也是江苏省对接长江经济带的重要支撑点。(1) 省级平台支持。一些省级平台,只要不是必须放在南京的,均可考虑放在通州湾,如江苏—东盟合作中心、沪苏合作示范区、江苏—南非海洋经济合作示范区、江苏世界园艺博览会等平台。(2) 积极协助推动通州湾综合保税区和一类开放口岸申报,打造通州湾集综合保税、进出口商品展示及交易中心、跨境电子商务产业园区、水陆物流集散中心等于一体的综合性功能平台。(3) 加大对通州湾港口建设的金融支持力度,建立通州湾港口投资基金、通州湾产业发展基金。

南通大学江苏沿海沿江发展研究院　陈长江

（本研究报告为 2014 年度江苏沿海沿江发展研究院重点课题"长江经济带战略下通州湾江海联动研究"研究成果）

南通沿海前沿区域深化区镇一体化发展研究

摘 要 2011年起,南通在全省率先在沿海前沿区域实施区镇合一管理体制改革,通过创新管理体制、下放管理权限、强化政策扶持和开展配套改革等系列举措,力求达到区镇一体化发展。4年来,沿海前沿区镇在规划编制、基础设施建设、公共服务和要素配置等方面一体化的程度不断增强,成效明显。但在加速产城融合,实现产业园区、镇区和农村三者的更高层面一体化发展等方面还有差距。课题对存在问题从机制体制、基础设施、城镇配套、特色产业、要素保障等方面提出对策和建议。

南通沿海前沿区域范围为21个建制镇(街道)及毗邻海域,是沿海开发的重点区域。陆域面积约2 900平方公里,约占全市的36%,重点中心镇行政区域面积1 612平方公里,占全市行政区域面积的15.3%。总人口约168万,其中,8个沿海重点中心镇下辖225个村(居)。2014年末户籍人口77万人,占全市户籍人口的10.0%。3个沿海重点中心镇户籍人口超过10万人,分别为启东吕四港镇(17.8万人)、海门包场镇(14.6万人),通州三余镇(13.0万人)。2014年,南通沿海前沿区域地区生产总值1 056亿元,占全市的18.7%。沿海前沿区域陆域部分南北长约100公里,东西距海岸线宽度最长约30公里,最短约4公里,平均宽度约15公里。拥有海岸线206公里,全市沿海滩涂20.5万公顷,是中国沿海地区土地资源最丰富的地区之一。

南通沿海开发按"一带多极点"布局,海安老坝港滨海新区(角斜镇)、如东沿海经济开发区(洋口镇)、如东洋口港经济开发区(长沙镇)、通州湾江海联动开发示范区(三余镇)、海门港新区(包场镇)、启东吕四港经济开发区(吕四港镇)、启东滨海新区(近海镇)、启东海工船舶工业园(寅阳镇)等8个重点镇及产业园区是沿海开发的重点区域,也都实行了区镇合一管理体制,是本文的研究重点。

一、南通沿海前沿区域"区镇合一"管理体制创新的简要回顾

南通沿海前沿地区推行区镇合一管理体制创新,是针对园区与乡镇的关系不顺、发展基础薄弱、要素集聚能力不强等问题,通过区镇管理体制的全面整合,配套政策全面跟进,理顺沿海开发中产业发展各主体之间的关系,强化沿海前沿地区发展要素的集聚能力,提升生产生活的配套能力,从而增强沿海开发的整体合力。

(一)实现"三大目标"

2011年起,南通在沿海前沿区域实施了区镇合一管理体制改革,通过创新管理体制、下放管理权限、强化政策扶持和开展配套改革等系列举措,以实现三个方面的目标,一是使沿海地区更好接受中心城市的经济辐射,放大卫星城市功能,实现城市空间结构转型,促进城乡统筹发展,加快城乡一体化发展进程;二是使沿海地区更加便利的集聚发展要素,形成产业区生活区联系密切、港产城互动发展、产业梯度转移有效承接的良好局面,推动园区(镇)经济社会加速发展;三是促进整合发展资源,建立基础设施较为完善的产业发展片区,促使沿海地区转变粗放式的发展模式,走集约化规模经营的发展道路。2013年底,"深化扩权强镇、'区镇合一'、产城融合等制度创新"写入《南通陆海统筹发展综合配套改革试验区总体方案》。

(二)推行"三突破,一加强"

南通沿海前沿区域重点中心镇区镇合一管理体制在制度设计上充分解放思想,充分考虑沿海地区发展的基础条件和现实需求,通过"三突破,一加强",大力支持沿海地区发展。

1. 突破现有行政管理界限

提出实施区镇合一、以区为主的管理体制,以管理体制人员机构的"合"实现园区和乡镇发展上的"统"。推行园区党工委、管委会与镇党委、政府合署办公,原有"两套班子"整合为"一套班子",解决了区镇决策层面的统一性问题。对于园区的经济发展职能和乡镇的社会行政管理职能,把原有机构职能归并整合,建立"一办多局"的机构框架模式,乡镇和园区人员根据新的架构统一分工使用,实现了在执行层面的一致性。对乡镇的称谓和法定机构等按要求保留,保证了对上下对接的一贯性。同时在市级管理权限内,明确园区管委会书记和主任可任命为副处职干部,中层机构明确为正科级建制,鼓励引导广大干部到沿海艰苦地区干事创业的积极性。

2. 突破现有管理权限

提出按照权责一致、能放即放的原则,把下放县级(南通滨海园区为市级)有关管理权限作为实施区镇合一管理体制的重要环节,赋予沿海园区(镇)在产业发展、规划建设、城市管理、项目投资、安全生产、环境保护、市场监管、社会治安、民生事业等方面的经济社会管理权限,下放、委托给沿海园区(镇)的行政许可、行政审批和公共服务事项,原则上进入便民服务中心,实行"一站式服务"。沿海园区(镇)成立综合行政执法机构,实行综合行政执法。减少行政审批和许可,规范审批程序,提高行政效率。理顺条块关系,鼓励县(市)区以上垂直管理部门在沿海园区(镇)设立派驻机构,其主管部门充分授权,能下放的管理、审批权限,充分下放到派驻沿海园区(镇)的机构。

3. 突破现有要素瓶颈

建立按照财力与事权相匹配,资源要素向区镇倾斜的支持政策,增强园区(镇)自我滚动发展的能力。在财政收入超收分成、规费、土地出让金留成、各级专项资金等方面向沿海园区(镇)倾斜,在新一轮土地利用总体规划修编中,充分考虑沿海园区(镇)发展需要,合理调整用地布局,统筹安排。支持鼓励沿海园区(镇)开展农村土地综合整治、城乡用地增减挂钩试点、探索农村集体建设用地的流转,鼓励和支持金融机构在沿海园区(镇)设立分支机构,改善对小企业、个体工商户和农户的融资服务。鼓励吸引各类资本以多种方式参与沿海园区(镇)基础设施、社会事业和产业功能区建设。

4. 加强综合配套改革

按照城乡统筹、产城融合的原则,鼓励各项配套政策改革创新。通过加强对沿海园区(镇)规划的指导,坚持用高起点规划引领跨越发展,切实发挥规划的龙头指导作用。探索建立与区镇合一管理体制相适应的各项制度,通过深化户籍制度改革,放宽沿海园区(镇)落户条件,鼓励创业、创新型人才落户沿海园区(镇),引导更多农民工有序转为当地城镇居民。制定农业转移人口在沿海园区(镇)就业、社会保障等配套政策,逐步使农业转移人口享受与城镇居民相同的待遇。深化干部人事制度、社会保障制度、医疗卫生体制、环境保护制度等方面的改革,优化沿海园区(镇)发展环境。

(三)落实"四个开发"

在"一带一路"和长江经济带国家战略大背景下,南通按照江海联动、陆海统筹的总体要求,突出沿海前沿区域"一带多节点",以8个重点区镇为平台节点,打造沿海产业城镇发展带。重点围绕"四个开发"抓落实:一是集约开发,按照产业集中布局、城镇集聚发展、资源集约利用的原则,推进港产城融合开发;二是节约开发,根据资源条件和现有基础,加强内部资源整合,合理确定各板块功能定位和主导产业,实现要素资源的合理配置;三是生态开发,坚持环保优先,把生态建设和环境保护贯穿沿海开发的全过程;四是高效开发,充分放大南通沿海区位和资源禀赋优势,在江海联动中不断提高对外开放的水平,加强区域合作,在合作共赢中寻求大的发展。

二、沿海前沿区域区镇一体化发展的主要做法和成效

随着以管理体制一体化为基础区镇合一管理体制的实施,沿海前沿区镇在规划编制、基础设施建设、公共服务和要素配置等方面一体化的程度不断增强,成效明显。

(一)推进区镇一体化发展的主要做法

1. 一体化构建管理体制

截至2013年11月,南通沿海8个重点中心镇已经全部建立了区镇合

一管理体制,其中：通州湾江海联动开发示范区(三余镇)作为市级园区平台,由市级层面批复设立园区党工委和管委会,对原通州区三余镇、通州滨海新区、如东县大豫镇部分区域和东安科技园区等地,通过行政代管、利益共享的方式设立,以统筹对该区域的开发建设。启东吕四港经济开发区(吕四港镇)属于省级强镇扩权试点,主要是按省级试点政策执行。其他6个区镇按条件申报,由市编办批复建立区镇合一的管理体制。虽然以上8个区镇在管理体制批准设立过程有所差异,但是南通沿海前沿区域重点中心镇实施区镇合一管理体制政策主要学习借鉴了省级强镇扩权工作的经验,同时也考虑了沿海的实际需要,因此在管理体制上建立的模式是一致的,都是实行了区镇合一、以区为主的管理模式,实现了"一套班子"领导,机构职能根据各地特点按"一办多局一中心"架构整合归并,原园区和乡镇人员统一分工使用,根据需要因岗选人,人岗相宜,优化了干部队伍,实现了真正意义上的一体化(见表1)。

表1　沿海重点中心镇区镇合一管理体制建立情况

重点中心镇	园区	领导配备情况		中层机构设置情况	区镇合一批复时间
		党工委书记	管委会主任		
角斜镇	老坝港滨海新区	县委常委兼任	副处职	一办七局一中心	2013年3月批复
洋口镇	沿海经济开发区	县委常委兼任	正科职	一办七局一中心	2013年3月批复
长沙镇	洋口港经济开发区	县委常委兼任	正科级	一办七局一中心	2013年3月批复
三余镇	通州湾江海联动开发示范区	正处职	正处职	一办六局,负责人按副处级配备	市级开发园区,2012年2月设立
包场镇	海门港新区	市委常委兼任	正科职	一办八局一中心	2013年6月批复
吕四港镇	吕四港经济开发区	副处职	副处职	两办七局一中心	2012年1月批复(省级强镇扩权试点)

续表

重点中心镇	园区	领导配备情况		中层机构设置情况	区镇合一批复时间
		党工委书记	管委会主任		
近海镇	启东滨海新区	市委常委兼任	正科职	一办七局一中心	2013年11月批复
寅阳镇	海工船舶工业园区	正科职	正科职	一办七局一中心	2013年11月批复

2. 一体化编制发展规划

实施区镇合一管理体制前,产业园区、乡镇的规划分别由不同的主体规划,互相之间衔接不畅、各成体系。区镇合一后,为了加快解决这个问题,市级层面组织开展了沿海重点区镇规划年活动,专题推进解决区镇一体化管理后的规划融合问题。沿海各重点区镇委托高水平的规划编研机构,按照区镇合一、产城融合、城乡一体的思路,编制了一批专项和总体规划(见表2)。市级层面组织对形成总体规划研究成果逐一点评,提出修改完善建议,经过一轮强有力的推进,沿海重点区镇的总体规划方案基本编制完成,产业园区、城镇和农村的规划得到了有效衔接、融合,产业、城镇等各功能区的布局进一步优化,为区镇一体化开发建设奠定了基础。

表2 沿海区镇重点规划编制情况

重点区镇	规划名称	编制单位	规划期限	备注
海安县老坝港滨海新区(角斜镇)	滨海新区(角斜镇)战略规划	南京大学规划设计院	2012—2030	已完成
	角斜镇总体规划	南通市规划设计院	2013—2030	在编
如东县沿海经济开发区(洋口镇)	洋口镇总体规划	江苏省城市规划设计研究院	2007—2030	修编完成
洋口港经济开发区(长沙镇)	江苏省洋口港经济开发区空间发展概念规划	中国城市规划设计研究院	2013—2030	修编完成
	如东县长沙镇控制性详细规划	扬州市城市规划设计研究院	2011—2030	修编完成

续表

重点区镇	规划名称	编制单位	规划期限	备注
通州湾江海联动开发示范区（三余镇）	通州湾新区（南通滨海园区）总体规划	江苏省城市规划设计研究院	2013—2030	形成成果
海门港新区（包场镇）	包场镇总体规划	江苏省城市规划设计研究院	2013—2030	完成
吕四港经济开发区（吕四港镇）	吕四港镇总体规划	中规院上海分院	2012—2030	已评审
启东滨海新区（近海镇）	启东市滨海新城规划	南通市规划设计院有限公司	2012—2020	完成
启东滨海新区（近海镇）	启东市滨海新城功能配套区控制性详细规划	南通市规划设计院有限公司	2012—2020	完成
启东海工船舶工业园（寅阳镇）	寅阳镇总体规划	江苏省城市规划设计研究院	2013—2030	评审稿

3. 一体化建设基础设施

区镇合一后，各重点区镇加快了对区镇内部各类重点公用基础设施的建设和升级改造步伐。沿海8个重点区镇生产、生活配套能力日益增强。2011年以来，沿海区镇内部新建道路总里程超过1 000公里，到2014年底完成投资62.34亿元，2015年度计划完成投资13.19亿元；实施河道整治、涵闸改造等重要水利工程项目8项，总投资7.8亿元；实施重大绿化生态工程23个，总投资9.3亿元；供水主管网改造工程全面完成，引江供水基本实现全覆盖；均建有污水处理厂，设计日处理污水能力在0.5万~6万吨之间；已建成110KV变电站19座、220KV变电站4座、350KV变电站1座，阳光岛110KV变电站及输配线工程、如东化工220 KV变电站及配网工程正加紧建设；已建或在建商业及住宅总建筑面积241.2万平方米；已建或在建星级酒店7家；8个沿海重点区镇建成幼儿园10所、小学4所，其中6个区镇拥有医院配套。经过重点基础设施项目的快速实施，道路、水利、供水、供电、通信等一系列配套能力更强，园区的产业承载能力加速提升，城镇配套功能进一步增强,园区、镇区和农村的重要基础设施实现无缝衔接,为产、城、村一体化的发展打下了良好的基础。

4. 一体化实施公共服务

区镇合一后,新组建的党工委、管委会按照新的规划布局统筹推进园区、镇区和农村各项公共服务的软硬件建设,改造升级医院、学校等公共机构,加快新建便民服务中心步伐,着力推动公共服务一体化、便利化。到目前为止,沿海重点区镇投资近6 500万,已建成医院7座,另有1座在建,1座正在设计;已建成学校20所,在建2所;建成便民服务中心8个。为了营造更为便利化的办事环境,根据各地实际需要有序推动管理权限下放工作,启东将涉及25家部门153项权限赋予吕四港镇(吕四港经济开发区);海安将123项权限赋予老坝港滨海新区(角斜镇);通州湾江海联动开发示范区(三余镇)作为市管园区,市级37个部门已经将382项权限下放到园区;如东县采取授权、委托、延伸服务三种方式赋予洋口港经济开发区(长沙镇)县级管理权限151项,如东沿海经济开发区(洋口镇)管理权限113项。海门市对海门港新区(包场镇)下放审批权限118项,区镇所承接权限全部进入便民服务中心集中服务,提高了行政服务效率。(见表3)

表3 沿海重点区镇便民服务中心建设情况

镇别	便民中心名称	投运时间	建筑面积(平方米)	承接权限(项)
角斜镇(海安县老坝港滨海新区)	角斜镇便民服务中心	2011.10	300	123
洋口镇(如东县沿海经济开发区)	江苏如东沿海经济开发区便民服务中心	2012.10	1 980	113
长沙镇(洋口港经济开发区)	洋口港政务服务中心	2013.10	2 000	151
三余镇(通州湾江海联动开发示范区)	通州湾江海联动开发示范区服务中心	2014.11	12 000	382
包场镇(海门港新区)	海门港新区政务便民中心	2013.03	1 000	118
吕四港镇(吕四港经济开发区)	吕四港镇便民服务中心	2013.01	1 200	153

续表

镇别	便民中心名称	投运时间	建筑面积（平方米）	承接权限（项）
近海镇（启东滨海新区）	滨海工业园（近海镇）便民服务中心	2012	500	
寅阳镇（启东海工船舶工业园）	启东海工船舶工业园（寅阳镇）便民服务中心	2014.10（搬迁）	160	

（二）区镇一体化发展取得的主要成效

1. 体制机制优势不断显现

管理体制的一体化组建，使原有园区和乡镇实现了合并管理，并以此为契机建立了区镇合一、以区为主的行政管理体制，达到了"1+1>2"的效果。园区与乡镇领导班子的整合，使得区镇在决策上实现统筹，从根本上解决了区镇发展目标差异，形成发展合力；新设职能机构根据各地发展实际需要而设，机制更加灵活，结构更加扁平，能更好地整合行政资源，提高管理效率；人员统一分工，激励更加合理，队伍更加精干，有利于充分调动广大干部群众的积极性，激发了创业干事的热情。

2. 经济发展效益显著提升

2014年，沿海重点中心镇完成地区生产总值500.68亿元，占全市地区生产总值的8.9%，比2012年提高了0.7个百分点。其中，吕四港镇的地区生产总值（162.74亿元）超过100亿元。三年来，沿海重点中心镇地区生产总值年均增长15.7%，高于全市平均水平4.3个百分点。2014年实现一般公共预算收入26.33亿元，占全市一般公共预算收入的4.8%，比2012年提高了1.4个百分点。三年来，沿海重点中心镇一般公共预算收入年均增长36.0%，高于全市平均水平21.5个百分点。2014年，南通沿海重点中心镇实现工业应税销售收入510.50亿元，占全市工业应税销售收入的8.1%，比2012年提高了0.5个百分点。三年来，沿海重点中心镇工业应税销售收入年均增长13.9%，比全市平均增幅高3.6个百分点（见表4）。

表4 沿海重点中心镇主要指标完成情况

乡镇	地区生产总值（亿元）		一般公共预算收入（亿元）		工业应税销售收入（亿元）	
	2012年	2014年	2012年	2014年	2012年	2014年
角斜镇	24.97	33.02	0.84	1.38	10.59	12.5
洋口镇	32.27	52.52	1.32	5.29	84.7	132.27
长沙镇	18.17	23.66	2.13	5.17	19.81	24.11
三余镇	25.15	30.55	1.2	2.04	11.33	15.29
包场镇	73.93	97.33	1.99	3.46	42.5	59.25
吕四港	123.08	162.74	3.8	4.44	104.33	103.94
近海镇	30.6	37.65	0.45	2.05	46.14	47.7
寅阳镇	45.57	63.21	2.5	2.5	74.32	115.44
合计	373.74	500.68	14.23	26.33	393.72	510.50

3. 三次产业结构更趋优化

沿海8个重点中心镇由于与产业园区进行了整合，产业发展层次不断提升，产业从海洋渔业和种植业为主的传统产业不断向船舶海工、石化能源、现代物流、纺织服装、机械电子、食品加工、精细化工、休闲旅游等产业优化调整，各重点区镇主导产业板块基本形成。如东沿海经济开发区加快二次创业进程，淘汰落后产能，产业档次提升成效明显；启东海工船舶工业园区大力度推动产业结构转型升级，先后淘汰连兴造船等近10家传统造船企业进行产业项目置换，实现了船舶制造向海洋装备制造的"华丽转身"。三年来，沿海重点中心镇连续发展了一批高技术企业。2014年，南通沿海重点中心镇实现高新技术产业总产值570.55亿元，占全部工业总产值的45.6%，比2012年提高了15.6个百分点。此外，新能源、新材料、海工船舶等新兴产业在沿海区域的优势下也取得了较快的发展。2014年，沿海重点中心镇实现新兴产业总产值531.16亿元，占全部工业总产值的42.5%，比2012年提高了20.9个百分点。完成第一产业增加值72.60亿元，第二产业增加值251.84亿元，第三产业增加值176.24亿元。三次产业结构为14.5∶50.3∶35.2。与2012年相比，第一产业占比下降了3.1个百分点，第二产业和第三产业占比分别提高了1.9和1.2个百分点。

4. 项目集聚程度明显提高

2014年,沿海重点中心镇完成固定资产投资531.26亿元,占全市固定资产投资的13.6%,比2012年提高了0.4个百分点。投资完成额超过80亿元的有3个,分别是启东的吕四港镇(107.71亿元)、海门的包场镇(96.43元)和如东的洋口港镇(87.93亿元)。2014年,沿海重点中心镇完成新开工亿元以上重大项目108个。2015年6月,完成新开工重大项目40个,同比增长66.7%,其中工业项目29个,同比增长52.6%,服务业项目11个,同比增长120%。重点区镇新开工重大产业项目总投资达227.9亿元。台湾中石化基地、振戎仓储物流、南通爱飞客镇、中南建筑科技产业园、华峰超纤等一批超30亿元重大项目正加快建设,洋口港LNG二期、通州湾华电综合能源基地、大唐电厂二期、启东华滋海工等一批重大项目正加快推进。

5. 要素资源配置更加合理

区镇合一后,通过上级的政策倾斜和内部要素资源整合,区镇的滚动发展的能力进一步增强。一方面上级政策扶持范围更大、力度更强,原来对工业园区发展的扶持政策也覆盖到了乡镇,各地在土地出让金留成、财税分成比例、用地指标等方面都给予了不同程度的优惠,留下更多的资金用于当地的基本建设。另一方面区镇内部资源整合的手段更加丰富。一是融资能力更强,园区发展的平台公司可以通过装入原乡镇的有关资产,既盘活了资产,又扩大了融资规模,同时融到的资金又加快了城镇建设;二是发展的空间更大,乡镇和园区在规划修编时,通过通盘调整建设用地布局,使区镇有限的建设用地空间规模得到了更合理的配置,拓展了发展空间,提高了利用效益。

三、沿海前沿区域区镇一体化发展中存在的问题

推进沿海重点中心镇区镇合一管理体制改革4年以来,以管理体制的一体化带动总体规划、重大基础设施和公共服务的一体化取得的成效是明显的,总体来说化解了区镇一体化发展的制度性和基础性的限制,但是对照陆海统筹综合改革和新型城镇化发展的要求,在加速产城融合,实现产业园

区、镇区和农村三者的更高层面一体化发展等方面还有差距。

(一) 管理体制虽已合一，运行磨合还需深化

目前区镇合一管理体制的领导、机构、人员配备等都已经到位，但是在干部使用和工作运行上还需要进一步磨合，县级管理权限的下放还没有完全到位。区镇合一后管理范围更大、发展的任务更重、事务工作更多，领导干部包括中层正职在干部任用上和工资待遇上激励不足。从工作运行上来看，由于原先与上级部门衔接的站所机构被撤并，县级管理权限的下放以及区镇发展目标与传统乡镇的目标有所不同，因此作为县级政府主管部门与区镇之间在工作任务衔接上需要优化，管理权限下放工作还没有到位的要继续稳步推进，同时做好权限运行的衔接，在制定的对区镇的考核目标任务要更加个性化，更加贴近发展的需要。

(二) 城镇建设开始起步，功能融合还需优化

从区镇一体化发展的角度而言，区镇合一推进实质上包含了产城融合、城乡一体化两个方面，这两者的结合点就是城镇，通过城镇的生产生活功能配套实现其融合发展。目前，对照我市关于推进海洋经济创新发展的实施意见中提出的 20 项（生产性服务功能和生活型服务功能各 10 项）重点城镇功能配套类型，这些配套功能还不够健全，尚需进一步完善；区镇内与功能配套密切相关的基础设施互联互通的骨干网虽已基本形成，但枝干网还没完全到位，密度还不够，区镇与外连接的江海联运干线尚未完全打通，这些都需要加快完善。

(三) 产业布局基本形成，特色培育还需强化

目前沿海重点区镇产业规划基本形成，发展的重点特色产业也基本明确，但是产业集聚是一个长期的过程，沿海 8 个重点区镇中，重点特色产业形成规模和影响力的只有海工船舶、化工医药、装备制造等产业，规划布局的港口物流、临港基础产业、海洋战略性新兴产业等重点产业项目还不多，集聚度不高，还没有形成特色产业板块，亟待加快引进和培育。

(四) 要素保障初见成效，改革举措还需细化

目前沿海开发在土地、用海、资金等发展要素保障上虽然取得了一定的

成效,但是保障的途径主要是通过争取上级支持、加强内部资源整合等常规方式挖掘潜力,力度仍旧不足以支撑沿海开发的巨大需求,要实现加快发展就必须在陆海统筹综合改革方面取得突破,但是从沿海重点区镇层面而言,改革任务举措的进一步细化工作还不够充分。

四、进一步推进沿海前沿区域区镇一体化发展的主要举措

推进沿海区镇一体化发展是加快推进沿海地区工业化、新型城镇化和城乡一体化的要求,也是贯彻实施沿海开发国家战略,加快沿海地区发展的重要举措和抓手,南通沿海前沿区域要进一步在优化机制、夯实基础、加强配套、培育特色和要素保障等方面下功夫,以适应"一带一路"和长江经济带国家战略新形势下,南通实现陆海统筹、江海联动的新目标。

(一)深化组织推进,在管理运行机制上谋创新

区镇合一管理运行机制的优化主要考虑三个层面的推进。一是市级层面,及时做好沿海"区镇合一"管理体制运行情况的调研,组织做好经验交流,把推进区镇一体化工作纳入全市沿海开发工作目标任务,加快制定考核激励机制,抓好落实推进。二是县级层面,就区镇合一推进工作要成立协调小组,重点协调做好县级部门与沿海重点区镇在管理体制运行上的衔接,围绕沿海开发目标任务,更加合理地制定对沿海重点区镇个性化考核政策。三是沿海重点区镇要积极务实做好区镇合一管理体制运行的磨合工作,要增强对上和内部沟通,做好体制转换带来的各种调整,理顺好各种关系,探索形成新的运行模式。

(二)加强统筹协调,在公共基础设施上大投入

公共基础设施的无缝衔接是区镇一体化发展的基础环节,一是要加快推进重点区镇与中心城市的集疏运体系,优化外部环境。推进中心城区到沿海重点区镇的快速通道建设,基本实现县级节点和重点区镇有高速公路或一级公路直接相连,推进沿海港区间铁路规划研究实施,完善内河航道网规划布局,按不低于三级航道的标准建设重点江海联运航道。二是要加快区镇内部基础设施的完善,做好产业区路网、管网等加密建设,提高产业发

展的承载能力,高标准做好镇区改造及新的城镇功能区基础设施配套,推进地下综合管廊建设等市政公用设施建设,同步推进农路改造、河道清淤、盐土绿化等工程,统筹推进园区、镇区和农村基础设施建设一体化。

(三)强化城镇配套,在生产生活功能上做文章

新型城镇化是统筹"五位一体"建设的重要支点,在推进"四化同步"建设中具有不可替代的融合作用。要稳步推进城乡规划、产业布局、资源配置、基础设施、公共服务、就业社保、生态文明、社会管理"八个一体化",重点在功能配套上下功夫,强化城镇对产业和农村发展中的促进作用,根据产业发展需要,项目化推进建设电子商务、研发设计、检验检测、知识产权、数据服务、金融服务、人才服务、展示交易、通关服务、智慧物流等10类特色产业生产性服务平台;围绕提高生活品质,着力完善便民中心、农贸市场、商业网点、宾馆饭店、教育医疗、文化健身、电力通信、公交客运、商业住宅、职工公寓等按照10类生活性服务业功能平台设施。

(四)瞄准重点领域,在产业特色培育上下功夫

产业发展是区镇发展重要支撑,围绕全市"五沿"产业布局和关于推进海洋经济创新发展的实施意见的产业定位要求,推进城乡产业布局一体化,并重点在特色产业培育上寻求突破。一是重点发展临港支柱产业。推动船舶海工、装备制造、化工医药3大产业做大做强,以提升总量和延伸产业链为重点,紧盯龙头型、基地型企业,加强上下游产品、研发设计等配套项目的引进,迅速壮大支柱产业规模。重点开展石化、冶金、能源3大临港基础产业的规划研究,争取在国家"十三五"重大项目规划布点上求得突破。二是优先培育海洋新兴产业。通过资源合作、项目扶持、创业孵化等形式,着力提升海洋新能源产业发展水平,优先培育海洋生物医药、海洋技术装备和现代海洋服务3大海洋新兴产业,打造一批科技水平高、服务能力强的海洋新兴产业项目。三是大力发展沿海特色旅游,强化资源整合,推进滨海旅游与沿海产业、文化、生态、城镇加快融合,加快培育形成主打产品,加快建设一批沿海生态休闲度假旅游集聚区。四是大力发展沿海特色农业。以国家中心渔港和一级渔港为依托,创造条件加快远洋渔业发展,推进集渔民居住、

渔船保障、水产品加工、贸易、物流、餐饮、休闲等于一体的渔港区域综合开发。鼓励打造沿海特色农副产品基地,增强规范化、专业化、集约化生产能力,加强农业发展与农业生态、观光、体验等旅游的结合,增强农业农村发展活力。

(五)紧扣陆海统筹,在资源要素集聚上求突破

推进区镇一体化发展,重点要打破园区、城镇、农村之间的界限,实现发展要素城乡公平配置,这是突破沿海发展要素瓶颈制约的重要途径。按照新型城镇化和陆海统筹综合改革基本要求,市级陆海统筹改革主管部门要支持沿海重点区镇对能在本市范围内先行先试的项目,优先支持其开展创新并先行先试,对于需要争取上级支持和许可的,积极协助向上争取。目前在陆海统筹配套改革中正在推进全国海域综合管理创新示范市建设。要抓住落实《关于深化海域管理制度改革的意见》的机遇,争取在沿海重点区镇先行试点。同时在沿海重点区镇全面落实《江苏省节约集约"双提升"行动计划南通陆海统筹工作实施方案》,实施节约集约创新、空间布局优化、耕地保护升级、土地整治示范、生态建设优先5大专项行动,率先通过完善土地利用总体规划,加大盘活沿海存量建设用地力度,扩展发展空间。利用开展同一乡镇范围内村庄建设用地布局调整试点,保障沿海新型城镇化用地空间。同时,市、县两级政府要继续将有关扶持资金重点向沿海倾斜,营造各类发展要素向其流动的政策"洼地"。

南通市委党校　马　亮

南通市沿海办规划处　杨晓峰

徐光明

丁正涛

(本研究报告为2014年江苏沿海沿江发展研究院招标课题"南通沿海前沿地区深化区镇一体化发展研究"〔Z201403〕研究成果)

日本港口发展经验对南通沿海港口建设的启示

摘　要　为了探索"十三五"期间南通沿海港口的发展路径,本课题组对港口和海运较为发达的日本进行了深入调研。在此基础上,针对南通如何打造第五代港口群的问题,从加强基础设施建设及投资多元化、整合港口资源、推进港口间协同发展、实现港产城一体化、发展港口现代物流、推动港口国际化、提升收益能力等7个方面提出了政策建议。课题组认为:应进一步提升港口基础设施能级,夯实港口发展基础;完善港口规划,加快港口布局优化和水运结构调整;深化港产城融合发展,推动港口腹地联动;完善港口现代物流体系,提升口岸通关效率;重视供给侧结构性改革,推动港口转型升级,提高区域辐射能力。应以第五代港口为目标,向"功能型、国际型、产业型、智慧型、生态型"的港口升级。

一、引言

港口是一个城市对外开放的窗口,是货物海陆联运的枢纽,也是国际商品的贮存、集散和分拨中心。南通港口是长江中上游地区能源、原材料中转运输以及外贸运输的重要中转港;是长三角地区集装箱运输支线港和长江口北岸发展现代化物流的重要港口;也是我国发展综合运输的沿海主枢纽港。江苏沿海开发、建设长江经济带、长三角一体化、中国(上海)自贸区和"一带一路"等国家战略的实施以及通州湾升格为国家级江海联动开发示范区,将极大带动南通沿海港口运输需求的增长。同时,以"一体两翼"为标志的上海国际航运中心建设要求南通沿海港口在国家综合运输体系中发挥更大作用。

面对复杂多变的国际环境以及国内经济发展的新常态,如何在建设长江经济带、"一带一路"等多个国家战略中乘势而上,是南通沿海港口必须突破的全新课题。本报告旨在借鉴日本发展港口群的经验,为"十三五"期间南通建设现代化港口群提出具有可操作性的政策建议。

二、日本港口群发展经验

日本目前拥有994个港口,根据功能划分,有国际战略港口5个,国际枢纽港口18个,全国性港口102个,地方港口808个,其他港口61个(主要港口见图1)。日本是一个港口和海运发达的国家,早在1969年,日本港口吞吐量就超过美国,跃居全球第一。这一霸主地位一直保持到2004年。在这一时期,日本经历了重化工业发展阶段,高速增长期的GDP年均增速保持在9%左右。

图1 日本主要工业带、港口与城市

东京湾是日本具有代表性的港口群,位于本州岛南部,南北长80公里,东西宽20~30公里,湾口仅80公里。在这样一个里阔外狭的海湾内,聚集了东京港、千叶港、川崎港、横滨港、木更津港、横须贺港、船桥港等7个首尾相连的大型港口(图2)。

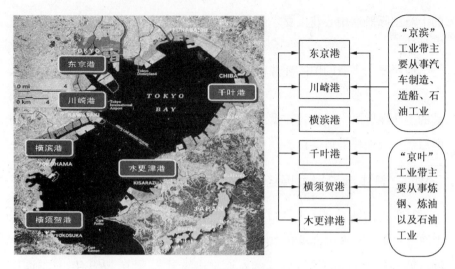

图2 东京湾港口群

港口的发展能够体现国家的核心竞争力,为此日本政府将港口发展纳入国民经济发展规划中,进行全国统筹规划。早在1967年,运输省港湾局就提出了《东京湾港湾计划基本构想》,该计划要求各港口根据自身基础和特色,承担不同的职能,在分工合作、优势互补的基础上形成一个"广域港湾"。各港口经营保持相对独立,但在对外竞争中以一个整体出现。

日本高度重视港口发展方式的转变。2007年,国土交通省在《港湾相关事业中期计划》(2008—2017年)中明确提出了四大课题,对港口发展方式提出了更高的要求:一是以港口为核心,推进区域经济发展;二是确保国民生活的稳定与安全;三是推进环境对策,打造循环型社会;四是增强国际竞争力。

日本发展港口群的经验可归纳为以下几点:

1. 积极打造国际集装箱枢纽港

为了打造国际集装箱枢纽港,提高港口国际竞争力,日本政府推出了多项有力措施。第一,加大疏浚航道力度,确保单船运力超过12 000TEU的集装箱船顺利通航。第二,加大投资力度,建造拥有现代化装卸设备的集装箱码头。第三,积极采用港航智能运输系统(ITS)、电子数据交换系统(EDI)

和海上货物通关信息处理系统(Sea NACCS)等先进技术。第四,进一步完善港口物流供应链配套设施和多式联运机制。第五,强化京滨地区的东京、横滨、川崎三大港口间的全方位合作;优化三大港口的港口经营管理、基础设施、配套工程和物流服务网络。第六,降低港口使用费率和装卸费率。第七,构筑以港口为核心的综合物流体系;强化各大港口物流功效。主要措施为:一是延长港口开放时间,缓解通道拥塞。二是完善东京港口集装箱装卸设备和设施,提高集装箱装卸和储运等服务的效率和增值功能。三是完善东京港水陆交通运输线路,确保单船运力12 000TEU以上的超级集装箱船顺利通过(船舶进出情况见表1)。

表1 日本港口船舶进出统计

年份	合计		日本籍船舶		外籍船舶	
	艘数	净吨数	艘数	净吨数	艘数	净吨数
1985	39 856	352 589	8 845	115 254	31 011	237 335
1990	46 379	385 110	6 041	81 606	40 338	303 505
1995	60 055	412 163	3 421	57 708	56 634	354 455
2000	68 171	461 903	2 587	41 603	65 584	420 300
2005	72 126	508 774	2 465	29 572	69 661	479 202
2010	59 181	505 371	2 370	32 320	56 811	473 051
2011	56 104	497 617	2 576	37 437	53 528	460 180
2012	55 710	504 183	2 724	40 443	52 986	463 740
2013	54 683	504 258	2 857	44 684	51 826	459 574
2014	52 097	492 238	2 830	45 658	49 267	446 580

2. 明确各港口分工,建立统筹协调机制

东京湾内每一个港口都有明确的发展方向。例如,东京港拥有世界先进的外贸集装箱码头,主要承担东京产业活动和居民生活必需品的物资流通;横滨港和川崎港主要进口原油、铁矿石等工业原料和粮食,出口工业制成品;千叶港则以进口石油和天然气为主,以铁矿石、煤炭和木材为辅,出口货物以汽车为主。这样的分工和定位与港口的发展背景以及周边产业基础等因素密切相关,当然,这与日本运输省的统筹协调也是分不开的。港口周边区域临港产业的支撑作用加上日本运输省必要的统筹协调,共同将东京湾打造成了一个竞争有序、特色鲜明的有机整体以及全球最大的港口群。同时,东京湾内的多个港口也成为世界级大港,形成了"一超多强"的港口运输格局。

3. 通过港口资源整合提升竞争力

进入21世纪以后,日本港口的国际竞争力持续下滑。以北美航线为例,1988年有9成的干线船挂靠日本港口,而到了2007年冬,这一数值已跌破五成。竞争力下滑的原因可分为外部因素和内部因素:外部因素主要是中韩等国家港口竞争力的相对提升,以及近年来全球金融危机对国际贸易及航运的影响制约了日本港口发展;而内部因素则是日本综合物流成本居高不下(包括装卸成本、内陆运输成本等)以及装卸、通关等港口服务时间较长。

为了应对周边国家及地区的港口竞争,维持日本港口的国际竞争力,日本政府于2004年7月启动了名为"超级核心港"的长期发展计划,该计划旨在强化东京—横滨、名古屋—四日市、大阪—神户三大核心区的大型港口群,通过规模经济降低综合成本,提升国际竞争力。2007年12月,日本政府决定将大阪港、神户港、尼崎西宫芦屋港合并成为阪神港(图3)。此举标志着日本打造超级枢纽大港的计划全面启动(港口吞吐量见图4)。

图3　大阪神户组合港

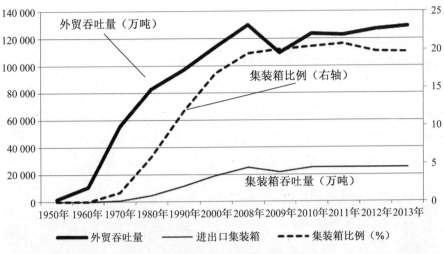

图4 日本港口外贸吞吐量和集装箱比例

为了促进超级核心港的联合运营,日本主要集装箱港口的码头运营商都被要求整合形成新的一体化组织。具体目标是:将货物卸载、通关的时间从原来的3天缩短至1天,达到与新加坡相仿的水平;装卸成本要降低30%,与韩国釜山和台湾高雄持平。另外,政府还致力解决集装箱码头水深不足的瓶颈,在东京港新建3个吃水超过15米的泊位,以满足大型船舶停靠的需求。其他微观措施有:对单个港口内部的不同集装箱码头进行整合,打造"大集装箱码头",以此提供一体化灵活服务;引入"无缝信息系统"和全自动货物处理设备,推进24小时不间断作业;改进国内喂给服务和内陆运输,吸引国内腹地货源;等等。通过多年的努力,日本港口国际竞争力下滑的趋势基本得到了控制。但该计划能否大幅提升竞争力还有待进一步观察。

4. 建设大型临港物流园区,拓展港口物流的增值服务功能

物流园区概念起源于日本,是多种物流设施和不同类型的物流企业通过在空间集中布局所形成的具有一定规模和综合服务功能的物流集结区域。日本的经验是:依托临港物流园区的发展,整合港口及区域物流资源,优化传统港口物流服务,带动创新型的第三方物流服务产品的发展;健全港口综合服务功能,形成独立公正、运作规范的专业化港口物流高端服务

市场。

横滨港货运中心就是一个典型的临港物流园区。它是日本最大的综合物流中心,也是配备了最先进设施的综合保税区,它依靠机械化、现代化、专业化、自动化的服务吸引了大量企业入驻(图5)。园区对信息化极其重视,企业通过计算机信息管理系统来完成对物流信息的管理和控制,为客户提供智能化的、全方位的信息服务。各级物流企业在管理方式方法上也不断创新,例如准时制生产、共同配送、供应链管理等不断得到应用和推广。

图5 横滨港全景和物流中心

5. 推进港口投资多元化

港口投资多元化,既可形成相互补充、互相促进的产业体系,又可增强抵御风险的能力,从而加速港口发展方式的转变。早在2003年北九州港就制定了《国际物流特区构想》,明确规定:到2004年底,北九州港要将深水码头建设成为西日本及环黄海区域向北美、欧洲发货的国际集装箱枢纽基地。其建设投资1 000亿日元中,中央政府投资520亿日元,地方政府投资330亿日元,民间企业投资150亿日元。同时,允许新加坡PSA公司入股参与建设。港口投资多元化既减轻了中央及地方政府的财政负担,又调动了民间企业从事港口建设的积极性。国土交通省已将投资多元化提到港口发展战略的高度加以实施。2010年8月,国土交通省提出:今后要重视民间企业参与港口投资和运营的积极性。特别是在国际战略港口,要设立民间企业出资的"港湾运营公司",通过成立民营化机构推进港口发展战略的"一体化运营"。

6. 大力发展临港产业集群

东京湾工业区是日本工业地带核心区域,在长70公里、宽20公里的海湾两侧分布着京滨、京叶两大临港产业带(图6)。

图6 临港产业带产业集群

日本重视临港产业集群的建设。产业集群内的企业通过连锁效应建立密切的产业关联,多部门综合发展有利于产品转化、降低流通成本,提高生产效率。以市原和袖浦区域的石油化工集群为例,该集群由四大石油企业及五大化工企业构成(图7)。富士石油等四大石油企业紧邻港口,通过油轮及输油管引入域外原油,企业间通过公用输油管道实现了产品上下游间的快捷流通。而住友化学等五大化工企业则依托石油企业生产高端石化产品，形成了全球最大的乙烯制造中心；此外，区域内还建有五个火力发电站，不仅可保障石化集群内产业用电，还可服务周边的钢铁集群。在发展产业集群的同时，重视海河联运。在临港产业空间中，工业用地与运河交织布局，运河辐射所有工业用地。工业用地沿岸设有专用码头，生产原料直接运往车间，制成品依托水运快速输出。

图7　位于东京湾的化工企业

7. 推进东京湾沿海前沿地区开发

东京湾有三个大型开发区：分别是东京海岸区的临海副都心（448公顷）、千叶县幕张副都心（522公顷）、横滨MM21地区（186公顷）。这三个开发区充分体现了港产城融合发展的理念(图8)。

图8 东京湾三大开发区

临海副都心位于东京市中心以南约6公里处,属于东京主城区的一部分。临海副都心划分为信息办公区、国际展览及会议中心区、度假娱乐区和居住生活区等四个功能区。目前,临海副都心已经成为提升东京市竞争力和吸引力的战略性发展基地、物流和国际交易中心、新型产业发展基地以及拥有高质量居住环境的文化休闲空间(图9)。

图9 临海副都心

临海副都心商业办公和住宅占地面积 192 公顷,占比 43%。其中,不同功能区的开发顺序严格遵循规划,内部各分区保持了清晰的定位,商业办公多分布于主干道和轨道交通两侧,住宅分布于景观价值较高的滨海地区。在产业构造上,集聚了信息、通信、多媒体、会展等东京新经济的代表产业,整个区域具有鲜明的产业特色。此外,在梯级开发过程中,穿插打造了各类展馆等独具特色的标志性构筑物,有效提升了区域价值。幕张副都心位于东京湾北侧的千叶县境内,由于交通便捷,环境优良且地价较低,吸引了大批公司总部入驻。而横滨 MM21 位于东京湾南侧的横滨境内,旨在疏解东京商务办公的巨大压力。

三、南通沿海港口发展现状和发展目标

1. 南通沿海港口的发展现状

南通地处沿海经济带与长江经济带 T 型结构交汇点,是上海国际航运中心组合港北翼重要港口(图 10)。南通具有优良的港口资源,大陆海岸线总长 203 公里,占全省的 21.3%。为了更好地把资源优势变为现实优势,市委市政府提出"江海联动、陆海统筹"的战略举措。近年来,在一系列重大国

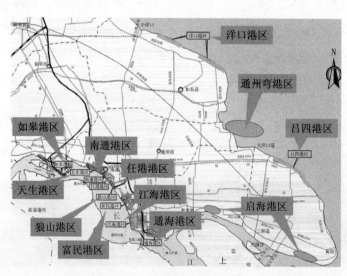

图 10　南通港口布局图

家战略的贯彻实施中,南通沿海港口建设取得了令人瞩目的成就:长江干线太仓至南通段12.5米深水航道一期工程竣工通航,10万吨级及以上海轮减载乘潮海进江直航,推动南通江港变海港。通州湾开发建设上升到国家和省级战略层面,中心城市形态由滨江型向滨江临海型拓展。洋口港、启东港获批一类开放口岸,洋口港区15万吨级、吕四港区10万吨级航道开工建设,洋口港码头接卸LNG大型船舶超过100艘。目前,南通正在加紧建设吕四港作业区环抱式港池5万吨级进港航道、洋口港区15万吨级航道工程,大踏步由"江河时代"迈入"江海时代"。但与此同时,南通沿海港口也面临着来自周边大型港口群的竞争压力。

2. 南通沿海港口的发展目标:第五代港口群

全球金融危机影响了港口的发展模式,迫使港口寻找新的发展空间,大型海港的发展正逐渐突破第四代港口的范围。在此背景下,2009年第八次中国物流学术年会上,港口专家席平提出了第五代港口概念——联营合作子母港。即以大型海港为母港,以国际陆港、支线港和设在内陆的港区为子港,形成母港与各个子港联合经营、合作发展、共生共荣的子母港群(表2)。

表2 五代港口功能演进及差异

代次特征	第一代	第二代	第三代	第四代	第五代
发展时期	1960年以前	1960年以后	1980年以后	1990年以后	2007年开始
主要货物	大宗货物	大宗散、杂货物	大宗及单位包装货物	集装箱	以集装箱为主
发展策略	保守的海陆运输模式的转换点	扩张的运输、工业和商业中心	商业、整合性运输及物流中心	港航合资及港际策略联盟	培育内陆资源,增加货源总量,提高服务质量,扩大外运份额
活动重点范围	船岸货物转运接口	货物改装和产业活动	货物和信息配送、潜在的全面物流	港际联盟	海港、海港周边产业区、陆港、内陆港区、支线港
组织特性	独立活动,非正式关系	港口使用者关系紧密,港口区域外活动松散,港市活动很少	不同运输联合及港市整合关系	地主港方式,民营化作业	港口集团总公司与其内陆分公司、沿海港区、内陆港区、支线港口形成联营合作了母港

续表

代次特征	第一代	第二代	第三代	第四代	第五代
生产特性	货物流通，低附加价值	货物流通和改包装，增加附加价值	货物、信息流通、配送等多重服务，高附加价值	枢纽港和转运港结合，整合性物流	以海港为中转港，陆港、支线港和内陆港区为子港，争取直接、间接经济腹地资源
经营特性	独资经营	独资经营	独资经营	独资、合资经营	独资、合资、合作经营
成功因素	劳动力、资本	资本	技术、专门知识	地主功能、决策和策划、管理及监理、推广功能、港口训练	经济腹地外贸规模，母港与子港的合作关系，海港、内陆城市的战略定位

南通的沿海港口，尤其是通州湾港口具备建设大型综合性海港的水深和陆域条件。通州湾可打造出150公里的深水岸线，建设500个5万~30万吨级码头泊位，其港口腹地将达到458.6平方公里。滨海园区将建成中国东部沿海大型临港产业基地、长三角北翼综合性物流基地、重型装备制造业集聚区、江苏沿海地区重要能源基地和江苏沿海国家级生态旅游度假区，成为上海北翼现代化港口新城。也就是说，在大型深水码头、港产城一体化和经济腹地这三大方面，通州湾具备"跨四迈五"，即跨越第四代港口，迈向第五代港口的条件。

四、"十三五"期间打造现代化港口群的具体政策建议

南通在"十三五"期间应把握国家战略意图，发挥独特优势，通过形成内生动力、提高控制力和竞争力，打造现代化港口群，实现港口可持续发展。课题组在借鉴日本经验的基础上，提出如下政策建议：

1. 依靠多元化投资加大基础设施建设力度

港口基础设施是港口经济发展的重要物质基础。应根据有关规划和发展实际，按照适度超前的原则，稳步推进基础设施建设，为港口及临港产业发展夯实基础。同时，由于港口基础设施与港口城市经济集聚之间存在着较强的关联性。因此，要重视港口基础设施建设与港口城市经济

发展的良性互动。因循智慧港口基础设施、智慧港口经济、智慧港口城市经济三者联动发展的机理,促使传统港口基础设施向智慧港口基础设施升级。要加强信息化基础设施建设力度,把发展信息化作为港口转型升级的重要推手,依托信息化基础设施,形成港口与互联网、物联网、大数据、云计算等信息技术相结合的现代化港口,促使港口功能得到进一步增强。

应区别不同基础设施的特点,辩证分析各种融资渠道的利弊和区域适应性,为港口基础设施建设选择合理的融资策略组合,打造稳定的资金链条。除利用传统的国内商业银行贷款以外,在合理控制杠杆率的基础上,选择发行港口建设债券、利用银行多方委托贷款、利用信托基金、利用项目融资(BOT、ABS、TOT、PFI)以及推动港口上市融资等其他多种融资渠道。当然,在人民币加入 SDR 货币篮子的大背景下,可抓住人民币国际化的重大历史契机,推动南通沿海港口在海外资本市场发行债券或上市。

港口基础设施建设融资要满足社会效应、经济效应和环境效应三重底线要求,促使港口在最佳成本—效益率控制下,实现绿色环保的更高目标。

2. 依靠资源整合推进江海联动

港口资源整合符合国家战略逐步由单点式向区域式发展转变的趋势,也符合中央提出的供给侧改革的要求。应树立"沿江沿海港口一体化发展"的大局意识,从服务长江经济带、"一带一路"等多个国家战略的高度,充分依托资本纽带与市场机制,通过推进港口资源整合、战略谋划、合理布局、科学分工,构建起的沿海港口发展生态系统,深化江海港口的联动发展。

一是要以总体规划为引领,统筹江海港口的联动发展。南通港口是上海国际航运中心"一体两翼"的重要组成和江苏沿海区域经济发展的有力支撑。应基于这一战略定位,按照整体互动、优势互补、结构优化、协调共进的原则,从空间布局、岸线利用、功能开发、城市发展、环境保护等方面,制定沿江沿海港口联动开发规划,从系统的角度整合沿江沿海港口,打造国际化港口大都市。

二是要依托模式创新,推进港口资源整合。应按照"开发有序、专业经营、边建边整合"的原则,通过规范上市、股权置换、市场收购、相互参股、兼并收购、资产重组、合资合作等多种途径,推进港口资源整合。可组建"政府主导的紧密型"的沿海港口控股集团,引导沿海港口开发建设和沿江港区功能转换,转变港口发展方式,鼓励港口企业从生产经营型管理向资本营运型管理转变,以港口资源整合推进江海联动和陆海统筹。

三是要对港口资源整合的效果进行合理评估。资源整合效果的体现是多方面的,包括资源配置效率的提升,整合后系统的稳定性,以及整合过程是否顺利推进等。可采用 Malmquist 指数方法和属性论方法对整合前后港口沿时间轴纵向的资源配置效率改进情况进行评估。由于两种评估方法存在互补性,将两者相结合进行分析的可靠度更高,并可反映资源整合过程中实际存在的瓶颈。

3. 促进港口间协同发展

协同发展可以避免港口之间的破坏性竞争,并可通过战略伙伴关系,强化参与各方的力量。南通沿海港口应在维护各方共同利益和遵循正和博弈的基础上,拓展整体覆盖空间。具体建议如下:

一是要确保各港口间错位发展。应科学规划港口群内各个港口的发展方向,促进港口之间分工合作。在港区功能定位、开发时序、发展重点、货运结构、经营特色、腹地货源和航线等方面寻求错位发展。要兼顾各方利益、充分调动各地区和各港口的能动性。同时,这种错位发展不应仅限于南通沿海港口,要将南通沿海港口作为一个有机整体,实现与周边各大港口群之间的错位发展。

二是要建立港口联盟。构建港口联盟,既符合全球航运市场发展的趋势,也是我市沿海港口应对挑战,增强自身生存和发展能力的必然需求。南通沿海港口可根据自身特点和发展阶段,通过政府主导型的港口横向一体化战略联盟和港口纵向一体化战略联盟(价值链角度),实现港口间的合作竞争,促进各方持续、快速、健康发展,实现利益共享、风险共担,全面提升港口群综合竞争力。

三是要建立港口利益共享的合作机制。建立各港口间协调对话机制,实现资源的有效配置,形成在市场调节下的以政府为主导、以企业为主体的利益共同体,推动各港口互动发展;要建立市场价格联动机制,通过信息公开、联席会议等措施消除恶意价格竞争,建成统一开发、竞争有序的港口市场。

四是要引入"协同发展协议"。港口市场竞争的"路径依赖性"是造成港口间缺乏协同动机的主要原因,完全依靠市场调节无法实现港口间的协同发展。各港口间应该签订"协调发展协议",规定违约的"惩罚金"和合作的"补偿金"。演化博弈理论证明,此举可提高港口间进行自发协同的积极性。

4. 实现港产城一体化

应以通州湾海港为中心,以"一主一副双核心区"为载体,以综合运输体系和海陆腹地为依托,以港口产业链为支撑,推动产业链、供应链、价值链、创新链、服务链的紧密衔接,助力区域经济协调性均衡发展。

一是港口规划要与区域发展相结合。第五代港口建设必须与所在城市、所在经济区域深度融合,形成港城空间一体化、港城产业一体化的发展模式。城市在规划产业布局时应以港口为核心,规划和发展整个城市的产业布局和功能定位;港口的规划应与所在城市融为一体。在此基础上,从规划协调性、环境承载力和风险等多个方面对港口规划进行合理评估。

二是要结合港口建设,选择临港产业区位。应理性选择临港产业区发展区位。通过港口资源与港口内部能力、港口外部环境的相互协同和匹配,提升港口区位价值。以"布局合理、核心突出、分工明确、规模经营"为原则,突出重点、彰显特色,有序发展,打造以通州湾为母港,洋口港、老坝港为北翼,吕四港、东灶港为南翼的第五代沿海港口群。

三是要落实集约建设,实现产业布局合理化。集约建设为后期建设留有余地,是最为有效的可持续发展之路。我市临港产业建设要通过高效紧凑的产业组织实现集约生产。临港产业在空间上以项目为节点,以公路和内河为轴线,形成以点连线、以线带面的联动格局,在总体上形成节点分布合理、轴线辐射适宜、网络功能强大的产业布局框架。要体现项目设计一体化、公用工程一体化、物流传输一体化、环境保护一体化及园区管理一体化(五个一体化)。要延伸和完善临港产业区内部产业链以及战略横向协作,推动临港产业联动发展。

四是要推动临港产业转型升级。抓好用好中央和江苏省促进产业升级、化解产能过剩的政策和实施供给侧改革的要求,优化增量、调整存量,推动临港产业结构高端化、产业发展集聚化。强化先进制造业支撑,加快现代服务业发展。尤其要加快发展高新技术产业和新兴产业,提升自主创新能力,促进创新要素向企业集聚,提高科技对经济增长的贡献水平。

五是要打造临港产业集群。应以临港产业区为载体,以产业上下游、横向纵向关联为纽带,全面促进各种资源要素集聚,形成综合性临港产业集群。在此基础上,通过升级途径使临港产业集群不断地向更高层次发展。应加快实施《中国制造二〇二五》、"互联网+"行动计划,推进大数据战略,培育具有战略性的临港产业集群;在注重临港产业集群总量的同时,应完善产业链,提高产业质量和效益,逐步转入以提升港口产业质量为主的发展阶段。

5. 发展港口现代物流

应结合中央关于实施供给侧改革的要求,进一步完善港口现代物流体系,改善与强化港口物流的供给机制,进一步激发港口物流的需求,充分利用多个国家重大战略叠加的机遇,构建自由贸易和航运物流、产业相融合的货运枢纽,打造区域性国际物流中心。

一是要加大港口物流园区建设力度。建立港口物流园区发展战略,依托现代物流园区建设,改革物流企业经营机制和组织模式,整合现有内部资源和外部资源,加大港口物流的科技投入,强化服务理念,优化延伸港口传统服务形成物流链,构建可靠、高效的物流系统,以此拓展港口现代物流服务。以通州湾海港为核心,构建以港口企业为龙头、临港物流园区为基地的产业聚集带,形成前港后园模式,增强为腹地经济服务的能力。

二是要提高港口物流营运的信息化水平。在现有平台基础上,融入"互联网+"思维,建立政府、海关、国检、船公司、货代、企业等多方的EDI共享平台,为港口物流运营提供精准的数据支持;并以标准化服务贯穿于港口物流全程,从制造、运输、装卸、包装、仓储、拆并、配送等各个环节为企业提供各种准确信息。同时以打造智慧港口为目标,整合物流、资金流、信息流,构建港口现代物流电子商务生态圈,帮助企业降低物流成本,加快南通沿海港口融入以物联网和大数据为代表的"互联网+港口物流"新时代的步伐。

三是要进一步发挥港口在综合交通中的作用。以通州湾海港为核心,打造各种运输方式齐全、内外衔接高效的集疏运体系。以集疏运体系的有效衔接实现内向腹地拓展,推动内陆"无水港"建设。大力发展江海河、公铁水多式联运;完善多式联运协调运作机制和软硬件设施;培育多方共同参与的国际集装箱多式联运工程。在此基础上,打造快速顺畅、服务优质、安全可靠、智慧引领、生态和谐的综合交通运输体系,形成"层次分明、布局合理、设施完善"的货运枢纽,基本实现货物运输"无缝衔接"。

四是要优化大通关环境。积极推进口岸大通关设施的建设,完善通关协调机制。加快建设功能完善的立体开放口岸体系,根据开放型经济发展的需求加快推进口岸和口岸作业区建设,努力实现进出口企业便捷通关。重点完善保税港区的基础设施和配套设施,做好多式联运的申报和通关建设;加快建立口岸通关中心,实行"集中、便捷、经济、高效"的"一站式"办公和"一条龙"服务模式。

6. 推进南通沿海港口国际化

应抓住"一带一路"国家战略的历史机遇,促进南通沿海港口更好地参与国际竞争与合作,打造开放型经济升级版和对外开放新高地。

一是要具有国际视野。经济全球化和区域经济一体化要求南通沿海港口加快国际化步伐。要把沿海港口的发展置于整个世界经济体系的大格局中去谋划。以资本为纽带,广结战略联盟;利用国际、国内两个资本市场,加大资本运作力度,打造国际资源配置枢纽。

二是要不断提高对外开放的层次和水平。要面向全球大型跨国公司、港航物流企业加强资源共享和优势互补,拓展市场空间,打造区域和全球港口的合作网络。鼓励有条件的企业"嫁接"国外知名物流企业集团,成为其全球物流网的支点,主动融入国际物流体系中。

三是要开展全方位国际合作。积极引进国外作为全球物流承运人的船公司与已积累丰富经验的港口物流经营商,共同推动港口经营与管理的现代化进程。以港口为核心构筑连接国内外产业组织的国际性供应链驱动体系;构建港口物流、腹地和海外产业经济相耦合的综合产业集群。

四是要主动与国际标准接轨。要按照国际通行标准进行生产和经营,在人才、技术、管理、环保等各方面加快与国际接轨的步伐,实现港口生产的市场化、港口运行的高效化、港口管理的科学化,打造绿色低碳港口,提高港口综合竞争力和抵御各种风险的能力。

7. 在强化国际竞争力的同时扩大收益

港口的盈利模式进入供应链时代。南通沿海港口应在提升国际竞争力的同时,明确目标价值取向,从追求吞吐量的增加转向注重服务贸易量的提升和产业价值链的延伸。抓好中央经济工作会议提出的"去产能、去库存、去杠杆、降成本、补短板"这五大任务;通过泊位大型化、货种专业化、作业自动化、周转快速化、理货数字化、收费规范化、服务优质化、轮船班轮化、疏港多样化、贸易电商化等途径提高盈利能力。主要建议如下:第一,要建立港口供需匹配指标和评估指标体系,对当前南通沿海港口的运营效率进行分析和全面掌握。第二,要拓展港口功能,为客户提供增值服务,从业务扩张中获得更多利润。第三,应依靠无水港、陆地港、多式联运等方式,将狭义港口扩展至广义腹地,实现物流覆盖。第四,利用货物集聚窗口的优势以及仓储资源开展金融贸易服务,实现资金流覆盖,例如探索发展 PTA 等大宗商品交割业务与跨境电子商务交易等。第五,应抓住中国(上海)自贸区的机遇,利用综保区平台,大力发展保税物流。第六,应通过强化由装卸业务衍生而来的土地经济、物流、修船、金融等配套服务来强化盈利能力。第七,通过物流标准化降低港口物流成本。第八,应依靠供应链上下游企业间信息的互通共享、业务外包、流程整合与再造,形成供应链系统,并实现社会流通的资源整合,降低流通成本。第九,应通过加强南通港口和航线的品牌建设,发展港口文化,提高区域价值,强化利润源。

课题组负责人:
南通大学江苏沿海沿江发展研究院　周威平
执笔人:
南通大学江苏沿海沿江发展研究院　冯　俊
课题组成员:
南通大学江苏沿海沿江发展研究院　陈长江
南通沿海开发集团投资发展部　顾沛文
南通市沿海办综合处　徐亚琴

关于南通沿海港口资源整合的思考与建议

> **摘 要** 本文首先总结了南通沿海港口开发的现状，包括各港区建设主体情况、港口泊位建设情况和"十二五"时期港口吞吐量情况，并与大丰港进行了对比分析，得出了南通沿海港口发展相对缓慢的基本结论。其次，着眼需求和供给两大角度，从经济腹地、资金缺乏、同位竞争、江海联动等四大方面分析了南通沿海港口开发建设缓慢的原因，归结起来，十分重要的是南通沿海港口开发建设分散，未形成建设合力。最后，提出了沿海港口资源整合的总体目标、工作机制、路径选择和关系协调等，建议以沿海港口资源整合为突破口，加快沿海港口开发建设进程。

一、南通沿海三大港区及发展现状

南通拥有海岸线210公里，其中可建5万吨级以上深水泊位的岸线40多公里，从北向南分布洋口港区、通州湾港区和吕四港区三大港区（见表1）。

洋口港区：位于江苏省如东县长沙镇及其外海的一座离岸型深水港，地处长江口北翼，利用古长江入海口水道通向黄海国际航路。目前由阳光岛海上作业区、长沙镇临港工业区及黄海大桥等陆海配套设施组成，起步区完成了部分基础设施建设，中石油等重点产业项目投产，初步实现了产出回报。2014年8月，国务院批复同意如东洋口港对外实现一类口岸开放。

通州湾港区：位于长江入海口北翼、江苏沿江经济带与沿海经济带的T型交汇处，区域水深条件良好，腰沙、冷家沙、三夹沙围填可形成近150公里的深水岸线，形成超过400平方公里土地，可规划建设100个5万~10万吨级的码头，10个30万吨级的码头，是中国东部沿海地区不可多得的优良建港区域。目前正在开发建设三夹沙和腰沙区域。

吕四港区：吕四港位于江苏省启东市,地处上海北翼,主要依托小庙洪水道,是我国东部沿海一个不可多得的天然深水良港。小庙洪水道为平行于海岸线的一条长42公里的深水航道,沿线可建万吨级泊位40多个,其中10万吨级深水泊位数十个。吕四港与洋口港一起获批一类开放口岸。海门港因地理空间位置被纳入吕四港区。

表1 南通沿海三大港区发展现状

港区	作业区	建港条件	发展现状
洋口港区	西太阳沙作业区（阳光岛作业区）	北侧码头区布置5万~10万吨级以上泊位22个；南侧码头区布置2万~5万吨级泊位15个	10万吨LNG专用泊位1个,万吨级重件泊位、万吨级液化泊位各1个,10万吨级石化泊位2个
洋口港区	东太阳沙作业区	可建25万~30万吨级泊位14个	尚未启动
洋口港区	金牛湾作业区	可建5万~10万吨级码头泊位122个	尚未启动
吕四港区	东灶港作业区	可建5万吨级及其以下泊位18个	已建成2个2万吨级（水工结构兼顾5万吨级）泊位的通用码头
吕四港区	吕四作业区	可建5万吨级及其以下泊位25个	已建成大唐电厂2个3.5万吨级（水工结构5万吨）泊位的运煤码头
通州湾港区	腰沙作业区	可规划建设100个5万~10万吨级的码头,10个30万吨级的码头	腰沙一期通道工程竣工验收,二期工程正抓紧施工,1号港池正前期工作
通州湾港区	冷家沙作业区		尚未启动

数据来源：根据各港区研究规划和进展情况（来自各港区管委会）整理

二、南通沿海港区的发展现状

分析南通沿海港口发展现状,需要首先总结南通沿海港口码头建设情况及货物吞吐情况,这是所有分析的基础性工作。

1. 南通沿海港口码头建设及货物吞吐量情况

(1) 南通沿海港口码头泊位建设情况

南通沿海港口开发以来,限于地理位置、地质条件、经济环境等多种因素,建设缓慢,截至"十一五"末的2010年,我市沿海共有万吨级以上生产性泊位4座,分别为洋口万吨级重件码头1座、洋口10万吨级LNG专用码头1座、大唐吕四电厂5万吨级煤码头2座。《南通市港口发展"十二五"规划》中明确沿海计划新增泊位31个,达到35个。事实上,截至目前,近五年时间万吨级以上仅增加泊位5个,达到9个(见表2),其中洋口港区5个、吕四港区4个。洋口港区5个泊位分别为10万吨LNG专用泊位1个,万吨级重件泊位、万吨级液化泊位各1个,10万吨级石化泊位2个。吕四港区4个泊位分别为大唐电厂5万吨级煤炭专用泊位、东灶港2万吨级通用泊位各2个。南通沿海已利用港口岸线6.13公里(洋口港区2.5公里,吕四港区3.63公里),均为深水岸线,占我市沿海规划岸线的5.9%,占全省沿海已利用岸线的13.9%。

表2 南通市近几年沿海港口建设情况

	2010年	2013年	2015年	
万吨级以上泊位数(个)	4	8	9	35(规划数)
货物吞吐量(万吨)	525.4	2 043.9	1 500(预计)	5 000(规划量)

数据来源:根据各港区研究规划和进展情况(来自各港区管委会)整理

(2) 南通沿海港口吞吐量情况

近几年来,由于国际经济复苏乏力,国内经济下行压力增大,全球航运业增长乏力、南通港与周边港口竞争压力加大,南通沿海港口吞吐量增长放缓。如表3和图1所示,2011年沿海港口吞吐量实现大幅增长、突破1 000万吨后,2013年达到峰值,突破2 000万吨,之后2014年、2015年负增长。从2015年情况来看,2015年沿海港口进出港船舶月均仅20艘次,截至2015年10月份港口统计,全市沿海港口货物吞吐量1 248.6万吨,同比负增长,其中,吕四港区完成货物吞吐量806.1万吨,洋口港区完成货物吞吐量442.5万吨,同比均负增长。全年全市货物吞吐量在1 500万吨左右,达不到《南通市港口发展"十二五"规划》中明确的5 000万吨的目标。总体来看,如表2所示,"十二五"期间南通沿海港口建成泊位数、实现吞吐量等均增长缓慢,均没能实现《南通市港口发展"十二五"规划》中所设定的目标。

表3 南通沿海港口吞吐量情况(单位:万吨)

	2010年	2011年	2012年	2013年	2014年	2015年10月
洋口港区	13	375.5	583.5	833.8	591.8	442.5
吕四港区	512.4	657.3	997.1	1 210.1	1 000.5	806.1
全市沿海港口合计	525.4	1 032.8	1 580.6	2 043.9	1 592.3	1 248.6

注:1. 通州湾港区尚无泊位建成,不纳入统计;
2. 数据来源:南通市港口管理局《南通港口月报》及《港口统计》;
3. 2015年数据统计至10月份。

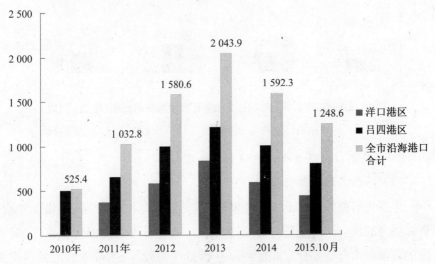

图1 南通沿海港口货物吞吐量(单位:万吨)

(3) 南通沿海港口与周边沿海港口(大丰港)发展情况的比较

南通沿海南北边大型港口众多,南有上海港、宁波—舟山港,北有大丰港、连云港、日照港、青岛港等。由于南通沿海港口起步晚,与国内大型沿海港口发展差距甚远,不具有可比性。仅仅与建设起步同一个时期的盐城大丰港相比,就能看出南通沿海港口发展缓慢(见图2)。比如,2011年,大丰港建成万吨级以上泊位8个,完成货物吞吐量1 200万吨,同比增长136%。2012年码头吞吐量突破2 000万吨、4万TEU,同比增长66.8%,2013年港口货物吞吐量达3 250万吨,同比增长60.8%;2014港口货物吞吐量突破5 103吨、集装箱达10万标箱。今年,大丰港吐量预计将达7 000万吨,集装箱20万标箱。

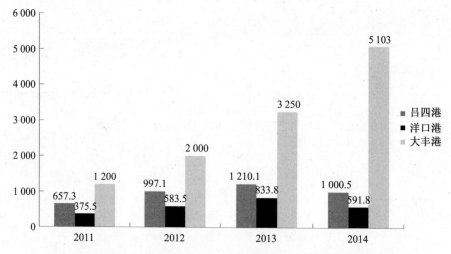

图2 吕四港、洋口港、大丰港近几年吞吐量粗略对比图(单位:万吨)

数据来源:南通市港口管理局《南通港口月报》及《港口统计》、大丰港网站

2. 沿海港口资源整合的内涵和整合现状

(1)沿海港口资源整合的内涵

本报告所说的沿海港口资源整合,主要指沿海各港口之间的资源整合。资源整合的核心问题是资源的合理配置。通过合理的资源优化配置,对有限的资源做出合理的分配和使用以获得最佳的效益,在可能的范围内促进资源最大限度的发展和增长。

通过港口资源的有效整合,形成结构合理、层次分明、布局科学、功能完善的现代化港口群,可以使港口布局渐趋合理,港口之间功能渐趋协调,共用公共基础设施,减少重复建设,避免恶性竞争;有利于高效利用同区域内不同港口的资源,发挥各港的综合优势,提升港口经济规模效益,建立核心竞争力。

(2) 南通沿海各港区开发建设主体情况

南通沿海各港区开发建设主体情况如下(见表4):

洋口港区。洋口港开发建设主体是江苏省洋口港经济开发区管理委员会,隶属如东县政府。目前洋口港注册有涉及港口建设、运营的公司三家,主要是江苏洋口港建设发展集团有限公司,如东县国有独资公司,洋口港开发建设的一级主体公司。下面分别注册有江苏洋口港投资开发有限公司,注册资本20 000万美元,江苏洋口港港务有限公司,注册资本2 000万元。

吕四港区。启东吕四港,吕四港的开发建设主体是江苏省启东吕四港经济开发区,隶属启东市政府。目前,吕四港主要有启东沿海开发有限公司,注册资本10亿元,为启东市国投全资子公司。海门东灶港。开发建设主体是海门东灶港滨海工业新区管委会,隶属海门市政府。目前主要有海门市东灶港口建设发展有限公司,注册资本3亿元,为海门市港口发展有限公司全资子公司。

通州湾港区。开发建设主体是南通通州湾江海联动示范区和南通沿海开发集团有限公司,均隶属南通市政府。目前有2家公司,一是南通滨海园区港口发展有限公司,注册资本5亿元人民币,公司主要进行腰沙围垦和港池建设。二是南通滨海园区控股发展有限公司,注册资本5亿元人民币,为南通通州湾江海联动示范区全资子公司,主要从事三加沙区围垦成陆项目。

表4 南通沿海港口开发建设主体及功能定位

港区名称	所属区域	开发建设主体	目前主要功能业态
洋口港区	如东县	江苏省洋口港经济开发区管理委员会	以原材料、能源等大宗散货中转运输为主,主要为临港工业服务
吕四港区	启东市	江苏省启东吕四港经济开发区管委会	以原材料、液体化工、石油、煤炭等散货运输为主,主要为临港工业服务
通州湾港区	通州湾江海联动示范区	1. 通州湾江海联动示范区管委会 2. 南通沿海开发集团	规划以服务临港工业起步,远期功能定位为临港工业和中转运输为主的综合性港区(目前尚未通航)

可见,目前南通沿海各港区开发建设主体是独立的,而且也没有形成港口联盟、联席会议制度等松散型的协调机制,也就是尚未有制度性的整合,处于相对独立的分散状态。

综上,近几年南通沿海港口开发建设总体上进展缓慢,落后于周边沿海县市港口建设的规模和速度,达不到南通实施江海联动、创建国家陆海统筹综合改革实验区的要求,与南通通江达海的区位优势不相称,与南通经济社会发展的需要不相适应。

三、南通沿海港口发展缓慢的原因分析

南通沿海港口建设发展缓慢原因是多方面的,从大的方面讲,总体上可以从需求和供给两个角度进行分析。比如,从供给角度说,区域地理条件是重要制约因素之一,泥质的滩涂围垦和港池建设的技术难度大、开发周期长、资金投入大,受手续报批等宏观政策环境影响也大,制约了开发建设进度。同时,还有经济的、体制的等多种原因,概括起来讲,南通沿海港口布局分散,开发主体多元,不能形成开发建设合力,是沿海港口开发建设缓慢的重要原因。具体来说有以下几个方面:

1. 经济腹地小,区域竞争大

从需求角度来分析,经济腹地狭小,且面临激烈竞争是首要原因。特定的自然条件、地理区位决定了南通沿海港口的服务定位是本地临港工业与苏北经济。一是从本地临港工业发展来看,作为支撑沿海港口发展关键的临港工业尚处于起步阶段,沿海工业园区尚不成熟,还不能为港口开发建设提供支撑。这里既有起步晚的原因,更主要的是新常态下,靠政府投入拉动园区建设的模式走不通了,东部沿海地区短期内通过招商成型园区的模式走不通了。二是从港口、产业、城镇互动关系来看,首先是工业推动港口发展、还是港口推动工业发展的问题,这也涉及港口运输的供给与需求先后次序。南通一些县市虽说是港产同步发展,但基本上倾向于优先建设港口,而不是先招引集聚工业,后形成一定港口需求再来建设。其次,港口与城市关系问题,港为城用、港以城兴是沿江沿海港口城市发展的普遍规律。南通

沿海港口一般距离市区较远,城市对港口需求的带动较弱,港城互动发展较慢。三是从面临的区域竞争来看,整个苏北经济规模相对较小,且有连云港和大丰港等在招商引资、优惠政策、软硬环境方面的直接竞争,南通沿海港口发展的市场需求相对不足。众所周知,连云港建港条件好、建设起步早,国家及江苏省政策资金支持大。北边的大丰港近几年创造了港口开发的"大丰速度",其基本经验是坚持港口、港产、港城"三港联动",港产城实现了良性循环;推进金融创新,通过股份合作吸引国资、民资参与开发建设,通过企业债券、融资租赁筹集资金,解决了钱从哪里来的问题,比如吸引了实力雄厚的省属重点骨干企业——江苏国信集团 2010 年加盟,产生重大推动作用。四是从处理与上海港的关系来看,从更广泛的区域合作与竞争来讲,南通港如何处理与上海港的关系,是"大树底下好乘凉"还是"大树底下不长草",是影响南通沿海港口开发建设十分重要的因素。鉴于多种原因,这里不作具体讨论分析。

2. 投资收益少,筹集资金难

从供给角度分析,资金缺乏是南通沿海港口开发建设相对缓慢的直接原因。而资金缺乏的根源在于各港口投资回报慢、收益少。港口开发资金筹集难的具体原因有四:一是自身造血难。目前沿海各港口效益相对较低,收益少,影响了自身造血能力,给国资平台公司带来债务负担,抵押和担保融资能力减弱,滚动开发受到制约,这被迫要求政府加大注资或融资支持。但是随着新《预算法》《国务院关于加强地方政府性债务管理的意见》(国发〔2014〕43 号)等相继出台,今后地方融资平台公司为地方政府融资功能将逐步剥离,金融机构支持态度谨慎,国有平台公司融资能力将会减弱。二是民营社会资本犹豫。由于投资回报慢、收益少,基本上处于市场失灵状态,民营和社会资本不愿介入,有的即使介入了,但后续合作中就退出了。这就需要设计一种收益平衡机制,以保障 PPP 模式良性运行。三是政府投资能力受限。在经历黄金十年的高速增长后,近几年中国经济进入新常态,经济下行,土地财政难以为继,地方政府财政压力加大,在不断增长的民生支出面前,再投入巨额资金开发建设港口的能力受限。四是上级政府支持力度弱。靠县区一级政府投资港口开发无异于"小马拉大车",需要向国家、江苏省争取资金、项目和政策,但是,种种原因,沿海各县市争取到的国家及江苏省支持力度还不大。同时现行的财政体制等,制约了市向下投资。

3. 缺乏统一规划,内部同位竞争

从大的供给角度分析,南通沿海港口缺乏统一规划,存在不同程度的内部竞争,影响了供给质量和效率,造成资金和资源的浪费。南通沿海各港口两大资源是共用的,一是南通沿海各港区腹地重合,腹地的重合必然带来内部市场份额的竞争,二是部分航道上也是公用的,航道的共用必然导致深水资源的争抢。腹地和航道共用,需要统一开发规划和错位发展。但是,南通市对沿海港口发展尚未制定统一的规划,各地在开发和建设港口时,如表4所述,基本上以市、县为单位,各自为政,投资营运主体较多,相互之间缺乏必要的沟通和协调。同位竞争的结果是重复建设,港口泊位规模相仿、功能雷同,临港产业类似,因而造成港口岸线资源不能集约利用、资金投入如天女散花,整体开发建设进程缓慢,也不利于推进港口的规模化、专业化、集约化发展,不利于培育整个沿海港口的综合竞争力。

4. 江海联动较慢,江港对海港带动弱

从大的需求角度来看,江海港口联动慢,江港的产业和生产转移慢,对海港发展的需求较弱,也影响了海港的开发进程。南通江港开发起步早,沿江岸线的开发利用已近饱和,并且存在功能单一、布局分散、环境影响大、港城争地矛盾突出等问题,面临着十分紧迫的转型升级压力,江海联动,优江拓海成为十分正确的战略选择,沿江腾笼换鸟,临港落后产业为建设生态城市让出空间,沿海承接转移,升级转化为临港工业,实现互利共赢。但是,由于多种主观与客观的、历史与现实的、政府与市场的复杂原因,至今江港和海港联动发展理念没有深入整合、利益协调没有最终统一、联动体制机制还未理顺、联动规划布局没有落地、联动基础设施体系尚未建成,江港海港一体化发展步伐还不够快,江港自身转型升级偏慢,海港开发建设也没得到有力的带动提升。

四、南通沿海港口资源整合的路径选择

加快实施南通沿海港口的资源整合，推动江港和海港联动开发，对于优化利用港口岸线资源，促进江海联动和优江拓海，加快陆海统筹实验区建设具有重大意义。对接"一带一路"、长江经济带、江苏沿海开发等国家战略，抓住利用上海国际航运中心、中国（上海）自由贸易区等发展机遇，以沿江沿海港口资源整合为抓手和突破口，加速实施江海联动开发，形成开发建设合力，有力推动沿海港口开发建设进程，为南通经济社会发展提供有力支撑。

1. 树立资源整合的总体目标

明确目标是资源整合的前提。虽然当前国际大港已经向第五代港口迈进，但是结合南通目前的实际情况，还不能设定过高的整合目标，只能本着实事求是的精神，设定切合实际的目标。整体上看，沿江沿海港口一体化发展是必然要求，是趋势，是方向。应结合沿江沿海各港口地理区位、开发进程等现状，以行政推动为辅、市场力量为主，按照布局合理、错位分工、集约利用的原则，加强政策引导，创新发展模式，积极推动港口资源整合，实现江海港区的联动发展，打造以通州湾为龙头、洋口港、老坝港为北翼，东灶港、吕四港为南翼的沿海港口集群，建设长江下游大宗能源和原材料江海联运的枢纽港、服务南通及苏北区域经济发展集装箱运输港。

各个港区的功能分工定位设想为：通州湾港区重点发展集装箱运输以及和运输相关的综合物流服务，兼顾发展服务临港工业的散货运输，建成为长江口北翼集装箱运输港，成为上海国际航运中心集装箱运输体系的重要组成部分。洋口港区以石化临港工业为代表，主要承担石油、液体化工等散货物资运输任务，发展成为重点服务临港工业和腹地经济的大型散货工业港。吕四港区以服务临港产业开发和腹地物资运输为目标，重点发展小型集装箱、散货、件杂货等运输，逐步发展成为南通沿海多功能、综合性港区。同时，各港区在码头建设、经营业务、航线拓展、腹地货源等方面实现错位发展。

2. 创新资源整合的工作机制

成立港口发展的协调机制,是一些省市的惯常做法,比如,辽宁省、南京市、大连市、连云港市等,均成立了港口建设领导小组。考虑到南通沿海港口开发的历史和现实,进行港口开发资源整合难度较大,需要创新工作推进的体制机制,加强统筹协调工作,建立协调力量的顶层机制。因此,建议市成立南通市港口发展委员会(简称港口委),或组建南通市港口规划建设领导小组(简称领导小组),由市政府主要领导担任主任或组长,市委市政府分管领导任副组长,成员单位有市港口局、发改委、交通运输局、财政局、国土局、规划局、海洋渔业局、国资委、南通海事局等部门和港口所在地县(市)人民政府、区管委会,负责协调全市港口统一规划和开发建设的重大问题,办公室设在市港口局,具体负责日常工作。

港口委或领导小组的主要职责是:确定全市港口体制机制创新、港口资源整合的大政方针,协调解决全市港口发展的重大问题,研究制定促进港口发展的政策措施等。比如,认真评估南通市《关于进一步加快港口经济发展的意见》(通政发〔2002〕208号)发布13年以来,南通港口经济发展的成效和不足,在此基础上,结合实际情况,制定以沿海港口整合、江海联动开发为主体内容的加快港口经济发展的政策意见,更大力度地推动南通港口经济发展进程。

3. 探索资源整合的实施路径

找到资源整合的突破口,是实施整合的关键。整合的模式有很多种,比如各种形式的港口联盟等,但是结合历史和现实的因素,考虑到可行性和可操作性,本文仅提供一种整合模式路径的设想。经过调研思考,课题组认为,沿江沿海港口资源整合的路径可以分三步走(见图3):第一步,调整优化现有南通港口集团的股权结构,实现南通方控股或独资。需要南通市政府与香港保华集团有限公司、国投交通公司协商,让保华集团等退出或减持南通港口集团股权,实现南通方控股或独资。第二步,整合市属国投公司持有的南通港口集团股权和沿海开发集团持有的港发公司股权,组建南通沿江沿海港口集团,并抓住即将到来的注册制改革,加速推动该集团上市,依此为基础,培育市属港口龙头企业,实现在南通市本级层面的沿江沿海港口资源的整合发展。第三步,期初,以市属沿江沿海港口集团为主体,以产权为纽带,通过投资入股、股权收购等手段实现资源初步整合。未来,根据南通沿海各港口企业的资产配置和股权结构,分设或调整设立专业子公司、分公司,通过层层控股、参股的产权关系形成内部的母子公司体系,达到深层次整合的目标。

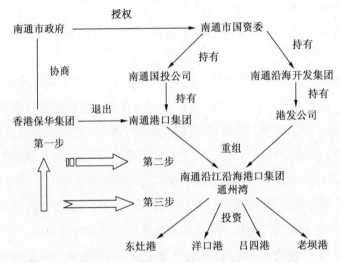

图3 政府主导、市场主体、产权为纽带的整合路线图

其中,前两步都在南通市一级政府的职权范围内,应主要发挥行政主导作用;后一步涉及各县市级政府,在行政推动的同时,主要应发挥市场机制作用。在实施第一步的过程中,需要南通市委市政府下定决心,以拿到南通港口集团的控股权为第一目标,以政治利益和社会利益为第一位,适当让渡香港保华集团经济利益。第二步相对较为容易,只要市委市政府决策后,在市有关部门配合下,在市国资委系统内部即可完成。第三步,以企业为主体,以产权为手段,主要让市场机制发挥作用,辅以政府行政推动作用,来共同促成。

考虑到我市沿海港口资源整合的迫切性和重要性,也考虑到其中的困难和可能性,本着"跳起来摘桃子"的精神,建议整个资源整合期限设定为

3~5年。目前，各港区开发建设体量都不大，但已经有了一定的基础，很多优质资源尚处于待开发状态，可塑性强，正是整合的最好时机。整合工作宜早不宜迟，越迟各港区历史包袱越重，整合难度越大。因此，建议整个工作在2016年初提上议事日程，第一步可在2016年完成；第二步可在2017年完成；最后一步可在2018年至2020年完成，力争在"十三五"时期实现。也可以前两步并作一步走，以加快进程。

4. 协调资源整合中的三大关系

在资源整合过程中，需要协调处理好三大关系，以保障实施整合科学高效、过程顺利。

一是全市统一布局规划与多元化投资管理的关系。具体来讲，结合正在制定的南通港口发展"十三五"规划，建立全市一盘棋的整体布局规划和各港区发展规划，明确沿海各港区之间及沿海港区与沿江港区之间的关系，确立南通沿海港口共同市场机制、协作管理模式；根据沿海各港区的基础条件，对各港区的功能和发展方向进行优化，明确各港区的分工与合作；制定统一的市场运行规则，推进区域港口一体化。但是，在各港区投资建设和管理上，未来几年内仍然是以所在地政府负责。为防止内部竞争，明确市级政府主导地位，严格规划约束性，与全市港口布局规划和各港发展规划不符的项目一律不得列入建设计划；要强化港口岸线使用和管理，重点关注岸线申报、审核、审批程序、批复办法以及岸线有偿使用等，优化港口岸线资源的配置，避免岸线浪费。

二是行政协调推动和市场化产权纽带的关系。政府行政推动主要是协调规划布局与重大项目建设，在资源整合中主导但不包揽，更重要的是以市场化手段加以推动，以产权为纽带，建立南通市本级与县市之间的投融资和收益分成机制，按照各自在南通沿江沿海港口集团股权为限享受投资收益各项权利。期初具体建设运作以组建的南通沿江沿海港口集团为核心，以各港口国有投资运营公司主体推进各港区的建设工作。待后来深度整合完成后，主要以市属的南通沿江沿海港口集团及下属全资、控股子公司来运作各港区开发建设工作。坚持推进港口建设投融资体制改革，努力争取国家

和省有关建设资金;解放思想,金融创新,拓宽其他资金来源渠道,比如以PPP模式吸引社会资本进入,弥补国有资本建设不足,解决项目建设资本金来源问题。要注意设计好PPP模式,建立可持续的资金收益平衡机制,照顾各类社会资本的利益关切,避免合作中途中断。

三是解决历史遗留问题和规划未来发展的关系。南通市沿海各港区过去基本上以本地政府为主建设,起步时间有早有晚,投入成本有高有低,沉淀资产有多有少,历史包袱有重有轻,都不同程度地凝聚着当地干部和群众的感情。因此,处理港口资源整合的过程中,要本着尊重历史、实事求是的原则,既要知难而进,全力推动整合进程,又要考虑各地干部群众的感情、尊重他们的利益关切,寻找到各方都能接受的整合方案,然后先易后难,稳步推进,以开发建设的成效取信于港口各县市区干部群众,减少整合中的阻力。在整合过程中,各级政府和有关部门应秉持宽广胸怀,只要有利于整个南通沿海港口发展的事情、只要有利于南通经济社会发展的事情、只要有利于改善当地群众生活的事情,都应本着"不求所有、但求所在"的精神加以稳步推进。在逐步解决历史问题的基础上,着眼于整合融合的思路规划未来发展。

南通沿海开发集团　王丞华
南通沿海开发集团　刘　建
南通市国资委　顾德山
江苏工程职业技术学院　王　生
江苏工程职业技术学院　张　娟

(本研究报告为2014年江苏沿海沿江发展研究院招标课题"南通沿海港口资源整合研究"〔Y201411〕研究成果)

南通沿海建设大宗货物仓储物流中心的可行性研究

摘 要 "一带一路"、长江经济带、通州湾江海联动开发示范区等国家战略的推进实施,为南通仓储物流业的发展带来了重大历史机遇。南通应紧抓国家战略机遇,推动建设大宗货物仓储物流中心,积极承接产业转移,显著提升地方物流业的市场竞争力。南通建设大宗货物仓储物流中心具备良好的港口资源优势、交通运输网络优势和物流业发展基础优势,但也面临着特色不明显、核心竞争力不强等诸多问题。今后南通应从对接国家重大发展战略、明确仓储物流中心建设的战略定位、加强仓储设施规划建设、推动江海联运基础设施建设、加大政府政策扶持力度和加快人才培养等方面推动大宗货物仓储物流中心加快建设。

近年来经济的快速发展,使得中国市场形成了对物流的巨大需求。同时,基础设施建设和通信网络建设步伐的加快,也为物流业的发展提供了必要的保障。物流业是我国国民经济的支柱产业,沿海地区纷纷将打造现代物流中心作为新的经济增长点。

2009年,国务院常务会议审议通过的《江苏沿海地区发展规划》在战略定位中提出,江苏沿海地区要加快建设"区域性国际航运中心",要"紧紧抓住本区和腹地集装箱生成量和货物需求量不断增长的机遇,以连云港港和南通港等为主体,加快深水泊位建设,完善航空、公路、铁路、内陆水运、油气管网等衔接配套的集疏运体系,建立依托陇海—兰新沿线地区和苏北地区、面向亚洲和太平洋主要国家和地区的腹地型区域性国际航运枢纽"。2014

年,随国务院《关于依托黄金水道推动长江经济带发展的指导意见》(国发〔2014〕39号)一起颁发的《长江经济带综合立体交通走廊规划(2014—2020)》中明确提出,要将南通打造成重要区域性综合交通枢纽(节点城市)。在此背景下,探索在南通沿海建设大宗货物仓储物流中心的可行性对深化推进江苏沿海开发和贯彻落实长江经济带发展国家战略具有重要意义。事实上,在苏通大桥和崇启大桥相继开通的基础上,沪通铁路大桥的加快建设,将使得南通进一步实现与上海的"无缝、多通道对接",这些都为南通沿海前沿地区乃至整个南通的发展奠定了良好条件。在南通成为国家二级物流园区布局城市的新起点下,作为南通沿海重点产业的物流业能否依托新的交通条件加快发展,实现与上海国际航运中心的充分对接,对"十三五"时期南通的经济发展起着至关重要的作用。因此,在新的历史机遇面前,对南通沿海仓储物流业的加快发展开展深入研究极为重要。

一、南通沿海大宗货物仓储物流中心建设的必要性

(一)顺应国家发展战略

经济新常态下,国家"一带一路"、长江经济带等国家战略的实施,上海自贸区的加速扩容和经验推广,都与江苏沿海地区、沿江地区的经济社会发展高度相连、密切相关,这为江苏推进陆海统筹、江海联动创造了十分有利的条件,提供了难得的历史机遇。聚焦当前大宗商品现代物流行业发展的新形势和新环境以及产业更新带来的行业发展的新机遇,南通市必须将沿海建设大宗货物仓储物流中心提上议程以适应国家发展战略的变化。

(二)承接产业转移发展

国际和区域产业的新一轮转移步伐加快,而江苏沿海地区由于具备了良好的承接产业转移的资源条件、产业基础和日益完善的基础设施,成为本轮产业转移的重心。如中石油、中石化、宝钢集团、香港保华集团、韩国现代起亚集团等众多国内外大型企业纷纷落户江苏沿海地区。重化工业逐步向沿海地区转移,首先要求沿海地区港口物流企业要有良好的全球化物流服务能力与之相匹配,这对南通仓储业的发展也提出了一个较高的要求。

(三)提高仓储物流竞争力

目前,物流的运输组织方式以集装箱的多式联运和门到门运输基础上形成的点到点的网络化物流运输为主。港口能否成为网络化物流运输中的一个节点,很大程度上取决于港口是否具备完备的物流服务功能。能否抓住现代物流网络形成契机,建立起一个大宗货物仓储物流中心,提供多元化的物流服务,充分发挥港口作为一个物流运输节点的作用,从而提高其市场竞争力,是南通沿海开发的重要任务。

二、南通现代物流业发展取得的成就

南通是我国首批对外开放的14个沿海城市之一,位于沿海经济带与长江经济带T型结构交汇点,在江苏省内连接经济发达的苏南地区和经济相对欠发达的苏北地区,同时隔江与中国经济最发达的上海相望,在发展物流业方面已经取得了较大的成就。

(一)南通港口货物吞吐量增长迅速

随着宁通高速、204国道、328国道、苏通大桥、崇启大桥的全面建成,南通公路交通运输不断完善,"四横五纵一环"的公路建设规划正在顺利实施。南通港成为长三角地区以及长江中下游地区进出口贸易的综合性枢纽港。南通物流的途径更加立体,更加丰富,但是从货物运输的总量上来看,主要的进出通道还是港口。因此本文主要基于南通港口的货物运输量的数据来进行分析,1994—2013年南通港口货物运输量如表1所示。

表1 1994—2013年南通港口货物运输量统计

单位:万吨

年份	运输量	年份	运输量
1994	1 487.8	2004	7 218.3
1995	1 609.6	2005	8 326.9
1996	1 711.2	2006	10 386.2
1997	1 910	2007	12 339

续表

年份	运输量	年份	运输量
1998	1 917.1	2008	13 214.4
1999	2 277.3	2009	13 641.4
2000	2 747.8	2010	15 069.8
2001	3 510.8	2011	17 330.6
2002	3 746.3	2012	18 526.4
2003	5 009.9	2013	20 494.5

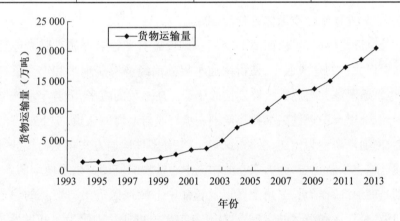

图1　1994—2013年南通港口货物运输量变化趋势图

从南通港口发布的统计数据来看,南通港口主要进出口货物有煤炭、金属矿石、矿建材料、石油及制品、水泥、非金属矿石和粮食及化工材料。其中,煤炭、金属矿石和矿建材料在近年来的货物运输总量中位居前三位。

以南通港口货物运输量为例,从图1可以看出,1994—2013年间南通港口货物运输量随时间大致呈现线性相关的逐年递增趋势,尤其是从2003年开始,港口货物运输量每年的增幅较前十年有明显提高。考虑到从2003年开始每年的增幅比1994年到2002年明显要大,因此,基于2003年到2013年的数据建立货物运输量与时间的线性回归模型,对南通港口货物运输量进行预测,具体的预测结果如表2所示。

表2 2015—2019年南通港口货物运输量的预测结果

年份	2015	2016	2017	2018	2019
货物运输量（单位：万吨）	23 072	25 987.2	27 444.8	28 902.4	30 360

从表2可以看出，在维持当前发展势头的情形下，南通港口货物运输量将持续增长，在五年后就将突破30 000万吨。南通港口作为重要的江转海通道，货物运输量的增长，将为南通建设大宗货物仓储中心提供重要货物基础。

（二）立体综合交通体系初步建成

经过近几年的建设，南通的交通基础设施有了显著改善。随着苏通大桥和崇启大桥的建成通车，使得南通对接苏南经济发展地带和上海更加便捷，也打通了苏北与苏南公路连接的瓶颈。在不久的将来，随着宁启铁路复线的建成，以及沪通铁路大桥建设进一步打通与上海的通道，加上既有的南通港，南通以海港为枢纽，公路、铁路、航空等多种运输方式相互衔接的综合交通运输将不断完善，为大宗仓储物流中心货物的流动提供了便利的条件。特别是南通港，作为长三角地区以及长江中下游地区进出口贸易的综合性枢纽港，是江运和海运的交汇点，从长江口出海可通达中国沿海和世界各地的港口；溯长江而上，可通安徽、江西、湖南、湖北、重庆、四川等省市以及江苏其他地市，已成为"江海联运"的重要枢纽，已发展成为我国发展综合运输的沿海主枢纽港，拥有长江港口中最为先进的散货作业系统、吨位最大的散货码头、面积最大的长江港池、容积最多的化工储罐，为南通建设大宗货物仓储物流中心奠定了良好的基础。

（三）仓储物流业的发展初具规模

南通对物流业的发展极为重视，采用依托江海深水大港口和现代化综合交通体系，通过物流园区（中心）建设、优化货种结构及重点货种数量、培育第三方物流企业等三大举措，打造服务长三角及苏北、辐射长江中下游、沟通南北和连接海内外的长三角北翼现代物流中心。目前，南通已经成为国家二级物流园区布局城市。伴随着物流业的发展，仓储业也具有了一定的规模。目前拥有包括国家级重点仓储企业在内的企业近百家,用于中转物资储备的仓库近200万平方米。

三、南通现代物流业发展的机遇和挑战

(一)机遇

1. 多重国家战略叠加机遇

当前,南通沿海地区迎来了"一带一路"、长江经济带、长三角一体化、江苏沿海开发、通州湾江海联动开发示范区、陆海统筹综合配套改革试验区等多重战略叠加机遇,这是包括现代物流业在内的南通经济发展的重要契机。南通是长江经济带和21世纪海上丝绸之路的交汇城市和重要战略支点,这将对南通支撑长三角、拓展大上海、带动长江北、推动江苏区域协调发展起到重要作用。配合"一带一路"、长江经济带及其他国家及地方战略的实施,打造江海一体枢纽、协调江海一体港群,形成分别以上海和南京为中心、以南通为重要节点的放射状城际交通网和沿江、沿海两大港口群,将为南通现代物流业的发展提供得天独厚的条件,南通仓储建设也势在必行。

2. 产业转移带来的仓储需求

随着"一带一路"战略的实施,中国的一些优质过剩产业将会转移到其他一些国家和地区。仓储设施也会随产业的转移而转移,总体规模大体与经济的需求相适应。展望今后几年,仓储业投资仍会增加,因为我国仓储业投资欠账过多,加上城市扩张过快,老仓储设施被驱赶出城,新建仓储设施要逐步到位。眼下,产业转移带来的仓储需求成为仓储业发展的巨大动力,且仓储业也是物流发展中的关键。生产供应功能、城市服务功能、蓄水池功能、货物集散功能、库存管理功能、应急储备功能叠加在一起,需求量增加,给仓储业提出更高的要求。仓储若不能完成这些功能,就会产生物流梗阻。

(二)挑战

1. 南通区位优势尚待发挥

2013年,上海自由贸易区正式挂牌成立,南通作为上海一小时都市圈内的重要城市,也面临了新的发展机遇。对于南通的仓储业而言,在对接上

海自由贸易区方面起着重要的支撑作用。尽管南通也提出了一些对接上海自由贸易区的举措,比如成立南通综合保税区,填补了苏中地区的空白,并提出重点打造包括江海空陆联运、石化交易、食用油交易在内的"六大平台"。但是目前上海自由贸易区对南通的溢出效应还没显现,其区位优势还尚待发挥。从已有的统计数据来看,由南通海进江货物运输的能力发挥不足,对内陆长江沿线城市的辐射影响深度有待加强,并没有充分发挥南通海运转江运的中转中心作用。此外,航运与铁路、公路运输尚需进一步有机结合,以发挥交通网络的优势。

2. 市场需求需要分类引导

港口物流企业在竞争驱动下开始考虑差异化策略,如连云港在氧化铝、铝锭、胶合板、焦炭、有色金属等货物装卸方面占优势,而日照港在煤炭和铁矿石具有明显优势。但南通还没有形成差异化竞争局面,南通作为重要港口,其物流发展面临巨大挑战,应结合自身特色发展优势运输、仓储等物流服务。

3. 发展水平有待进一步提升

众所周知,南通是纺织之乡,也是建筑之乡,但是从南通货物运输量来看,此类相关的货物运输量都不在前列。而且,水泥和纺织产品并非国家和江苏省倡导发展的战略新兴产业,因此,这些货物从产业发展的趋势来看也不适宜建立相关的仓储物流中心。因此,在考虑南通当地自身产业特点的同时,还应从辐射作用和影响力的角度,明确好大宗仓储物流中心的发展方向。此外,尽管南通目前各级仓储企业数量不少,但是规模以上的仓储企业还不多,2013年排在中国前50名的仓储企业南通尚没有。

四、促进南通现代物流业加快发展的思路与对策

(一)总体思路

依托国家"一带一路"、长江经济带、通州湾江海联动开发示范区等国家战略契机,重点依托南通江海港口,充分发挥南通的区位优势和水路航运优势,抓住上海成立自由贸易区的历史机遇,通过建设大宗货物仓储物流中

心,使得南通成为长江口重要的货物中转站和上海国际航运中心的重要组成部分,成为连接国内外和沿海与内陆城市经济合作和物资流通的桥梁纽带。

(二) 对策建议

1. 对接国家重大发展战略

南通在建设大宗货物仓储物流中心应当利用国家发布《中国制造2025》带来的历史机遇,利用大宗货物仓储物流中心在精准供应链管理、电子商务中的地位,结合国家、地方的产业规划快速发展。抓住并用好"一带一路"建设、长江经济带发展等国家战略叠加机遇,充分发挥通州湾独特的区位优势,打造长江下游北翼江海联动开发新平台,逐步放大南通江海联运与陆海统筹优势,成为积极参与"一带一路"、长江经济带建设及现代物流发展、江海产业联动、陆海统筹改革等方面的核心区和先导区。

2. 明确仓储物流中心发展方向

南通港拥有长江港口中最为先进的散货作业系统、吨位最大的散货码头、面积最大的长江港池、容积最多的化工储罐。南通港也是长江沿线冶金、电力等大型企业能源、原材料海进江运输的主要中转港和长江中上游地区内外贸物资江海转运的重要港口。从南通港务局公布的统计数据来看,近年来南通港口的主要货物还是煤炭、金属矿石、石油及制品等能源物资,2012 年到 2014 年第一季度各主要货物的运输量如表 3 所示。因此,应该充分依托现有的发展基础,把能源物资仓储作为发展方向,以此带动相关产业的发展。

表3 南通港口主要货物运输量

单位:万吨

年份季度	2012				2013				2014
	1	2	3	4	1	2	3	4	1
煤炭	1 081.8	1 064.2	1 003.3	1 324.8	1 147.8	1 301.2	1 368.9	1 424.5	1 239.8
金属矿石	1 233.3	1387.1	1 396.9	1251	1 318.6	1 438.5	1 491	1 625.6	1 614.7

续表

年份 季度	2012				2013				2014
	1	2	3	4	1	2	3	4	1
石油及制品	338.2	267.3	311.9	330	396	296.8	317.3	366.7	342
水泥	111.9	181.5	196.4	195.4	137.7	255.4	292.6	262.7	244
非金属矿石	189.9	152.4	130.5	120.8	186.5	104.5	196.7	177.8	152.7
粮食及化工材料	296.4	282.8	259.5	236.2	185.1	224.8	227.7	217.9	279

3. 加强仓储设施规划建设

继续加强仓库、交通基础设施的规划和建设,为建设大宗货物仓储物流中心提供重要的基础保障。对于仓储业而言,最基础的设施是仓库。因此,首先应该根据大宗仓储物流中心对仓储货物的规划,建设相应的储备仓库。在规划仓库建设的过程中,还应强化仓库的选址布局,并依此来协调水路、公路、铁路的运输。此外,继续完善交通运输网络,使之与大宗仓储物流中心的发展相匹配。其中,港口在整个物流交通运输体系中起着核心的作用,在港口的建设中重点应该提高泊位等级,以应对不断增长的货物运输量需求,尤其是提高港口码头的装卸能力、运输能力、配送能力以及信息服务等在内的物流系统升级,使南通港口朝第三代港口功能定位发展,成为国际物流中心。除了在国际贸易中保持有形商品的强大集散功能并进一步提高有形商品的集散效率之外,还具有集有形商品、技术、资本、信息的集散于一体的物流功能。这也是南通港口提高江海转运中转货物竞争力的关键,也是提升南通区位优势的重点之一。

同时,在大宗货物仓储物流中心建设过程中,还应当注重信息化等基础设施的规划和建设,充分利用"互联网+",打造金融与物流的"融资物流"模式,使物流行业降低成本,提高效益,推动行业转型升级。利用物联网等新一代信息化技术打造高端、智能化的仓储物流中心。推出以物联网、云计算、大数据为基础的基础平台建设,打造智慧物流的体系,利用互联网思维

整合仓储资源,将仓库货位资源集中起来、将各个仓储节点组织起来,实现仓储互联网的"云仓储"管理和连锁化经营。

4. 出台相关政府扶持政策

尽管目前南通物流业有了一定的发展,仓储业也有了一定的基础,但是与发达地区相比,还有一定的差距。在发展大宗货物仓储物流的过程中,政府应该出台相关政策和法规,扶持仓储企业通过兼并重组等方式做大做强,扶持仓储企业硬件升级和提高技术水平;支持仓储企业信息化建设,通过信息化平台提高企业管理水平。此外,政府还应协调各部门的管理,打破部门间的障碍,促进仓储业的快速发展。

5. 加快内地货运通道建设

南通港的水路连通皖、赣、湘、鄂、川、渝等省以及省内其他地市,为了扩大南通仓储对其他地区的辐射力,应主动到水路相连的其他省份和省内其他地区,加强南通港口与内地港口的合作,开辟南通港口到内地长江口岸的货物联运,充分发挥南通港口的内地进出口货物、江海联运中转站作用,为大宗货物仓储物流中心的发展提供更为有效的条件支持。加强沿江与沿海地区公、铁、水、空、管有机衔接,推动集疏运体系加快建设,使南通真正成为区域性综合交通枢纽。加快推进上海至南通快速铁路、南通至启东铁路建设,加快洋口至吕四铁路项目的研究实施,实现沿海港口间铁路的衔接;加快推进通州湾至主城区轨道交通建设,便捷通江达海快速通道;加快连申线、通扬线内河航道建设和九圩港复线船闸工程建设,构建江海河联运航道网;依托沿江、沿海港口,加快智能物流网络建设,打造区域性物流中心。

6. 重视仓储管理人才培养

现代仓储业的发展方向是机械化、自动化、信息化,也进入了智能化仓储的阶段,仓储业也由传统的仓储服务向现代物流业转化,完善现代仓储的管理机制,需要高素质的专业管理人才。尽管目前南通仓储从业人员数量不少,但是仓储专门管理人才尚缺乏。为了改变这种局面,顺应现代仓储业的发展,政府相关部门应该出面牵头,对仓储行业从业人员开展多种形式的培训和再教育,同时也注重高层次管理人员的引进,采取"走出去"和"引进来"相结合的方式,提供整体从业人员的水平,促进仓储业的发展。

南京师范大学商学院　刘利平
南通大学商学院　沈小燕

(本研究报告为2013年江苏沿海沿江发展研究院招标课题"南通沿海建设大宗货物仓储物流中心可行性研究"〔Y201303〕研究成果)

南通滨海现代旅游业产品开发与营销对策研究

> **摘　要**　通过南通滨海旅游资源分类分析、现状分析、区域旅游竞争力分析发现，南通滨海现代旅游业在滨海旅游产品方面存在定位不明、开发基础薄弱、产品组合设计不足和易受生态威胁等困境，在滨海旅游产品市场营销方面存在品牌形象不鲜明、营销创新不足和营销效率不高等困境。借鉴国内外滨海旅游产品开发策略，依托南通滨海资源特色，提出分段定位、发展主题旅游、挖掘文化内涵、整合开发、环境友好型旅游等策略，提升南通滨海旅游产品的内涵；顺应国内外旅游市场营销趋势，结合南通旅游营销能力，提出利用文化和价值观塑造传播旅游品牌形象、新媒体营销、多样化营销、建立营销整合机制、实现分众营销等策略，推进南通滨海现代旅游业又好又快发展。

一、南通滨海现代旅游业发展现状

南通的大陆海岸线，南起启东寅阳镇圆陀角，北至海安老坝港，拥有海岸线长度约为215.85公里，占江苏省海岸线总长的20%。其中共涉及五个县(市、区)，启东寅阳镇和吕四港镇、海门东灶港镇和包场镇、通州三余镇、如东长沙镇和洋口镇、海安老坝港镇为南通"沿海八大重点中心镇"。

近年来，南通旅游充满活力，持续保持增长，成为南通经济发展的重要产业之一。南通滨海地区2013年旅游接待人数达到1 264.94万人，同比增长13.1%，旅游总收入共计150.05万元，同比增长16.2%。

南通濒临黄海,海岸线属淤泥质海岸类型,拥有丰富的滩涂资源和湿地资源,"滩涂踩文蛤"、"海滨放风筝"成为目前南通滨海旅游的主打产品,海鲜产品成为吸引游客的重要餐饮资源及旅游商品,休闲度假旅游方面则以休闲生态农庄为主。崇启大桥、黄海大桥等交通设施增加了旅游资源的可到达性。南通港口资源条件较好,是理想的避风锚地。海鲜节、开渔节、板鹞风筝节等文化体育节庆活动也被旅游业所用。

在《中国海洋21世纪议程》《江苏沿海地区发展规划》《南通市沿海开发战略规划》等各级政策的指引下,近年来,南通开发了一批滨海旅游景区和项目,但其旅游接待人数总体增长缓慢。在建滨海旅游项目中,启东恒大威尼斯水城、吕四风情区、黄金海滩二期,海门蛎岈山海洋公园,通州通州湾奔驰房车营地,如东小洋口温泉生态湿地公园、海之城综合旅游项目,中洋河豚庄园等引人注目。

二、南通滨海现代旅游业存在问题

通过南通滨海旅游资源构成分析、景区及其旅游收入/接待人数统计、利用模糊综合评价法进行旅游竞争力分析,同时借鉴国内外滨海旅游业发展经验,可以看出南通作为江苏滨海城市之一,近几年的滨海现代旅游业发展取得了一定的成绩,但是也产生了一些问题,其中最主要的问题集中在滨海旅游产品开发和滨海旅游市场营销两方面。

(一)南通滨海旅游产品开发问题

通过对滨海旅游项目的统计发现,南通滨海旅游产品雷同、定位不明。在当前基础传统产业调整时期,各地政府、特别是乡政府把旅游作为转产转业的重要途径,但"一锅端"、"跟风"式开发未突出本地区最大滨海资源特色。由于游客对于同质旅游项目不会重复游览,临近地区旅游资源未错位开发会导致南通滨海旅游地的市场空间被互相削弱。

通过对南通滨海旅游资源的分类分析发现,南通滨海旅游产品开发的基础比较薄弱。旅游产品的开发依赖于旅游资源的丰富程度。南通滨海旅游资源核心是自然旅游资源中的滩涂资源,旅游资源利用结构比较简单,虽有"海上迪斯科"等参与性旅游产品,但缺乏深层的规划和挖掘;滨海旅游的延伸和扩展产品如邮轮、游艇旅游等旅游产品开发不足;滨海旅游资源的文化内涵深度挖掘不够。这些不足直接导致游客在南通滨海地区的停留时间短,经济效益未能足够突显,南通滨海旅游形象不鲜明,产品的市场认知度不高。

通过南通滨海旅游线路的调研发现,南通滨海旅游产品组合设计能力弱。滨海5县(市、区)滨海旅游项目未形成规模效应,旅行社与景点之间、景点与景点之间、景点与接待设施之间相互脱节,难以形成特色滨海旅游套餐,直接导致游客在南通的旅游逗留时间不长。

通过南通滨海旅游环境调查发现,南通滨海旅游产品易受到生态环境威胁。工业废水、生活污水和农业化肥等污染直接影响海水质量,滩涂、海面上也存在白色污染,直接影响南通滨海产品的视觉形象。南通滨海大部分地区的旅游开发中出现了过度房地产化的倾向,在如东临海地区建立化工园区,既降低了空气质量,对本港海鲜造成污染,又降低了滨海旅游产品的质量。

(二) 南通滨海旅游市场营销问题

通过访谈及网络评价可以发现,南通滨海旅游品牌形象不够鲜明。游客印象对南通滨海旅游印象最深的项目是"海上迪斯科"和海鲜美食;南通滨海旅游与狼山、濠河相比知名度较低,与连云港、盐城滨海旅游差异表现不明显,品牌形象塑造力度不足。单独依靠旅游局很难有效整合起资金、物力等资源和各种力量进行南通滨海现代旅游业整体品牌形象的塑造和维护。

通过对有关滨海旅游营销信息的整理发现,南通滨海旅游营销创新不足。南通滨海旅游信息主要是依靠旅游交易会、当地电视台等传统媒体以及南通旅游信息网进行传播。在新媒体微博、微信的应用中,重建设、轻维护、更轻营销,在营销中发挥的作用有限。此外,广告文案设计及媒体选择针对性不足,在信息传递中情感元素、文化元素的使用欠缺,与游客互动机械化,不能很好地调动游客积极性。

通过对旅游管理体制的调研发现,南通滨海旅游营销效率不高。南通市虽然成立了由副市长任主任、各相关部门参与的旅游委员会,但具体的旅游行业管理工作仍主要由旅游局来做。由于旅游局的管理权限和职能非常有限,往往造成管理乏力等现象。在南通滨海现代旅游业的整体品牌形象推广和营销方面,仅靠旅游局没有整合各种力量和资源联合对外促销的能力,与周边滨海其他地区进行联动发展存在着明显的障碍。

三、南通滨海旅游产品开发策略

借鉴国内外滨海旅游地的旅游产品开发策略及产品设计,依托南通滨海旅游资源特色,针对目前在滨海旅游产品开发方面存在的问题,制定了如下南通滨海旅游产品开发策略:

(一)明确滨海旅游定位,实现海岸分段开发

在南通"中国近代第一城 江风海韵北上海"城市主题文化形象定位的方向指引下,南通滨海现代旅游业可以定位为"北上海滨海生态休闲带"。

"北上海"这一定位从区位角度反映出南通旅游发展将更多获得由上海发展带来的溢出效应和辐射影响;"滨海生态休闲"这一定位顺应《国务院关于促进旅游业改革发展的若干意见》中提出的"积极发展休闲度假旅游"、"大力发展乡村旅游"、"引导生态旅游健康发展"、"建设研学旅游基地"的趋势;"带"则是强调南通滨海现代旅游产品开发要由"点"至"线"协调合作、错位互利发展,同时也必须与金融服务、中心城镇建设等相融入,与其他旅游资源衔接,形成带状滨海旅游区域。

南通216公里长的海岸线,根据不同区域的特性分段开发,凸现各分区段的特色和主题。结合启东市、海门市、通州区、如东县及海安县这五地滨海旅游资源要素、区位及交通要素,可以将南通滨海旅游地区定位为:启东—海门滨海休闲度假旅游区、通州滨海现代都市旅游区以及如东—海安滨海生态教育旅游区。

(二)按需发展主题旅游,挖掘地方文化内涵

南通滨海旅游资源的开发应满足游客日益多样的需求。为服务于社区

和地方居民同时吸引周边游客，打造滨海开放式休闲景观；为顺应游客私家车出行、旅游需求多样的需求，打造滨海自驾营地；为满足游客餐饮和购买特产的需要，打造特色滨海海鲜城；为满足儿童亲子娱乐需求，打造南黄海滨海主题公园；为满足海洋类休闲体育娱乐活动的体验需求，打造优良海水浴场、人造海滩及游艇邮轮等产品；为达到青少年教育及生态科普等功能，建设国家级滩涂博物馆；为了实现美好乡村建设满足游客亲近自然的需要，打造乡村生态体验基地。

顺应国务院《关于促进旅游业改革发展的若干意见》趋势，建设体育旅游、邮轮游艇旅游、乡村旅游、研学旅游等主题旅游产品。发展旅游装备制造业服务于滨海体育旅游等产品及地方经济；开发自驾营地等滨海旅游产品增加旅游过程中的娱乐性与趣味性；发展游艇邮轮产业，升级南通滨海旅游产品；开发乡村旅游产品，促进农村经济发展转产转业；开发研学旅游产品，增加青少年对祖国家乡的热爱。

坚持"以文化为魂"，在南通滨海旅游区域物质环境建设方面可以通过景区建筑、设施及基础设施的设计、打造，加强南通海洋文化渗透。例如，以张謇对通海垦牧区的乡镇规划建设为蓝本进行复原滨海旅游小镇、滨海城市街道设计等。

另一方面，挖掘具有地方和民族特色的传统文化内涵，组织开展群众参与性强的滨海文化旅游活动。设计蓝印花布、刺绣或张謇形象的旅游纪念品、体验渔业文化、举办开渔节等旅游节事活动、宣传南通传统戏曲僮子戏。

（三）加强旅游点线连通，形成整合规模效应

通过构建立体化多元交通体系促进旅游景点间、各滨海旅游区域间的高效贯通。一是有效地提高交通系统与旅游景点的接入性，利用公共交通系统衔接包括滨海旅游景点与其他旅游景点在内的各旅游点；二是完善地面道路建设，贯通沿海旅游通道，开设城际公交系统，方便自驾游游客；三是导入海上水上巴士及接驳设施，发挥其交通与旅游功能，丰富滨海旅游的体验性与休闲性。

在南通市政府、旅游局及地方政府、地方旅游局等部门的统一规划下进行旅游产品设计,形成三大各具特色又互相补充的滨海旅游区,聚集规模效应。政府、旅游部门、海事部门、土地规划部门、环保部门、卫生检疫等多个政府部门需要互相协调与配合,旅游规划公司、建筑公司、广告公司、网络科技公司等提供多方面的专业指导与协助。从宏观角度看,与江苏省内滨海城市连云港、盐城以及周边其他省份的滨海旅游产品相比也应突出自身产品特色,成为区域旅游发展中的重要一部分。

(四)强化环境友好理念,打造生态旅游产品

旅游业可以充当建设"环境友好型社会"先行者的角色。一方面,南通滨海现代旅游业依托于自然旅游资源,应保护与利用并举,打造南通沿海环境友好型旅游区域。景区的有关建筑应该与环境成为有机的整体,通过修建防汛墙、改善盐碱地生态环境及筛选树种培育绿地、精选水草研建江海交汇生态湿地、价格调整以防止珍贵海产品过渡采挖保护滩涂和海岸资源。

另一方面,南通旅游从业者可以将游客旅游的过程变成了一个普及环保理念,宣扬环保意识的教育过程。例如"海水变蓝"计划不仅可以提供休闲旅游项目,也可以通过小型展示馆向游客介绍这一新型技术;建立滩涂博物馆进行湿地生态环境科普教育;建立生态环境研究中心,与科研机构、大学合作,吸收大学生进行实习实践,将开发区(化工区域)的环境污染等负面事件转为正面事件。

(五)南通滨海主要旅游产品设计

1. 启东—海门滨海休闲度假旅游区主要旅游产品

圆陀角开放式休闲景观带:在保有圆陀角观日出、看三水交汇景观的基础上改造。建设滨海步行走廊和自行车道、修建防汛墙;改善盐碱地生态环境及筛选树种培育绿地,精选水草研建江海交汇生态湿地;构建平台连廊小品式建筑等组成的公共活动系统,建立低密度的商业文化设施;改建加高寅阳楼为观景台;建造游客服务中心、改造厕所、修整停车场。

启东自驾游营地:包括房车营地、露营地、互动娱乐游戏区、体育配套

场地设施、儿童乐园、汽车电影院、大型自助厨房和自助烧烤餐饮区等,并提供全方位的汽车服务。通过举办主题文化活动或体育比赛,鼓励自驾营地游客和家庭互动、交流、参与。此外,力争成为全国青少年户外体育活动营地,组织举办"夏令营"、"冬令营",周边同时可以配备营地教育培训及拓展训练基地。

黄金海滩风景区:以"海上迪斯科"项目为重点,将恒大湿地运动公园与其捆绑推介,以防涨潮期游客流失。完善安全防护措施,配备急救设施和人员;改造升级洗浴场及厕所;规范文蛤等海产的收费,针对海产品的数量珍稀程度制定价格防止过渡采挖、利用节庆活动举办风筝大赛等游艺比赛。

吕四渔业博物馆:展示本地区的渔业发展史、渔业遗产、渔业文化、海洋生物、渔民生产生活和启东风情习俗。游客亦可通过乘坐渔船体验渔民捕鱼生活,参与每年9月吕四开渔节的极具地方特色的抬网挑鱼、升篷起锚收网、渔歌号子、海产估重等旅游节事活动。

启东滨海海鲜城:利用吕四渔场捕捞的丰富海产品,打造高档海鲜美食酒店、实惠小酒馆及大排档海鲜美食街,以及与自驾游营地自助厨房相配合的鲜活海鲜市场。每月打造特色海产品节,如十月梭子蟹美食节等,刺激消费;同时由政府牵头开设以吕四海洋风情区为品牌标志的海产礼品专卖店。在建设中强调规范性,保障产品质量与食品卫生,对所有餐饮店进行评估、挂星、定期检查,广泛收集游客评价,滚动推出旅游局推荐餐饮店。

海门滨海旅游小镇:以张謇对通海垦牧区的乡镇规划建设为蓝本进行复原,包括民宅、水利设施、农校、社仓、保甲义园、小学校、自治公所等。小镇一部分建筑用作展示张謇通海垦牧等方面的成就与影响的展览馆;一部分招商引资,形成包括主题餐厅、咖啡馆、旅游纪念品商店等的综合街区。另外,建立公共交通路线连接滨海旅游小镇、海门叠石桥家纺市场及张謇故居。

与张謇实业史有关纪念品设计:设计以棉纺织为材料的手工艺品,包括蓝印花布、刺绣作品等;设计一系列张謇形象,如张謇与教育、张謇与纺织、张謇与农业、张謇与艺术、张謇与垦牧等,并围绕其制作一系列的生活类旅游纪念品,如文化衫、明信片、钥匙扣、冰箱贴、书签、杯子等。这些旅游商品必须具有设计感与时代感、质量好、价位适中,形象鲜明的旅游纪念品是可以起到传播旅游信息的作用的,从长远看必然会吸引游客,增加旅游收入。

蛎蚜山国家级海洋公园:重点依托蛎蚜山奇特的生物景观打造的蛎蚜山国家级海洋公园是海门地区重点在建项目,蛎蚜山滨海生态景观可以被用于观光旅游外,还可以打造成为南通滨海外景拍摄地。此项目的核心旅游形式应该与启东黄金海滩有所区分,以求达到启东海门滨海带完整的休闲度假功能诉求。因此打造海门南黄海滨海主题公园,以黄海海洋生物为中心,由海洋鱼类馆、海洋贝类馆、4D航海体验馆、水上世界、儿童海洋游乐区、欢乐剧场等构成。

2. 通州滨海现代都市旅游区主要旅游产品

通州湾海水浴场:北海湾利用科学手段实施"海水变蓝"计划,建立浑水库,对海水泥沙自然沉淀、除菌、治污,实现水体循环,建设大型优良海水浴场及人造海滩,并同时开展高参与性的海洋类休闲体育娱乐项目,如帆船、海钓、浮潜、海上摩托艇、海上拖曳伞、皮划艇。

通州湾游艇邮轮项目:利用通州湾500个5万~30万吨级码头泊位,由国内(如南通至香港线、南通至三亚、西沙线)及邻近东南亚旅游地区(如南通至济州岛、仁川线)线路起步,发展游艇邮轮产业,升级南通滨海旅游产品。

通州湾滨海都市旅游综合体:通过景区、社区、酒店、休闲娱乐街区、高尔夫球场、购物中心、会展中心、文化会馆等开发,实现综合产业多业态的集聚,满足游客一站式需求。以滨海休闲旅游地产产品为核心,利用建筑高度调整实现滨海景观的最优化利用,强调海滨风情元素在建筑色彩、城市街道景观、路标路名的体现。酒店住宿、购物、会展、综合娱乐等项目重视设备的完善及服务的专业性,形成品牌效应,吸引国际和国内一线商业、酒店、地产品牌入驻、投资。由于都市旅游综合体需要庞大的客流量来维持营运和收

回成本,因此交通的联通、有针对性的营销推广尤其重要。

通州湾航空旅游产品:在海因茨飞机制造工厂参观、航模航拍、小型机试乘试驾等参与性旅游项目基础上继续发展"空中观滨海"低空飞行旅游产品,逐步增加水上飞机、飞艇等新设施。

通州湾旅游装备产业:已有海因茨飞机制造工厂,在未来可以吸引房车、游艇、通用飞机等旅游装备、露营设施、移动别墅、环保木屋、旅游户外用品、旅游景区设施设备、旅游酒店用品、旅游纪念品、智慧旅游电子信息技术制造厂商落户,成为未来通州湾的新的经济增长点,为本区居民提供就业机会。

3. 如东—海安滨海生态教育旅游区主要旅游产品

如东滩涂博物馆:以滩涂为主题建立融收藏、研究、展示、教育、宣传、娱乐等功能为一体的大众化国家级专业博物馆,并成为如东滨海重要旅游景观以及国家级生态文明教育基地。其中分为湿地展览馆、自然体验区、鸟类观测站以及生态环境科普教育中心,展示滩涂知识、体验滩涂文化、观测生态鸟类、提供课外课堂教育服务、科研场所以及专业讲座。

生态环境研究中心:针对如东沿海经济开发区(化工区域)的环境污染问题给旅游业带来的负面影响,除调整优化产业定位与布局、加大固废污水处理等环保基础设施建设、提高项目产业的技术含量、构建环境安全体系、加强环境执法监管与检测工作等之外,可通过成立生态环境研究中心,与科研机构、大学合作,吸收大学生进行实习实践,将负面事件转为正面事件。本区太阳岛中石油LNG项目可开展工业旅游,并纳入如东生态教育旅游体系中。

海安中洋河豚庄园:江苏中洋集团在黄海之滨拥有4 000余亩现代化大型特种水产养殖基地,建有国家级河豚良种场,并植有五针松、龙柏、琼花等150多个珍稀植物品种,是中国沿海滩涂湿地最成功的生态植物园之一。借助此环境优美,空气清新,动植物资源丰富的特点结合挖掘湿地温泉疗养功能发展集科普、旅游、度假、休闲为一体的滨海旅游,特别是发展生态养生及生态教育旅游。

海安乡村教育体验基地：以中洋河豚庄园水产养殖基地、河豚良种场及生态植物园为基础，利用江苏海安教育强县的知名度，建设具有教育功能的滨海乡村教育体验基地。用还原自然，真实体验的方式，让学生在体验自然之趣时增进对家乡的地理自然环境的了解。根据学生不同年龄层的需要，整个生态教育区通过规划可以满足温室体验、农事体验和养殖体验。

此外，本基地与滩涂博物馆都应注意停车及人车分流、师生住宿区规划以及不同年龄儿童的安全问题。

四、南通滨海旅游市场营销策略

南通现代滨海旅游业想要吸引更多的游客，扩大滨海旅游市场，还必须在产品开发的基础上应用成熟的营销战略提高营销效果。

（一）利用文化与价值观，塑造滨海品牌形象

在旅游品牌形象塑造和传播中突出中国核心价值观可以帮助旅游市场的培育。突出南通滨海旅游的规划是为了给后人留下一个可以让人轻松自在、走访寻根而又有益于自然的一笔财富。

在保持中国核心价值观的基础上，提炼南通滨海旅游发展的核心文化。一是南北文化：南北过渡地带文化的多元性、包容性；二是江海文化：南通海洋文化受到盐文化的影响，盐文化囊括大海的粗犷及大江的细腻，其影响着南通人的性格，这也通过南通代表性人物张謇体现出来。

具体来说，南通滨海旅游品牌形象的塑造和传播中可以注重以下三个方面：

一是可识别性视觉语言符号系统：设计有层次的可识别视觉语言符号系统，对市场进行培育和引导。包括滨海旅游整体旅游品牌标识、滨海旅游景区代表性景观抽象标识、区域旅游品牌标准色彩与字体及与其相配套的区域旅游品牌应用系统等内容。

二是基础设施和旅游服务：将代表性地域特征的人文符号、建筑风格、民俗风情等素材融入基础设施及旅游服务中，为南通滨海旅游品牌建设提

供良好的保障。

三是理念及价值观：在进行品牌形象传播时，传达更让人接受的理念与价值观。比如，在通州湾游艇、海钓等旅游项目宣传时，不要过于强调"高端"，而把这种活动塑造成为如踏青、登山一样的休闲体育活动，鼓励人们逐步形成对滨海休闲娱乐项目的经常性的需求，而不是猎奇体验。同时宣传具有差异性的核心文化及其衍生出的产品，如僮子戏、渔业文化、张謇对南通教育事业的影响等。

（二）运用新型网络营销，提倡营销多元创新

一是完善南通旅游目的地营销系统。借鉴国际国内领先的 DMS 设计，在营销网站开发公司、网络营销公司、内容维护公司、社交媒体营销公司、网络广告代理公司、营销效果评估机构等的支持下，将目的地形象宣传和预订结合，建立与旅游企业更为紧密的关系。为此，需进行南通旅游信息网的调整：

（1）设计上力求简洁而有力。善用旅游风光及含有情感元素的图片引起共鸣；精简首页版块；删除浮动窗口；突出旅游视频；完善网页多语种语言服务。

（2）内容上突出营销活动和网上预订功能。首页内容弱化吃住行游购娱的版块，突出当季体验、最新活动、热门目的地等版块；增加直接或间接网上酒店预订功能；景区建立门票预订预约系统，增加价格制定的灵活性，方便游客流量监控。

除此之外，南通旅游局借助网购平台如"淘宝天猫"，打造可提供信息、网络咨询、网络购买、网络支付服务的南通旅游旗舰店。旗舰店要与微博、微信等新媒体相配合，进行多样的营销创新活动。

二是重视移动互联网的影响。南通滨海旅游目的地或景区需要统一规划但个性化设计的创建 APP 并进行推广。主动发送最新动态和旅游活动，进行形象塑造和促销活动宣传，支持移动设备的预订支付。同时，APP 在需加强与其他手机功能及应用的结合，如与地图、酒店门锁、南通天气及海洋情况及照相编辑功能的关联等。

三是加强主题旅游营销力度。根据国务院提出的《关于促进旅游业改革发展的若干意见》中关于主题旅游的内容：

（1）休闲度假旅游方面：露营旅游产品及通州湾滨海休闲体育类旅游产品需要突破"景区+酒店"的网络营销模式，在推广中突出滨海度假旅游中的休闲活动项目，比如在招徕游客家庭到通州湾学习训练帆船帆板，招徕学生群体到圆陀角露营地进行班级活动等。

（2）乡村旅游方面：投入资金加速海安等乡村旅游乡镇的网络信息化基础建设，为滨海旅游目的地智慧旅游发展，电子商务活动的开展打好基础。

（3）研学旅游方面：将教育公益性质的研学旅游产品和亲子旅游市场结合，利用教育交流活动、电子商务平台可将亲子教育旅游产品从南通推广至其他地区，并且借助于政府力量，将研学旅游信息纳入目的地公共服务体系中。

（三）构建营销整合机制，实现旅游分众营销

南通滨海旅游市场的培育及开拓需要利用整合营销策略传播南通滨海旅游的整体品牌形象及各地滨海旅游产品特色。

构建营销整合机制。市政府、旅游局及各县市区有关政府及部门可与专业营销、广告、文化策划公司有关人员共同成立南通旅游文化集团。通过政府层面进行交流与协商，由南通旅游文化集团作为南通旅游对外营销工作的主要承担者进行具体操作。在上海、浙江、苏南、苏北、北京等地通过当地旅游公司展开合作，在主要客源城市举行南通滨海旅游推介会及网络推广。南通旅游文化集团也可与主要外国市场如韩国、日本一些城市的营销推广公司合作。这种由南通市政府主导、地方政府配合、专业公司承担的旅游营销策略，可以在推广南通整体旅游的基础上实现优势互补、协调错位发展，取得较好的旅游整体营销效果。

实现旅游分众营销。根据客源需求的差异推介不同旅游产品，例如针对上海游客可强调滨海休闲度假，对苏北游客可强调滨海生态教育；对上班族可强调滨海娱乐活动及海鲜美食，对学生族可强调滨海营地及博物馆。

在营销方式上,江浙沪一级市场需要重视网络评价及口碑效应的影响力;国内二级旅游市场,关键在提高南通的城市知名度;临近国市场,可以加强与Google或本土网站的合作,投放南通旅游形象图片、视频广告内容到客源国家和地区的精选网站中。

南通大学地理科学学院　吉倩倩
南通大学地理科学学院　王英利

（本研究报告为2013年江苏沿海沿江发展研究院招标课题"南通滨海现代旅游业发展研究"研究成果）

南通沿海旅游经济发展与旅游产品开发研究

摘 要 多重国家战略叠加、旅游产业地位提升为南通沿海旅游发展带来重大机遇。近年来,南通沿海旅游经济发展迅速,但也存在着总体水平不高、产业功能不完善、知名品牌偏少等问题。今后,需要通过加强统一规划和产品形象建设、挖掘海洋文化和打造特色化产品、加大市场营销力度和塑造产品品牌、完善旅游设施和培育新产品等多种途径,加快提升南通沿海旅游经济的竞争力和影响力。同时,要倾心策划南通滨海休闲旅游廊道、圆陀角旅游度假区、吕四风情渔港、蛎岈山海洋生态旅游区、盐疗休闲度假区、蓝色牧场渔耕、牡蛎博物馆、通州滨海现代都市旅游区、小洋口生态旅游度假区、船舶工业旅游等系列旅游产品。

一、南通沿海旅游经济与旅游产品发展特征与存在问题

(一)旅游经济发展较快,旅游产业地位日趋凸显,在江苏沿海处于领先地位

在江苏沿海区域中,南通旅游经济发展规模与速度处于领先地位,其中入境旅游尤为明显,旅游产业地位日趋凸显。在2000年,江苏三个沿海城市国内旅游规模基本保持在同一水平,但因发展速度的不同,2013年三市旅游规模已呈现较大差异,南通、盐城、连云港国内旅游人次占沿海三市比重分别从2000年的33.3%、34.5%、32.2%变化到2013年的41.1%、26.6%、32.3%。相对于国内旅游而言,南通入境旅游发展规模和速度都明

显领先其他两个沿海城市,其入境旅游人次占沿海三市比重从2000年的72%提升到2013年的81%。

(二)旅游经济发展水平不高,经济规模仍然偏低,旅游发展不平衡

虽然南通旅游经济尤其是入境旅游取得了较快发展,但南通旅游经济规模仍然偏低,与全省及沿海发达城市相比,还有较大差距。2013年南通入境旅游和国内旅游人次分别仅是苏州的15%和28.8%。此外,南通的入境旅游和国内旅游发展也不均衡,年均增长率分别为19.4%、18.3%,同期江苏年均增长率分别为17%、18.4%,入境旅游发展迅速相对较快,略高于全省速度,而国内旅游发展相对滞后,低于全省的发展速度,旅游产业地位的提升和国民休闲时代的到来更迫切需要加强国内旅游的发展。

(三)旅游产业功能不完善,旅游产品存在诸多问题,知名旅游产品品牌较少

旅游产业的规模和结构是旅游经济发展水平的重要标志,其中旅游景区是沿海旅游经济发展的直接动力和增强吸引力的有效途径。截止到2015年底,南通3A级以上景区中仅有1家5A(濠河风景区)、7家4A,而同期江苏省共有18家5A和159家4A级景区,其中连云港就有12家4A级景区,南通旅游景区建设明显落后全省甚至连云港水平,且在4A级及以上景区中,多数是文博类开放式景区,由于知名度不高,综合配套设施不全,南通沿海旅游产品开发存在诸多问题,如同质旅游产品竞争激烈、缺乏精品旅游产品、旅游产品组合一般、系列旅游产品开发不够、缺少吸引游客的体验旅游产品、产品经营模式不够多元化、旅游基础设施不完善、旅游服务质量亟待提高,等等。

总之,南通旅游经济在江苏沿海地区处于领先地位,但与江苏其他地区相比,仍处于相对滞后的地位,南通旅游经济的崛起与旅游产品的开发需要从江苏沿海整体层面予以考虑。

二、我国主要沿海城市旅游产品开发经验与启示

我国主要沿海城市的旅游发展速度与水平并没有因全国旅游的整体发

展而失去其在全国的地位,反而其重要性更加凸显,通过借鉴旅游业发展较好的沿海城市经验,为南通沿海旅游发展提供启示。

(一)旅游产品形象突出,知名度较高

在我国主要沿海城市中,多数城市的三产比重都超过了40%,上海、广州和深圳等城市的三产比重超过了50%,三产比重较高的城市,一般城市旅游基础和服务配套设施较为完善。以南通为代表的江苏沿海城市在经济实力和三产水平方面仍然落后于沿海发达城市。多数沿海发达城市根据自身资源特点,塑造了独特的形象口号,如大连的"浪漫之都,时尚大连";青岛的"红瓦绿树,碧海蓝天";厦门的"海上花园"等。南通的形象口号是"江海明珠,灵秀南通",难以体现南通自然和文化特色,缺乏标识性,再加上旅游市场营销力度的不足,南通旅游的知名度要低于其他沿海城市。

(二)自然和人文景观类旅游产品丰富多彩,交相辉映

我国旅游业比较发达的沿海城市海岸以基岩质海岸为主,这种海岸水清、沙细、滩缓,传统"3S"旅游资源丰富,旅游开发相对成熟,海洋旅游产品的知名度也较高。此外,这些城市的主城区一般濒临大海,海城相依,对外开放程度较高,城市的历史文化与海洋文化底蕴深厚,遗留下众多的文化景观,现代景观与古典建筑交相辉映,如上海外滩、天津五大关、青岛八大关、厦门鼓浪屿、福州三坊七巷、秦皇岛山海关等,给旅游者留下了醒目而丰厚的城市印象,在此基础上,各城市设计并推出了丰富的观光、休闲类旅游产品,使旅游者不同层次的需求得到了满足。南通沿海海岸线均为粉沙淤泥质海岸,缺乏开发传统"3S"滨海旅游产品的优势。

(三)旅游产业配套设施齐全,节事旅游产品各具特色

旅游是一个综合性服务产业,沿海发达城市拥有众多高星级景区、饭店和旅行社,旅游交通发达,城市旅游产业配套设施齐全。而截至目前,国家旅游局官方网站显示,江苏省拥有88家五星级饭店,而南通仅有2家挂牌的五星级饭店(南通新有斐大酒店和海门东恒盛国际大酒店)。旅游交通设施也不发达,再加上品牌旅游景区建设的滞后,制约了旅游总体水平的提高。此外,沿海旅游城市拥有众多特色的节事旅游产品,如上海旅游节、大连国际服装节、青岛国际啤酒节、珠海航空航天博览会、广州广交会等,众多特色的节庆旅游产品形成了一定的品牌效应,在丰富旅游产品的同时,也增强了沿海城市的知名度,推动了旅游经济的发展。

(四)地理区位和制度政策是旅游产品开发的重要优势

地理区位是沿海城市旅游产品开发的重要优势,东部沿海城市区位优势明显,上海、广州、深圳是国家级的城市旅游目的地和旅游集散地,天津、福州、宁波、厦门、珠海等区域性中心城市是区域级的城市旅游集散地。同时,沿海城市优惠的制度政策直接刺激了沿海旅游产业发展,但经历了近30年左右的发展,各地的制度和政策已经基本实现了水平化,沿海特区和开放城市原来享受的制度政策优势对入境旅游发展的正面效应被逐渐削弱。包括南通在内的江苏沿海区域虽然具有一定的沿海地理区位优势和优惠政策扶持,但与我国其他沿海城市以及江苏苏南等城市相比,区位和政策优势并不突出。

三、南通沿海旅游产品发展的战略思路和具体策划

(一)南通沿海旅游产品开发思路

南通要发挥地处"一带一路"和长江经济带交汇点优势,把南通建成江苏重要的滨海旅游经济集聚区、长江入海口重要的旅游门户基地和全国重要的海洋旅游产业基地。在此定位下,运用SWOT分析法(表1),梳理和剖析南通沿海旅游发展的优势、劣势、机遇与挑战,并根据江苏沿海区域旅游发展的影响因素分析,提出沿海旅游发展的对策。

表1 南通沿海旅游产品开发的SWOT分析

优势(S):	劣势(W):
(1) 经济发展迅速,城市总体经济实力较强;	(1) 城市旅游特色不明显,知名度较低;
(2) 区位相对优越,交通优势日趋明显;	(2) 第三产业较为落后,旅游产业功能不完善;
(3) 生态旅游资源丰富,后备土地面积广阔;	(3) 传统海洋旅游资源欠缺,知名人文景观较少;
(4) 旅游资源互补性强,江海文化具有一定特色。	(4) 节事活动缺乏品牌,旅游产品较为单调。

机遇(O)：	威胁(T)：
(1) 政策机遇,海洋经济重要性日益凸显；	(1) 省内外其他城市对南通沿海旅游发展的冲击；
(2) 不同层面政府对旅游业发展的日益重视；	(2) 沿海临港产业尤其是重工业发展对生态旅游资源可能造成破坏,保护难度加大。
(3) 旅游者对生态旅游的兴趣日益增强。	

1. 打破行政区划壁垒,统一旅游规划,树立沿海旅游产品整体形象

南通沿海旅游开发要突破行政区划壁垒,统一旅游规划。南通沿海旅游资源开发受到行政区划的限制,阻碍了资源的统一保护与产品的联动开发。南通沿海旅游产品开发首先要加强区域内外合作,构建常态协调机制,统一旅游规划,弱化行政区划对旅游发展的壁垒效应,加强江苏沿海三个城市以及不同城市内部在资源、客源、信息、市场等方面的区域合作。

江苏沿海区域要树立整体且存在差异化的旅游产品形象。连云港是沿海三市中唯一一个"山海城"相拥的地级市,而盐城、南通主城区离海岸有一定距离,从沿海旅游资源特色、区域经济水平和地理区位而言,建设连云港(北部)滨海休闲旅游度假区,重点开发滨海休闲度假和海洋文化旅游产品,建设盐城(中部)生态湿地旅游区,着重开发滨海(湿地、森林等)生态旅游、海盐文化旅游和红色文化旅游产品,建设南通(南部)江海文化旅游区,以开发海洋产业风情旅游、江海文化(博物馆、美食等)旅游产品为主,形成各具特色但又相互补充的滨海旅游风光带(表2),共同树立江苏沿海"黄金海岸之旅"的旅游品牌,把旅游业发展成为沿海地区的新亮点和新的经济增长点。

表2 江苏沿海区域旅游资源特色和开发方向

城市	代表性景区	旅游资源特色和开发优势	旅游定位	核心旅游产品
连云港	连岛、花果山、渔湾、孔望山等	基岩海岸、"3S"资源、山海城相拥、神话和海州文化、区位较突出	滨海休闲旅游度假区	滨海城市旅游休闲度假,海洋文化旅游

续表

城市	代表性景区	旅游资源特色和开发优势	旅游定位	核心旅游产品
盐城	麋鹿国家级保护区、海盐历史文化景区、大纵湖、新四军纪念馆等	淤泥质海岸、生态湿地、仙鹤神兽之乡、海盐和红色文化	生态湿地旅游区	滨海（湿地、森林等）生态旅游、海盐文化旅游、红色文化旅游
南通	濠河、狼山、南通博物苑等	淤泥质海岸、近代第一城、江海交汇、经济基础良好、区位较突出	江海文化旅游区	海洋产业风情旅游、江海文化（博物馆、美食等）旅游

2. 严格保护沿海景观，挖掘沿海文化特色，打造差异化和特色化沿海旅游产品

南通沿海旅游开发要坚持生态环境保护优先的原则。江苏沿海开发迎来了历史的机遇，同时也面临着严峻的挑战。包括南通沿海在内的江苏沿海区域分布着密集的港口和临港产业，这虽然促进了沿海区域经济的发展，但我们也应警惕这可能破坏沿海文化景观和生态资源。南通沿海经济开发必须要注重生态和文化遗产保护，尤其生态湿地资源是沿海生态旅游发展潜力最大的地区，但也是容易被破坏的旅游资源，可以在整合沿海生态资源的基础上，申报世界地质公园或世界遗产。

南通沿海旅游开发要深挖海洋文化特色，加强文化与旅游融合，打造特色化的海洋文化旅游产品。文化是旅游发展的灵魂和动力源泉，在保护沿海区域特色文化景观的同时，深入挖掘海洋文化旅游资源，提炼和设计海洋主题文化旅游产品。因而，应充分利用南通沿海、沿江的区位优势，以南通丰富的海洋民俗文化、盐业文化、神话传说、民间信仰和饮食文化等海洋文化旅游资源为依托，结合长青沙、开沙岛、狼山、濠河、圆陀角、吕四渔港、苏通大桥等沿海、沿江旅游景区，以衔接上海为主体的长三角旅游市场为导向，通过开发建设海鲜美食街、海上酒吧、海上宾馆、海上游艇、滨海高尔夫球场等，将南通打造成休闲旅游度假区，形成具有长江滨江风情和海韵风情的南通海洋文化旅游产品特色。

3. 加强对主要市场的营销力度,增强节庆影响力,打造沿海旅游产品品牌

国内游客是知名滨海旅游目的地的主体客源,上海、苏南等长三角市场是南通沿海旅游的营销重点,同时兼顾省内和周边城市市场。针对上海、苏南等旅游市场,主流在线旅游服务商推出的南通沿海旅游线路较少,一定程度上造成了上海、苏南等地区居民对南通沿海旅游产品的认知度不高,削弱了南通沿海旅游产品的影响力和竞争力。南通沿海应凭借狼山佛教文化、张謇名人资源、家纺重镇等优势资源,同时整合沿海区域内外的旅游资源,统一推出"江苏沿海区域旅游新干线"品牌,将传统营销手段和微信、微博、微电影等新营销媒介结合,加强对主体客源市场的营销力度。此外,提升南通"国际江海旅游节"等现有节庆知名度,赋予其区域特色,丰富其文化内涵,增强南通城市旅游的影响力和知名度。

4. 完善旅游基础设施与服务设施,培育沿海旅游新产品

南通沿海旅游产品应借助沿海开发的历史机遇,争取旅游产业的政策扶持力度和资金支持,尽可能建立"江苏沿海旅游改革试验区",或者建立蛎岈山等特殊区域的旅游试验区,出台配套的旅游优惠政策,扶持旅游产业发展,推动沿海旅游经济开发和"凹地"经济带的隆起。同时,沿海区域在加强旅游交通、景区、饭店等基础设施和服务设施建设的同时,培育旅游新业态,满足日趋增长的休闲需求,开通主要沿海和沿江城市的邮轮观光线路,尽可能将南通与我国主要沿江、沿海城市甚至境外市场相连接,在利用其旅游区位优势的同时,也满足了旅游者需要。此外,针对我国自驾游的热潮,建立完善的自驾导航系统和服务营地网络,提升旅游服务水平,提高游客满意度。顺应我国新型城镇化的建设,发挥旅游对新型城镇化建设的引导作用,建设一批沿海、沿江特色旅游休闲小城镇或村庄。

(二)南通沿海旅游产品策划

1. 南通滨海休闲旅游廊道:浓郁的"南黄海风情",浪漫的滨海休闲走廊

滨海度假休闲带主要包括海安、如东、海门、启东、通州沿海地区的滨海旅

游休闲观光带。重点建设吕四渔港、蛎岈山、通州湾、小洋口等沿海区域。大力营造百里绿色海堤，形成沿海生态林带，突出洋口、吕四两大节点，加紧完善海防公路联结各景区的支线建设。总之，顺应沿海旅游休闲发展的良好趋势，以"海鲜、海泉、海港、海韵"为主题，将南通沿海打造为具有浓郁南黄海风情的滨海旅游休闲带，形成特色鲜明的沿海旅游产业带、城镇带、风光带。

2. 圆陀角旅游度假区：日出江海，韵动中国

圆陀角旅游度假区要充分利用地处黄海、东海、长江三水交汇处的优势，按照"日出江海，韵动中国"的总体形象和国家级度假区的标准，重点推进圆陀角三水交汇景区、恒大威尼斯水城、滨海景观大道、渔人码头、黄金海滩景区改造等项目建设，打造融生态观光、运动休闲、度假人居等多功能于一体的生态度假胜地和国家级旅游度假区。

3. 吕四风情渔港：千年古镇，渔港风情

打造集养殖、捕捞、加工于一体的休闲渔业一站式体验基地，集特色渔业、环保渔业、观光渔业为一体的现代渔业样板，结合观光、主题娱乐与休闲度假的多功能复合型休闲渔业。具体推进吕四渔港海上旅游试验区、海洋风情区、海鲜美食街、海产品博览中心、鹤城公园改造、吕四老街改造等项目建设，完善旅游交通、标识、咨询和购物等要素配套建设。同时，利用渔区自然环境及人文资源，将其渔业生产、渔产品、渔业风俗、渔业经营活动相结合，拓展渔业功能、建设休闲渔村，提升旅游品质，增强渔业综合效益。最终将其打造为一处著名的"千年古镇 渔港风情"旅游休闲度假区。

4. 蛎岈山海洋生态旅游区：潮起潮落，蛎岈探秘

充分利用世界上面积最大的牡蛎滩——蛎岈山，建设集科学考察、生态观光、蛎岈寻秘等以保护为主、开发为辅的海洋生态旅游景区，树立蛎岈山国家海洋公园品牌。蛎岈山平均高出海平面4.5米，入水为礁，出水为岛，似山非山，有岛无岛，可谓海上一奇。据此之景，可开发蛎岈山生态观光之旅。蛎岈山景观气象万千，尽情饱览大海风光，休闲观海，享自然风光，与快艇击浪、滩涂采蛤等旅游项目相结合，可开展生态休闲之旅。蛎岈山神秘观鲸，根据神话传说和鲸鱼时有出没的现象，以这些神奇现象为卖点，营销"神

秘蛎岈山观鲸游",吸引游客探秘。

5. 盐疗休闲度假区：康健养生，盐业休闲

充分利用海门东灶港晒盐的历史渊源与矿盐相结合，打造成盐休闲、健身、疗养的理想场所。盐疗包括室内盐疗和室外盐疗两个部分，主要划分为四大功能区：大众盐疗区、特色盐屋、VIP 盐疗区—盐疗 SPA、盐疗服务中心。

6. 蓝色牧场渔耕：牧场渔耕，渔家生活

针对如东、海门沿海滩涂和养殖基地等沿海区域，开辟海上渔耕作业区，大力发展海上休闲观光渔业，提供游客亲水性、参与性的海上渔事劳动项目，如赶海、海上撒渔网等，打造"蓝色牧场渔耕"精品景区。牧场渔耕，利用海门或其他区域所在海域的海上网箱、紫菜养殖基地，开发观光体验牧场渔耕与紫菜收获等旅游项目。海上渔事体验，旅游者可以随同渔民一起出海，当一天渔民，学习放网、收网技巧，体验捕鱼的快感。

7. 牡蛎博物馆：牡蛎文化，集中展现

在现存海门牡蛎博物馆的基础上，扩建成一座以牡蛎为主题的大型专题博物馆，反映和展现牡蛎等海产品的类型与特点，具有展览、教育、科研的多重作用。牡蛎博物馆在原址的基础上进行扩建，包括静态标本和动态活体展示，集观看、参与、品尝等为一体。通过图片、录像、图表、实物标本、缩微景观、高科技虚拟等向观众展示牡蛎生活的海洋世界。具体可以包括牡蛎标本展示厅、牡蛎生长厅、牡蛎美食厅等。

8. 通州滨海现代都市旅游区：滨海都市，休闲港湾

顺应通州建设现代化港口城市和生态旅游新城的趋势，打造集通州湾滨海旅游综合体、游艇旅游度假、滨海湿地公园、海洋主题公园、房车露营基地、海洋文化展示等为一体的国家级生态旅游度假区。通过旅游景区、休闲街区、购物会展、文化会馆等业态的开发，实现多产业多业态的集聚，满足游客一站式需求。利用通州湾码头泊位，发展游艇邮轮产业，升级南通滨海旅游产品。通州湾具有丰富的海洋湿地文化、海洋祭祀文化、海洋佛教文化、海洋美食文化、海洋渔业文化等，丰富多彩、各具特色，在保护沿海不同区域特色文化景观的同时，注重海洋文化主题的挖掘和文化旅游创新开发，如韩

国济州岛将濒临消亡的"海女"文化,打造成为该岛一个著名的人文景观,深受游客喜爱。

9. 小洋口生态旅游度假区:跳海上迪斯科,品天下第一鲜

"海鲜、海港、海韵"三海文化是如东小洋口生态旅游度假区发展的灵魂。目前小洋口景区的"海上迪斯科"等旅游产品已具有一定的知名度,但旅游品牌仍没有形成,旅游经济效益不突出。小洋口旅游景区具有丰富的旅游资源,包括海鲜、海港、海寺、海洋文化、滨海休闲娱乐、温泉养生等景观类型丰富,且已初步形成规模。小洋口生态旅游度假区在进一步的开发中,要依托典型滩涂和水域风光类旅游资源,整合中心渔港、海上迪斯科、海印寺、海上草原、围垦博物馆、温泉、休闲运动设施等旅游资源,加强旅游基础设施建设,提升旅游服务水平,突出绿色生态理念和健康休闲养生旅游,充分展现"海港、海鲜、海韵"的南黄海风情,打造"跳海上迪斯科、品天下第一鲜"品牌。

10. 船舶工业旅游产品:南通船谷游,旅游新名片

发展船舶工业旅游,打造南通旅游新名片。南通滨江临海,装备制造业发达,号称"船谷"。南通船舶工业旅游应突出船舶主题,打造沿海观景平台、LNG船观光、船舶工业博览馆、海洋馆、船乐园、游轮码头等景点,建设沿海水陆两个观光廊道,理顺景区与周边区域管理体制,科学规划景区交通系统,创新市场营销模式等。如依托沿海大量的LNG(liquefied natural gas)项目,结合旅游消费体验,开发一系列与LNG相关的旅游产品,包括LNG设施旅游观光、LNG研学等旅游项目,如采用国际上先进的人工造雪技术并结合LNG项目为场馆提供制冷,在降低制冷成本的同时,也弥补南通及其周边地区室内滑雪场馆不足的问题,以打造独特的LNG旅游体验项目。

南通大学地理科学学院　余凤龙
南通大学地理科学学院　王英利
南通大学地理科学学院　阚耀平

(本研究报告为2014年江苏沿海沿江发展研究院招标课题"南通沿海地区旅游产品开发研究"〔Y201407〕研究成果)

关于提高南通沿海地区供电、供热、供水能力的建议

> **摘 要** 供电、供热、供水等公共服务设施,在地区经济发展中扮演着不可取代的角色,涉及各行各业和千家万户,事关经济正常运转和群众切身利益。为了全面分析南通沿海地区供电、供热、供水现状及其改善对策,课题组于2015年4—5月间对南通市区、南通经济技术开发区以及启东、海门、如东等地的供电、供热、供水问题进行了实地调研。调研发现,南通沿海地区相关职能部门普遍对供电、供热、供水的重要性有着较为深刻的认识,但由于南通沿海地区发展基础相对薄弱,在供电、供热、供水方面还存在着与深入实施沿海开发战略和积极融入"一带一路"与长江经济带战略的要求不相适应的地方,今后应以"创新、协调、绿色、开放、共享"五大发展理念为指引,通过强化规划引领、加强设施建设、完善制度保障等途径,不断提升南通沿海地区的供电、供热与供水能力。

江苏沿海开发国家战略实施以来,南通供电、供热、供水部门紧紧围绕沿海开发战略要求,加强电网规划布点,积极探索适合地方的供热模式,加快供水工程建设,为南通沿海开发建设的顺利推进提供了重要保障。"十三五"期间,南通沿海地区应大力提升供电、供热、供水能力,为南通推进供给侧结构性改革和积极融入"一带一路"与长江经济带战略做出更大贡献。

一、南通沿海地区供电、供热、供水概况

（一）供电方面

南通电网主要由华能南通电厂（2×35+2×35.2万千瓦）、天生港电厂（2×33万千瓦）、启东大唐吕四电厂（4×66万千瓦）、江苏南通电厂（2×100万千瓦）四座大型电厂以及500千伏三官殿变（2×75万千伏安）、东洲变（2×100万千伏安）、仲洋变（2×100万千伏安）、胜利变（2×100万千伏安）四座500千伏变电站供电。其中华能、天生港电厂接入220千伏电网，大唐吕四电厂、江苏南通电厂接入500千伏电网。另外，南通的风力发电发展较快，仅如东县就建成风电项目15个，累计并网装机容量达到135万千瓦，累计上网电量超过100亿千瓦时。所以，从供电总容量来看，电源较为充足。

（二）供热方面

南通市西城区集中供热项目已基本完成，江山农化热电厂、南通美亚热电有限公司扩建等项目建设，对开发区的发展起着重要的作用。如东洋口环保热电有限公司主要承担如东沿海经济开发区已投产79家企业及以后进驻企业的生产供热任务。南通市的公务员小区和苏建名都城实现了小区集中供热。

（三）供水方面

南通沿海地区基本实现全市城乡居民普遍饮用长江水目标，区域供水乡镇覆盖率达100%，人口普及率达96%以上。形成了颇具特色的以地级市为单位区域的供水格局，在省内处于领先地位，可以满足全市用水需求。

二、南通沿海地区用电、用热、用水需求现状

（一）工业用电需求增长和居民生活用电需求减少共存

2015年1至9月份，南通市全社会用电量247.25亿千瓦时，同比增长1.21%。1至9月份，南通市全社会用电最高负荷为560.53万千瓦，同比增长0.18%。1至9月份，工业用电量为178.32亿千瓦时，同比增长2.93%，

对全社会用电增长的贡献率为171.07%。其中：重工业用电105.32亿千瓦时，同比增长0.35%，轻工业用电73.0亿千瓦时，同比增长6.89%。市区和启东两个县（市）区的工业用电量出现负增长，电量增幅分别为-2.13%和-1.52%，通州区增幅最快，达到10.40%。1至9月份，南通市第三产业用电量26.15亿千瓦时，同比增长1.33%，占全社会用电比重同比上升0.01个百分点，对全社会用电增长的贡献率为11.60%。1至9月份，南通市城乡居民生活用电量为33.99亿千瓦时，同比增长-7.86%，占全社会用电比重同比下降1.35个百分点，对全社会用电增长的贡献率为-97.78%。所以，工业和第三产业用电需求不断增长，居民生活用电需求减少，但是，总的用电需求是增加的。

（二）集中供热需求不断增长

南通地处长江以北，冬天天气较冷，冬季气温低于16℃，出现大范围雨雪天气时，长江流域室内温度一般不到10℃，比北方地区低10℃左右，极端最低气温甚至在0℃以下。南通地处长江流域，河流、湖泊众多，空气比较潮湿，一旦寒潮来临，比北方地区显得更加寒冷，无论是企业还是居民都存在着对供热的需求。一方面，以南通经济技术开发区等为代表的经济开发区和特色园区在招商引资、基础配套、改革创新、平台建设等工作取得新成效，这些对监管设施、公交、办公、供热等配套功能的需求也不断增加。另一方面，随着生活水平的提高，空调、电暖炉已进入寻常百姓家，但保温效果并不理想，舒适性较差，且电力负荷加重，能耗偏高，费用不合算，难以达到整体化、大众化的效果，居民对集中供热的需求也在不断增长。

（三）工业用水和生活用水需求增长明显

2014年全市用水总量39.65亿立方米，其中地下水4 593.23万立方米，工业增加值用水量较2013年下降4%，工业用水重复利用率为79%，城市水管网漏损率为11.8%，节水器具普及率为97%，城市污水处理率为90%，工业废水排放达标率为100%。单元产业增添值用水量较2013年降落7.8%，农田浇灌水有用应用系数进步至0.603，重点水功效区水质达标率67.3%。人均用水量最大的地区是城区，人均用水量最小的地区是海门市,其次是启东市。全市工业用水、农业用水和生活用水的结构也发生了较大的变化,农业用水在总用水量中的比重不断下降,工业用水和生活用水则增长明显。

三、南通沿海地区供电、供热、供水存在的主要问题

(一)农村地区供电质量有待提升

农村供电所分布广、数量多,一定程度上增加了线路及设备维修的难度。配电设施也会因为自然环境或人为的破坏无法正常供电,出现变压器被盗窃或私拉电线的现象,严重影响配电线路和人们生命安全。部分供电企业办理用电业务不规范,处理故障抢修、投诉等记录不准确、信息披露不及时。特别是农村供电所,在人员配置和管理工作上较为缺失。农村环境差、供电条件艰苦,很多高技术人才不愿意去农村工作,农村本地从事供电工作的人员在专业技能方面还需加强培训。在供电所的组织管理上,也亟待树立先进的管理理念。

(二)供热的环境影响和收费问题颇多,集中供热存争议

由于供热热源的多元化,带来了大量的矛盾和问题,尤其是小型燃煤锅炉的存在,对城市大气环境造成较大污染和能源浪费,虽然近年政府进行了大量的小锅炉治理工作,清理了一批设备陈旧,污染严重的小锅炉,但在城市热网未到达区域,仍采用小型燃煤锅炉供热,不利于环境保护和能源的有效利用。供暖收费问题也一直是困扰供热部门的问题,因各用户散热器的散热量无法计量,导致供热管理部门只能按面积向用户摊派,这一收费方式不能精确反映用户真实耗热量。按建筑面积收费不甚合理,实际供热面积又不好计算,用户虽能勉强接受,但不利于节能。大约10年前南通就曾经有两个小区试点集中供暖,但试点的结果却失败了,由于费用等原因,一些居民反对继续供暖,此后管道也被拆除。"南方不适合集中取暖,能耗太大。分户采暖完全根据各家需要控制开关时间;集中采暖一运转就是全时段的,不需要的时候也无法关闭,这中间浪费非常大,再加上系统供暖管道的消耗,总体耗能非常大。"北京易肯建筑规划设计有限公司总裁李文捷认为,南

方不需要统一取暖,而应根据各家各户情况灵活掌握。长久以来,南方地区居民采取的是采暖设备屋里有人则开,无人则关,而且即使采暖设备运行,屋子里的温度一般也不会像北方集中供暖住宅那样动辄达到20℃。正因此,南方实现了只是北方地区六分之一或七分之一的采暖能耗。所以,是否要集中供热成为大家争议的焦点。

(三)供水水源地存安全隐患,供水工艺与管网亟须改造

南通沿海地区原水都是使用的长江水,水源水质总体较好,符合地表水水质标准Ⅲ类以上,水源地水质安全基本能够得到保障。但长江作为黄金通道,船舶较多,容易发生污染事故。同时,洪港水厂、狼山水厂取水口所在的水源保护区内有码头等企业,还存在安全隐患。随着城市的快速发展,特别是区域供水工程全覆盖的不断推进,未来几年区域供水水量将大幅上升,现有水厂的供水能力将不能满足用水需求,新一轮的供需矛盾将会凸显。狼山水厂、洪港水厂的出水水质虽达到相应标准,但其净水工艺尚无深度处理部分,制约着供水水质的进一步提高。经过多年建设,南通沿海地区供水工程建设取得长足进步,但随着时间推移,城市供水管网已部分老化,需进行改造优化。已建通如、通汇线区域供水管道经常发生爆管问题,需逐步改造到位。另外,南通市区地下水应急深井已建成,老洪港应急水库也已基本建成。但目前县(市)区还未建设到位,应对水源突发污染的能力还有待进一步提高。区域供水管网信息管理系统尚未建立,管网信息化现状水平不能满足区域供水生产调度需求,城市给水管网的信息化水平有待提高。

四、南通沿海地区供电、供热和供水能力提升的对策

"一带一路"与长江经济带战略的推动实施,为南通在"十三五"及今后一段时期的快速发展带来了重大机遇。南通沿海地区应从积极融入"一带一路"和长江经济带的战略高度,统筹推进供电、供热和供水基础设施加快建设,有效提升供电、供热和供水对地区经济提质增效升级的支撑与服务能力。

（一）供电能力提升方面

1. 主动对接客户需求，服务企业转型升级

支撑经济转型升级，电网企业责无旁贷。配合产业结构调整，滚动优化用户信息台账，提前通知暂停到期用户及时办理续停或恢复用电手续。开展用电网络小组活动，重点围绕电工基础、安全用电、负控技术、电费结算、自发电管理等内容对高危及重要客户的电工进行技能培训，提升客户端设备运维水平。通过现场检查和利用营销系统监控，重点跟踪功率因数长期不达标及突变用户，灵活运用运行方式调整、优化就地补偿、增加补偿级数等方式，有效提升用户无功管理水平，切实降低用户电费支出。

2. 加快电力科技创新，服务智慧城市建设

开展用电网络小组活动，重点围绕电工基础、安全用电、负控技术、电费结算、自发电管理等内容对高危及重要客户的电工进行技能培训，提升客户端设备运维水平。以节能、高效、清洁、环保、智能为重点，围绕保障安全、优化结构、节能减排等长期目标，扎实推进电力科技创新。一是通过检修、运维设备和工器具的科技创新改造升级，提高现场作业效率的同时确保工作人员安全；二是通过研发监测、仿真、预警、评估等一整套系统，对小至一个开关设备，大到地区电网的运行状态实时采集、掌握，实现远程交互，提高各级运行部门信息准确度，确保反应迅速，提升运维水平；三是结合南通地区临海地貌，对沿海高腐蚀、防盐雾技术进行深入研究，提高输电运行水平；四是以科技创新服务新能源，超前研究海上风电、分布式光伏并网特性，对并网设备进行技术改造，为服务地区新能源规模发展做好全面准备。

3. 做好电网前期规划，服务地方开发建设

着眼于对接上海自贸区和"一带一路"与长江经济带建设，实施优江拓海战略，打破行政区域边界限制，调整电网规划布局，促进产业集聚区能源综合利用。一是主动对接政府相关部门，积极沟通潜在用电客户，提前掌握项目用电信息，积极宣传用电政策；二是科学编制和调整南通电网规划，配合滨海、苏通、锡通等产业园区，南通综合保税区，以及通州湾、洋口港、吕四港等重点开发区域的规划和建设，及时进行变电站规划布点或增容；三是积

极开展新建项目接入咨询服务,科学制订接入方案,加快变电站配电线路出线建设,提高调度、运行、检修、维护水平,提高供电质量,满足高新技术、外资外贸等客户对用电的高要求。

4. 提升农网建设水平,服务城乡统筹发展

加强农网网架改造,针对部分农网网架较薄弱,农网的装备、自动化水平较低的情况,统筹城乡电网建设,完善农网的网架结构。加强农网运维管理,以规范化、精益化为目标,全面提高农网运维管理水平,缩小农网与城网的差距,顺应城乡统筹发展趋势。

5. 加强窗口文明建设,服务社会民生改善

不断创新服务内涵,细化服务举措,提高差异化、精细化服务水平,努力实现服务方式便民、服务行为利民、服务结果惠民。一是规范窗口服务行为;二是深化便民服务措施;三是拓展服务渠道。

6. 打造绿色环保电网,服务生态文明建设

积极打造绿色电网,促进发电侧和需求侧的节能减排。一是合理选择变电站站址、线路路径,减少对城市环境的影响;二是采用 GIS 设备、变电站户内布置、电缆线路,缩小变电站占地面积,采用同塔多回线路,减小线路对通道的需求;三是加强输变电设施环境保护工作,积极采用新设备、新技术,认真落实环保措施,积极开展电网环境检测工作,确保噪声、电磁、无线电干扰满足环境质量标准。

(二) 供热能力提升方面

1. 加强政府的社会规制

供热行业经常会产生严重的外部性问题,如空气污染和水污染等。对于这些社会问题,消费者是最大的受害者,但是他们不能形成较大的社会力量,无法获取赔偿,需要政府通过各种手段来对这类社会性问题进行规制。

2. 实行供热计量收费

改革供热收费制度,实行供热计量收费,本着先易后难、循序渐进的原则,逐步建立市场准入退出制度,规范市场秩序,进行热计量收费试点示范,积极推进热计量收费工作,促进供热市场化。

3. 研究供热节能新技术

进一步研究锅炉节能控制技术,研究发展管网运行调节的智能监控技术,推广直埋预制保温管等供热管网敷设技术。加强散热器、辐射采暖板等末端散热装置研发,提高散热性能。加强热计量技术研究,推广应用准确、方便、耐用、造价低的计量仪表与调控设备。

4. 集中供热和分散供热相结合

城市供热主要有集中供热和分散供热两种方式,其中集中供热特别适用于城市中有常年性热负荷稳定的工业区或开发区。所以南通在工业园区和经济开发区适宜实行集中供热。分散供热的主要特点是形式多样,使用灵活,可满足用户各种不同的需求,对于居民小区可以实行分小区供热。

(三) 供水能力提升方面

1. 推进区域供水后续设施建设

一是加快主力水厂规划建设。在 210 万 m^3/日供水能力的基础上,规划建设崇海水厂二期(40 万 m^3/日)、如皋长青沙水厂三期(20 万 m^3/日)、新建李港水厂一期(40 万 m^3/日)。二是加快完善区域供水主次管网。加紧实施通洋线二期工程建设。进一步落实南北片清水联通管道规划建设工作。推进农村管网改造,降低漏失率。

2. 做好应急水源建设及运行管理

一是抓好应急水库建设。督促如皋、海安加强沟通配合,加快长青沙水库建设步伐;研究落实李港水厂规划布点事宜,同步规划建设一座应急水库。二是加强应急水库的运行管理。做好老洪港应急水库的水体置换、湖面清理、生态系统维护、水库水质监测等管养工作。三是强化对原有水源地的生态保护。要制订计划、落实措施,改善水源地水质,使原有水源地水源在紧急状态下还能发挥作用。四是加快制定和实施促进海水利用的激励政策。

3. 完善监管措施,提升供水管理水平

一是强化供水日常监管。严格按照《南通市城乡供水水质监测及公示方案》,开展全市城乡供水水质监测工作,每半年对全市供水水厂出厂水及

管网水进行抽检并公示。二是加大对县(市)区行业指导力度。加强与环保、水利、卫生等部门的互通联系,及时共享掌握水质信息,齐抓共管,做好城乡供水工作的监督和管理。三是提高应急水平。落实《南通市集中式饮用水源突发环境污染事件应急预案》,做好突发污染事件的物资和技术准备,加强培训和演练,提高应急处置能力。

南通大学商学院　童　霞

南通大学商学院　高申荣

南通市沿海地区发展办公室　黄晓利

南通市沿海地区发展办公室　蔡宇华

(本研究报告为2014年江苏沿海沿江发展研究院招标课题"南通沿海地区供电供热供水现状分析与对策"〔Y201406〕研究成果)

南通沿海快速集聚人才的路径研究

> **摘　要**　沿海作为南通转型升级新的拓展空间，如何通过快速集聚人才，发挥人才在新时期南通江海联动开发中的积极作用就显得尤其重要。纵观南通近年来的人才工作可以说已取得较好的成效，但在"快速"这一层面上，仍然有着较为广阔的提升空间。深入推进南通沿海开发，需要在借鉴发达国家和地区发展中积累的需求导向、特色引领、多元引进、重视教育、全面保障、规范政策等人才快速集聚经验基础上，把握好人才成长和使用的自身规律，通过创新人才集聚方式、完善人才各类保障等途径，推动南通沿海开发所需各类人才快速集聚。

融入"一带一路"和长江经济带建设战略布局的南通，在深入推进跨江融合、江海联动、陆海统筹，全面完成省沿海开发"六大行动计划"的进程中，大力实施了"江海英才计划"和产业人才"312"行动计划，人才在经济社会发展中的引领支撑作用日益凸显，人才工作和人才队伍建设均取得了令人瞩目的成就。但必须要看到，指向"强富美高"发展定位、围绕"五个迈上新台阶"的重点任务，在全面展开"迈上新台阶、建设新南通"工作布局的过程中，必须进一步开展好人才集聚的工作。南通沿海作为转型升级新的拓展空间，如何通过快速集聚人才，发挥人才在新时期南通江海联动开发中的积极作用就显得尤其重要。

一、以"快速"为视点，南通沿海人才集聚提升空间广阔

人才集聚是一个系统性、过程性的工作。纵观南通近年来的人才工作，

人才资源的总量在持续增长,高层次人才的队伍已经初具规模,人才资源配置的市场化程度正逐渐增强,相关人才的政策法规体系正不断完善。但在"快速"这一层面上,仍然有着较为广阔的空间可供进一步提升。

1. 人才占比增长欠快

绝对数量的多少往往是考察一地人才资源的首要指标。南通市的人才资源尽管相对于 21 世纪前 10 年有了质的飞跃,但如果从人才占比看,则仍然看得出人才增长的数量相对较慢。数据显示,截至 2013 年底,南通市人才资源总量 105.8 万人,高层次人才 6.5 万人,每万人中人才拥有量达 1 381 人。与一江之隔的苏州每万人拥有 2 070 人,无锡的每万人 2 315 人的水平,很显然有着明显的差距。

2. 结构均衡发展欠快

人才结构的合理性决定了人才总体使用的效率,南通市人才结构整体趋优但仍需战略性调整。(1) 产业结构失衡。根据调查数据,第一产业人才 13.96 万人,占 13.2%;第二产业人才 58.51 万人,占 55.3%;第三产业人才 15.87 万人,仅占 15%。人才占比反映了当前经济发展占比的基本状况,但产业结构的调整需要人才结构引领。(2) 人才结构失衡。同一产业间的人才也呈现出结构失衡的现象。以占比最大的第二产业中人才结构为例,据一项调查统计,全市 48.6 万名产业人才(不含技能人才)中,机械机电、建筑、纺织服装、现代农业(食品加工)等传统产业拥有创新创业人才 32.8 万人,占 67.5%,船舶海工、能源及其装备、生物医药、节能环保、新材料等新兴产业人才 15.5 万人,仅占 32.5%。(3) 地区结构失衡。由于经济发展、生活保障以及就业环境等方面存在着较大的区别,人才更多地集中到了南通城区,县(市)的人才均衡度受到了较大影响,"倒金字塔型"的人才结构已经形成。据《江苏省区域人才竞争力报告(2014)》显示:13 市人才综合竞争力排名中南通仅名列第 5 位,县(县级市)排行中仅有海安和如皋两县(市)位列第 8 和第 10。

3. 人才使用效率欠快

人尽其才方能充分发挥人才的作用,就目前人才使用中存在的问题看,主要有以下几种情况:一是人才存在"高消费"现象。很多用人单位把人才多少的界定定位于高学历和高职称从业人数的多少上。二是人才引用存在"下猛药"现象。很多单位、企业在招聘人才的过程中,为了在极短的时间里能够吸引到更多的人才,往往许以高薪,但是人才招聘与签订协议后便再无更全面更系统的保障和激励措施。三是人才使用存在"大锅饭"现象。人才引进后没有从机制上创设出优胜劣汰、公平竞争的氛围,激励机制没有,考核奖惩制度缺乏,人才仅仅停留于数字层面,人才的积极性和创造性在"干好干坏一个样,多干少干一个样"的单位文化中逐渐没落。

4. 人才集聚模式欠快

在不少人的眼中,人才集聚就是要从外部大量引进人才,这样的模式固然正确,但仅仅是一个方面。人才的集聚绝不仅仅局限于"外请",它还应该包括"内部挖掘"、"流动聘用"、"输出培养"等多种形式的集合。人才的集聚应该努力突破短视效应,实现内外结合、综合提升。比如对于企业员工的定期培训可以选拔人才,对于行政管理的轮训也属于提升人才,对于掌握科学技能的农村实用人才的培训也可属于发展人才。多轨并举,齐头并进才能加快速度。

5. 人才环境建设欠快

促成人才集聚的一个重要因素得益于人才到来后的环境,这往往是促成人才来通的内因。从南通目前的情况看,除去人才引进的直接动力即资助额度和扶持力度与其他发达地区有一定的差距外,人才创新创业的支持体系尚不够完善,南通产业结构的层次偏低,真正高水平的研发机构偏少,特色产业基地的建设尚处于起步阶段,包括南通区位优势尚未完全释放,城市的综合竞争力偏弱,这些都导致了对人才的吸引力不够,人才环境全面优化的建设速度欠快。

二、以"快速"为成效,发达国家和地区人才集聚经验借鉴

(一)发达国家的人才快速集聚战略

1. 美国人才集聚战略

美国能够在二战后迅速成为唯一的世界超级大国,重视对人才的开发、

引进与使用尤其重要,其人才战略主要包括以下几个方面:一是注重人才的引进。为了留住人才,美国又通过降低移民限制、增加外国技术人员赴美工作的签证名额等手段,在政策导向上全力倡导人才引进。二是通过法律强化企业对员工的培训。如美国的《成人教育法》规定,企业至少要拿出工资总额的百分之一用于员工培训。三是充分激发人才的工作热情。美国首先以"高薪"为先导;同时,美国公司还设立了诸如利润分成、奖金、长期奖、短期奖和期权股份等名目繁多的奖励来提升积极性。四是美国的职业分工非常细腻,各行各业有2000多种职称,高度专业化成了人才使用高效率的重要原因。

2. 德国的人才集聚战略

作为世界经济强国之一,德国首先建立起一套完备的教育培训体系。德国政府每年都增加教育经费,德国企业每年为员工培训所花费的经费占工资总额大约4%。为了提升应用型人才的数量,德国推行"双元制"教育,精心实施了双轨制的职业教育,培养出大量的专业人才;其次,德国的人才资源市场高度发达。全德国近200个地方劳动局均设职业介绍处,同时开放私人人事中介,弥补国家职业介绍所垄断造成的不足。再次,德国人才竞争实行公平竞争的择优机制,提倡公平竞争、优胜劣汰。

3. 日本的人才集聚战略

日本在人才使用的模式上并没有机械照搬欧美的人才模式,而是立足于日本实际和经济发展现状采取了一些有针对性的措施:高度重视教育的发展,采取"以法兴教"的模式,建立起数量很多、结构严谨的"世界上最优秀的"教育法律体系;凸显"科技兴国""人才强国"的目标,大国实施科技人才培养综合计划,在引进先进技术的同时着力于国产化的进程,同时大力引进各方面优秀人才;通过实施稳定的就业政策,尤其是绝大多数公司的终身就业制,带给各类人才强烈的安全感,培养了忠诚度。结合各种津贴制度、分红制度,确保人才能长期持久地发挥作用。

(二) 国内发达地区人才快速集聚战略

1. 上海市人才集聚战略

根据2015年7月份上海市实施的《关于深化人才体制机制改革促进人才创新创业的实施意见》，上海市将政策研究的方向着眼于人才集聚、人才管理机制和人才发展环境三个方面，新政策突出了三个重点：在"聚"字上下功夫，大力集聚一批站在科技前沿、具有国际视野和能力的领军人才；在"放"字上做文章，尊重市场主体地位，通过简政放权释放人才活力；在"活"字上求突破，重点突破人才激励、评价、培养、流动等方面的体制机制障碍和政策瓶颈，让人才更好地投身大众创业，营造一潭活水的人才环境。

2. 宁波市人才集聚战略

作为长三角南翼经济中心，宁波市人才引进对于该市经济社会的腾飞发挥了至关重要的作用。分析2015年该市人才发展的政策，可以看到其政策上的诸多创新：一是大力招揽海内外顶尖人才，实施了面向高端创业创新团队和海外高层次人才引进的"3315计划"，对入选的高端团队和海外高层次人才分别给予最高2 000万和100万的资助；二是实施"泛3315计划"，加快引进城市发展急需的各类人才和团队；三是优化外籍人才柔性引进，专设了"海外工程师"工薪补助；四是充分发挥企业引才用才主体的作用，对企业全职新引进的各类人才签订了5年以上劳动合同的，给予不同标准的引才资助；五是推进了人才创业创新载体的建设，鼓励社会资本参与到"千人计划"产业园专业园区、海外人才离岸创业基地和人才项目海外孵化器的建设中，并给予50万元的资助。

3. 青岛市人才集聚战略

自2011年山东半岛蓝色经济区上升为国家发展战略以来，全国首个国家级海洋领域专业人才市场——中国海洋人才市场在青岛揭牌。自2014年1月启动建设"中国海洋人才云中心"，更是显现出诸多特点。一是推动了区域资源优势整合，打造蓝色经济区海洋人才"一体化"工作格局。二是在坚持发挥市场决定性作用的同时，注重政府的导向和保障作用。海洋人才云中心为海洋人才提供"一站式"、"全配套"的综合服务，深入打造人才政策、引进、培育、平台和服务"五大体系"。三是利用信息化技术创新工作模式,实现蓝色经济区海洋人才工作"智能化"。四是构建蓝色经济区海洋人才工作"全球化"发展框架。与海外人力资源机构和留学人员团体签署合作协议,共同在海外人才引进、本土人才培养、国际海洋学术交流等方面开展合作。

(三) 发达国家和地区人才快速集聚的经验分析

以上各国、各地区在人才集聚方面虽然面临的国情和地域各具特色,采取的引才方法也各不相同,但他们都取得了相当的成功,为人才的快速集聚提供了宝贵的经验。透过这些表象,我们可以归纳出一些成功的规律。

1. 需求导向规律

要能够实现人才引进效益的最大化,第一要素便是在引进人才前厘清需求人才的类型。尽管城市发展的进程需要各类人才,尤其是高层次人才、创新型人才、重点领域专门型人才各个城市发展都有需求,但诸多需求中必有急需型人才。因此,政策制定前必须要充分考虑地方经济社会发展的短期、中期和长期目标,力求在不同的发展阶段实施不同的人才引进策略,以期实现人才引进的高效。

2. 特色引领规律

地域的不同决定了发展的方向不同,同质化竞争不仅难以形成区域经济竞争的优势,同样很难吸引到各类人才。以特点谋求突破,以亮点铸就品牌,往往决定了一个地区的品质和影响力。上海市的人才政策主打经济优势和产业优势,青岛市的人才政策则主打海洋蓝色经济特点,都形成了相当的影响力。因此,任何一地的人才政策必须要立足于当地经济社会的发展状况,形成鲜明的特色,以期形成更有效的号召力。

3. 多元引进的规律

人才快速集聚的手段绝不仅仅可以通过高薪刺激的方式引进人才来实现,拓展视角,最起码有三个路径:一是自主培养,二是减少流失,三是从外引进。因此在想方设法引进人才的同时,扩大人才资源的存量,挖掘现有资源理应成为一个重要的抓手,应特别注意预防"一边进、一边出"的现象发生。当然,韩国、日本等新兴国家人才资源开发的一个特点也很有借鉴意义,就是通过先进技术引进带动本国的科技人才培养,如日本企业工程师、机械师推崇的"一号机输入、二号机国产、三号机出口"理念,更是一种有效的自我集聚人才的重要手段。

4. 重视教育的规律

内因是解决问题的根本因素,尽管人才的培养有多种渠道,但教育的作用不可忽视。借用经济学的规律,人才"存量"的挖掘即在职人员的培训靠的是教育,人才"增量"即从本地域内增加人才的数量靠的也是教育。综观发达国家迅速集聚人才的重要原因,无一例外都非常重视人才的培养。而且,在教育的过程中突破传统的学历教育的局限,把教育的角度拓展到职业教育、在职培训教育等不同层面的教育。更好地重视高学历高层次人才教育、更全面地重视人的综合素养教育、更多地培养应用类技能型人才,可以迅速地填补当前人才市场的一个重要缺口。

5. 全面保障的规律

"2015国际移民与人才流动论坛"上,香港科技大学社会学讲座教授崔大伟说,中国吸引更多海归遇到的问题不是资金,而是科研文化、机制文化等软环境。由此,在人才引导的过程中,前期的资金投入、资金保障固然不可或缺,但保障和环境应该是全方位的。人才使用必须要关注到三个层面的内容:一是人才使用过程中的后勤保障;二是人才使用过程中的激励与考核;三是人才使用过程中的心理调适与文化融入。发达国家和地区能够留住人才、用好人才的重要经验就是形成了一个尊重人才的社会氛围,完善了一个调动人才积极性的考评机制,建成了一个自由规范充满活力的人才市场,配套了一个系统全面的社会保障机制。

6. 规范政策的规律

政策是长效性和规范性的保证,规范政策包括了政策的制定、政策的执行和政策的评估。人才引进同样需要全面细致、科学准确的规范政策,同时还需要形成完备的人才政策体系。同时,还应该根据不同时期的需要,及时迅速地调整人才政策,以期更好地保障人才引进工作。

三、以"快速"为目标,推动南通沿海人才加快集聚

从外在的形式看,快速集聚人才可以指人才数量在短时间里迅速增加;从内在的含义看,快速集聚人才则应该有辩证的思维角度:"快速"要快在全面,"快速"要快在系统,"快速"要快在长远。从这个层面分析,正是要遵循人才成长和使用的自身规律。

1. 围绕沿海开发需求,吸引多样型人才

沿海开发是一个系统性工程,需要的人才同样是多种类型。当前,一方面需要立足南通已有的沿海产业,以及南通沿海开发确立的方向,重点吸引大港口开发、海洋工程、船舶及重装备、新能源及装备、电子信息、石化及化工新材料、纺织轻工、现代物流以及沿海开发资本运营、工程管理、专业招商等急需和紧缺的人才;另一方面,还需要包括配套的服务业人才在内的诸多类型人才,同时党务行政管理人才必不可少,包括沿海一些村居的拆迁安置,失地农民在沿海开发中的再就业培训,流动人员的管理,沿海开发中农业发展的指导,甚至是沿海开发中发掘人才的"猎头"等,这些都需要引进和发掘。

2. 创新人才集聚方式,多渠道吸引人才

南通沿海开发人才的引进上要采取多样的管理创新:专才特聘,挂钩引才,柔性引才,下派锻炼,建立编制统筹调剂,试行政府购买服务。本着"挖掘存量、活用流量、力求增量"的原则,从内部人才的发掘、培养和市内人才资源共享、交流上再做研究,将会为人才数量的迅速增加提供便捷。从行政管理人员的角度看,明确挂职锻炼的岗位以及异地(市县)交流的年限和要求,通过多个岗位、多个角色、多个部门的历练,将会锻炼出更高素养的管理型人才;从企业人才的集聚看,应该本着"引精培优、立足自身"的原则,在高薪聘请的同时注重自我发掘,培养出更接地气的人才。通过人才产业方式的多样化,可以大大提高人才集聚的速度。

3. 完善人才各类保障,全方位留住人才

内因是事物发展的根本原因,充分调动人才集聚的内因有着非常重要

的作用。(1)生活保障。沿海开发更多的是从无到有的创业过程,其条件的艰苦不言而喻。在沿海开发过程中实现人才集聚要从加强人才住房保障、放宽户口准入条件、提供居留和出入境便利、提供人才生活保障等方面都做细致的安排。(2)工作保障。除了资助和扶持,以实绩和贡献评价人才,激励干实事、创实绩,人才往往非常重视专业的发展和个性化的需求。沿海开发虽然机遇很多,但同样需要关注人才的成长,一是需要在创业载体的创设上加强针对性,除去利用已有的科技园、产业园、软件园、留学生创业园、文化产业园,还需要应用沿海开发科技创业风险投资机构、沿海开发科技创新担保机构等。二是需要创设平台,真切关注人才的发展。围绕沿海开发的话题,多开展诸如海内外推介、精英游学、科技沙龙等活动,让人才的专业在南通沿海开发的平台上得到提升。(3)文化保障。来到一座新的城市,文化的融入往往决定了人才所待时间的长短。需要通过"南通精神"、"江海文化"的传播,地方文化(美食、地方戏、地方旅游文化资源等)的接触和熏陶,使人才真正乐在南通,享受南通,服务南通。

4. 遵循人才成长规律,实现效益最大化

人才要真正发挥作用,迅速体现作用,就需要深入发掘其内在成长的一些基本规律,中国人事科学研究院院长王通讯在《人才成长的八大规律》一文提到的一些成长规律对于人才的快速集聚有相当的指导意义:(1)把握最佳年龄。有学者通过研究发现,自然科学发明的最佳年龄区是25-45周岁,峰值为37岁,因此,高层次人才的引进和培养应该把资助的重点放于最佳年龄区内,这样可以更快地多出成果。(2)注意扬长避短。人各有所长,也会存在所短。不少单位把人才引进后,很快让其担任领导职务。一些琐碎的杂务打乱了本应有的研究节奏,当初的重视和培养导致了事倍功半。由此,在人才使用上应该物尽其用,人尽其能,避免"骏马犁田不如牛,坚车渡河不如舟"的现象发生。(3)形成期望效应。作为现代管理激励理论的一个重要成果,期望效应理论认为,人们从事某项工作,采取某种行动的行为动力,来自于个人对行为结果和工作成效的预期判断。因此,对于人才的培养,应该有意进行成就意识的引导和行动目标的强化,通过使命感和责任意识来早出成果和快出成果。(4) 促成共生效应。共生效应就是群落效应,指的是人才的形成往往集中到某一领域或某一单位,也有称"人才团"或"人才池"的。沿海开发正是促成"人才团"或"人才池"的最佳平台,要充分利用这一效应,形成规模效应。

5. 正确理解价值内涵,促成效果最优化

人才的价值是由人才的内在价值和人才的使用价值两部分组成的。人才的价值在引用之初往往表现为一个常量,而人才的使用价值将会随着人才工作生活地点的不同而产生一定的差异。所以,人才的价值不是一个恒量,人才价值的形成和效益最大化决定了人才使用要始终伴随着人才价值的评价,用动态的过程评价去衡量人才。在实际工作中对人才的考评在"强化绩效考核"的同时,要在明确级别、提高薪酬、增加绩效奖励等方面都提出了具体的要求;对于优秀人才,要提出了资金扶持、特殊人才津贴等奖励措施。从管理学的角度,奖惩必须要并举。人才的绩效考核必须要真考核,即必须要在目标明确的基础上,奖惩分明才能真正调动起人才的积极性;对于特殊人才的奖励,不仅局限于基础教育、医疗卫生等机构,还要进一步拓展到社会建设的其他行业乃至经济社会建设的其他领域。在企业人才的奖励上,政府除去给优秀的中高级管理人员提供一定的奖励外,还应该指导中型以上的企业,采取"一企一策"的人才奖励方式,将招才引智的服务延伸到人才引进后。需要特别强调的是,沿海开发绝不会"毕其功于一役",需要的长期性和系统性。人才的引进和成果的产生转化并不一定成正比,过于急功近利的人才引进往往不能迅速解决问题,人才主管部门要与沿海开发行政部门形成即时性的互通,确保人才引用和使用的最优化与长期化。

6. 注重人才长远集聚,实现持续性增加

"问渠哪得清如许,为有源头活水来。"人才的源头活水来源于四个方面的努力:(1) 推行新型城镇化,促进人口的集聚。人才的集聚是以人口的集聚为基础的,只有在一定的人口集聚基础上才能保证人才的长远集聚的可靠。新型城镇化的核心是人的城镇化,人的城镇化首先表现为人的集中与集聚。长期以来南通户籍人口数高于常住人口数,整体上南通的人口是

净流出的。但是近年来这一现象有所改观,据统计资料,南通市户籍人口与常住人口在2009年分别达到762.66万与713.37万人的低点后双双开始走向了上升的轨道,到2014年分别达到767.63万与729.80万人,户籍人口与常住人口的差也在逐步缩小,因此在沿海通过推进以人为本的新型城镇化是人才集聚的基础。(2)加大教育的投入。南通是教育大市,在全国教育领域享有盛誉。要充分放大这一资源,在加大投入的基础上,通过优越的条件留住大学培养出的符合沿海开发的各类人才,在院校优先设置沿海开发需求的专业。特别是要充分利用南通是职业教育大市的优势,在沿海技能型人才的培养上下大功夫,奠定人才金字塔的底座。(3)建立沿海开发人才市场。专业型人才市场的形成,便于更多的沿海开发的人才直接将择业方向首先定位在南通。每个季度都要设立沿海开发人才专场招聘会,增加在外沿海开发人才定向招聘场次。同时,对内需要完善沿海开发人才库,对外与盐城、连云港合作,建立起江苏沿海开发人才库,并与已经建立起的海洋人才云中心、"中国海洋人才网"和"海洋高层次人才信息数据库"实现互通有无,共同发展。(4)便捷人才交换渠道。尊重人才交换规律,建立完备的流进流出流程和规范,通过市场服务让人才"来"与"去"均方便,以此感受到南通人对人才的便捷,用更为真诚促成更多的人才"敢来南通试一试"。

中共南通市委党校　何春宏
中共海安县委党校　朱　栋
南通市沿海地区发展办公室　黄晓利
陈清月

(本研究报告为2014年江苏沿海沿江发展研究院招标课题"南通沿海快速集聚人才的路径研究"〔Y201408〕研究成果)

南通涉海金融创新问题研究

摘　要　海洋经济是新常态下南通经济增长的重要动力引擎和结构调整的重要突破口。发展海洋经济离不开功能完备、高效运行的金融支持。由于涉海金融体系尚未完全建立，南通海洋经济的进一步发展面临金融掣肘。"十三五"时期南通应从制定系统化的金融支持政策框架、建立多维度的金融创新体系、打造高效且功能完备的涉海金融平台、建立有效的风险管控体系等四个方面培育金融生态环境，稳步推动涉海金融发展。

一、引言

南通是全国唯一一个国家海域综合管理创新示范市。海洋经济是新常态下南通经济增长的重要动力引擎和结构调整的重要突破口。近年来，南通海洋经济生产总值稳步提升，占全省比重逐年加重。"十三五"时期南通将继续认真贯彻党的十八届五中全会提出的"五大发展理念"要求，充分发挥江苏沿海大开发、"一带一路"、长江经济带建设等国家重大战略叠加优势，以改革创新为动力，大力推进海洋强市建设。

发展海洋经济离不开金融支持。金融要素在新兴领域的价值发现、资源吸纳、融资支持、风险管理等功能，使其成为推进海洋经济可持续发展的关键条件。海洋产业存在投融资需求阶段性明显、融资期限长、风险水平高等特点，这些特点决定了金融支持海洋经济发展的特殊性和专业性。同时，海洋产业是资本和技术密集型产业，海洋经济的高风险和高不确定性又决定了涉海金融体系不同于现行审慎经营、风险规避的陆地金融体系。

二、南通海洋经济与涉海金融发展现状

1. 南通海洋经济发展现状

南通滨江临海的独特区位优势,为海洋产业带来了巨大的发展空间。2009年江苏沿海大开发上升为国家战略以来,南通海洋经济发展步伐明显加快,总体实力不断提升。"十二五"时期是南通海洋经济大发展、大提升的重要时期,在全市稳增长、调结构、促转型、惠民生工作大局中,海洋经济发挥了重要的保障和服务作用。"十二五"时期南通海洋经济发展成就如下:

一是海洋经济总量稳步提高。2013年,南通海洋经济生产总值达到1 407.4亿元。其中,海洋渔业经济总量居全省首位,海工装备产业规模居全国第二,海洋交通运输实现跨越式递增。到了2015年,南通海洋经济生产总值达到1 684亿元,比2014年增长9.7%,和"十一五"末相比增长92.9%,海洋经济生产总值在江苏沿海三市以及全国地级市中居首位(盐城914亿元,连云港642亿元)。到2020年,南通沿海前沿区域地区生产总值将达到2 500亿元,对全市经济贡献份额将提高到25%。到"十三五"末,南通海洋经济生产总值占全省的比重将超过三分之一。

二是海洋产业结构进一步优化。2000年时海洋第一、第二产业比重基本相当,而第三产业则最低为28.63%。其后的五年间,海洋第二产业迅猛发展,到2005年达到63.94%,而第一、第三产业比重逐步缩小。从2012年开始,南通海洋三次产业结构实现了由"二三一"向"三二一"的转变。海洋基础设施建设快速推进,海洋产业集聚态势日趋明显,海洋创新体系逐步健全,海域使用管理成效显著。其中,海洋渔业产业结构优化成效显著,高效设施渔业规模迅速扩大。2014年,全市渔业在农业总产值中占比达到31%,比"十一五"末提升6个百分点。全市高效渔业面积达109.4万亩,其中,高效设施渔业面积45.6万亩,较"十一五"末增加26.6万亩,在全市养殖总面积占比提升了14个百分点。

三是海洋产业规模不断扩大。在集约节约用海理念引领下,经过多年

发展，南通已经形成以石油化工、临港工业、海工装备、海洋食品、滨海旅游为主的五大发展板块聚集区。其中，海工装备产业实力雄厚，品种覆盖从近海到深海的所有种类，占据全国三分之一市场份额；截至2013年末，南通拥有海工船舶及配套企业400多家，其中年销售额达到50亿元以上的企业5家、10亿元以上的企业12家。2014年，全市海工船舶产业实现产值1 670.8亿元，同比增长14.6%。南通始终把海工船舶产业作为重要的主导产业培育，实现了从修船、造船向海洋工程、船舶高端配套的转型，先后成为国家新型工业化产业示范基地、国家船舶出口基地。

四是海洋产业园区建设成效显著。近年来，南通渔业科技园区建设加速，现代渔业产业化水平明显提升。"十二五"期间，先后建成如东万亩海参园、海安中洋2个省级渔业科技园区，启东、通州湾示范区2个省级渔业科技精品园，以及36个市级渔业科技园区。园区建设带动了龙头企业的迅速发展，形成了以国家级农业产业化龙头企业江苏中洋集团为龙头，11家省级渔业企业为纽带，73家市级渔业企业为基础的骨干渔业企业群。2016年5月，省发改委、省海洋与渔业局、省沿海办联合发布全省首批5个海洋经济创新示范园区名单，其中包括启东海工船舶工业园和如东洋口港经济开发区。

2. 南通涉海金融发展现状

2013年，省委、省政府正式通过《南通陆海统筹发展综合配套改革试验区总体方案》后，南通全市上下创新探索、先行先试。在涉海金融方面，南通有不少新制度、新举措成为全国样本。主要成就有以下三点：

一是让"海域使用权"进入市场交易。2004年6月，农行启东支行推出了全国首笔海域使用权抵押贷款，在质押461公顷海域证的前提下，向一家水产开发公司放贷570万元。此后，南通在海域使用权抵押贷款领域连续创下多项全国、全省第一。例如，2010年，南通成立了全国首家海域使用权市场交易中心；2012年，南通又在全国地级市中率先实施海域使用权"直通车"制度，由此海域使用权抵押贷款业务在南通普遍展开。全市有10家银行的19家分支机构开办了海域使用权抵押贷款业务。截至2013年9月末,南通全市海域使用权抵押贷款余额达到57亿元,占全省同类贷款余额的80%以上。海域使用权抵押贷款业务的成功探索,为南通陆海统筹综合发展提供了重要的资金支撑,也"贷"动南通海洋经济转型升级和总体实力的提升。

二是确保海域资源保值增值。2013年,南通在全国率先编制发布《南通市海上构(建)筑物抵押管理暂行办法》,建立海上构(建)筑物融资机制,成功盘活了海上沉积多年的价值千亿元以上资产,为推动海洋资源资产化、资本化和证券化奠定了坚实基础。同时,南通还创新了海域价值评估机制。评估类型涉及海域占用补偿、海域使用权出资与作价入股、海域使用权出让与转让、海域经营权出租等。迄今为止先后实施了100多宗20多万亩海域的价值评估,评估总额超过40多亿元,居全国地级市首位。此外,南通市还出台了《建设用海海域基准价格评估技术规范》,推进成陆海域与相邻土地"同权同价"。

三是推进开发性金融试点。开发性金融具有"集中、大额、长期"独特的融资优势。2015年12月,为了更好地助推南通陆海统筹发展和海洋强市建设,市政府、省海洋与渔业局、国家开发银行江苏省分行以机制创新、政策支持、政府引导为原则,以推进南通海洋经济结构调整、科技创新、绿色发展、开发开放为中心任务,携手推进开发性金融促进海洋经济发展试点工作。合作三方将全力支持南通创建开发性金融促进海洋经济发展试点市,为南通沿海开发、陆海统筹发展提供有力的金融支持。省国开行意向对10个重点项目予以贷款支持,总投资额约864亿元。

三、南通推进涉海金融发展中存在的问题

虽然近年来南通在发展涉海金融方面成就显著。但由于专业化程度高、针对性强的涉海金融体系尚未完全建立,以现有陆地金融为依托的金融体系难以承载海洋战略的需要,南通海洋经济的进一步发展面临金融掣肘。当前,发展涉海金融方面主要存在以下五个瓶颈:

一是海洋产业潜在风险制约涉海金融发展。首先,频繁的海洋灾害和

海洋污染是海洋经济不得不面临的现实问题。在缺乏风险缓释机制的情况下,金融机构涉海金融服务面临较大的风险。其次,海洋产业很多是外向型企业,业务受到汇率变化、国际大宗商品价格波动、国际航运形势变化等因素影响,这些因素增加了金融机构涉海金融业务的风险。再次,海洋经济面临的地缘政治风险也是金融机构不得不考虑的风险隐患。由于海洋经济的高风险特征与现有成熟金融体系服务审慎经营、规避风险的原则相悖,金融机构难以对海洋产业给予大规模资金支持。同时,规避风险的手段严重缺乏。

二是专业涉海金融机构尚未成立。从国际经验来看,一些海洋经济发达的国家和城市均设有实力较强的专业性涉海金融机构。例如,在德国有专门从事船舶融资业务的德国北方银行、德国KG机构等。从国内实践来看,青岛在成立专业性涉海金融机构方面走在全国前列。2012年,首家针对渔业的全国性金融服务专业机构——民生银行海洋渔业金融中心在青岛成立;2015年5月,浦发银行在青岛成立了业内首家海洋经济金融专营机构——蓝色经济金融服务中心。和青岛相比,我市金融机构均以兼营方式经营涉海金融业务,服务海洋经济的专业金融机构尚未成立,且现有金融机构长期以来主要从事陆域金融业务,缺乏涉海金融业务的运作经验、金融产品和专业人才,很难提供适应现代海洋产业需要的新型融资工具和风险管理工具。

三是契合海洋经济特点的金融产品亟待丰富。近年来,我市海洋产业融资缺口逐年上升,其中海洋船舶、海洋化工、滨海旅游行业的资金缺口率较大,均在50%以上。但适合海洋经济风险水平、周期特点的新兴抵押融资类产品等专业化产品和服务严重缺乏,难以满足海洋产业的多维金融需求。尽管《物权法》的出台有效扩展了金融抵质押物的范畴,但还有部分有效物权在产权归属和使用方面存在司法、交易成本和交易市场等方面的障碍,限制了金融与用益物权结合拓展海洋经济融资渠道和规模的路径。在保险方面,专门针对海洋经济面临的政策风险、行业风险、汇率风险、自然灾害风险等设立的商业保险品种较少,面向大范围、应急性的巨灾保险和再保险尚未建立。

四是民间资本进入海洋经济的渠道有限。南通海洋经济领域的主要投资者是政府和国有资本。民间资本进入海洋经济领域的渠道不够通畅,尚未形成有效支持海洋经济可持续发展的多层次、市场化融资体系。这也是导致企业融资成本偏高的主要原因。民间资本一般都以独资方式进入浅层次的海洋经济领域,投资渠道单一的民间资本很难应对海洋经济独特的风险性。同时,民间资本通过股权、债券、项目融资等开展投资的渠道也受到很大制约。南通存款余额2015年已突破1万亿元,成为全国第五个存款余额超万亿的非副省级地级市,其中储蓄存款余额占各项存款总额的51.56%,比全省平均水平高15.8个百分点。但这种资本优势没有全面、充分地进入到海洋经济开发和建设领域。

五是现有金融机构内生障碍较多。南通商业银行对海洋产业信贷投放积极性不高,海洋经济的发展需求与银行高度集中的贷款管理之间存在突出矛盾。由于国有商业银行普遍引入风险管理机制和第一责任制度,信贷人员发放贷款较为谨慎,存在不同程度的"畏贷"、"惧贷"现象。涉海企业贷款具有需求总量大、次数多、频率高、分布散的特点。但由于受自身规模、资信能力、外部环境及内部管理等因素制约,贷款运用与银行信贷操作不匹配。而银行对其发放贷款的程序和手续与对陆地企业发放贷款的程序和手续基本相同。这是导致银行经营成本增加和涉海企业贷款难、成本高的主要原因。

四、"十三五"时期推进涉海金融创新的政策建议

"十三五"时期南通应针对未来海洋经济发展的融资需求,以构建具有海洋特色的多元化金融平台为目标,以创新为核心,以综合发展为基调,以"多方介入解除杠杆约束、层次细化匹配风险收益、创设工具缓释金融风险"为原则,努力培育金融生态环境。充分发挥金融监管部门、金融机构、金融市场的作用,促进涉海金融机构和市场体系的丰富和发展、金融产品和服务的重构与优化。打造功能完备、便捷高效、多元复合的涉海金融体系,为海

洋产业提供多样化的全产业链金融服务,实现金融资源和海洋资源的无缝对接。主要政策建议如下:

1. 加快制度创新,构建系统化金融支持政策框架

一是完善金融服务海洋经济发展的政策保障。第一,市沿海办、金融办等相关职能部门及金融监管部门要加强对金融支持海洋经济工作的组织协调,建立健全政府引导、多方参与的金融合作和长效沟通协调机制,促进银行、证券和保险等金融机构与涉海企业的信息共享,提高资金供需双方的对接效率。第二,引导金融机构加大对海洋经济的政策扶持。针对各大商业银行,政府应强化信贷政策引导,推动信贷资源向海洋产业倾斜,加强政策性金融对海洋重大、重点、战略性项目的支持力度;针对非银行金融机构,政府应与证券、保险、资产管理等金融机构总部签署战略合作协议,积极引导各机构加大资金投放。第三,应加强产业政策、金融政策与财政政策的协调配合,积极寻求财富管理、互联网金融、国际金融港等金融领域的进入机遇。

二是构筑多层次的金融资源配置体系。第一,针对海洋经济发展的独特金融需求,坚持主体多元化、形式多样化、运作市场化的导向,充分调动民营资本参与海洋经济发展的积极性,拓展全方位、宽领域、多形式的融资渠道。第二,应鼓励金融机构成立船舶金融部、航运金融部等专门的业务部门,通过构建投资主体多元、融资方式多样、融资风险可控的融资体系,为支持现代海洋渔业转型发展、提升海洋优势产业核心竞争力、扶持海洋现代服务业发展、推进海洋新兴产业发展等提供强有力的金融保障。第三,整合南通沿海开发集团旗下的投资部门,坚持境内境外相结合、产业金融相结合、债权股权相结合的原则,着力推进跨境金融、航运金融、供应链金融等业务;积极参与海洋传统产业和新兴产业的重组、改制、上市与并购。通过资本放大作用,为南通具有重大影响力的海洋重点产业项目、重点企业提供综合金融服务。第四,鼓励商业银行吸收和组织海洋经济金融专业人才;通过参股、控股或独资的方式,设立海洋发展银行、涉海金融中心等专业性涉海金融机构,提供海洋全产业链金融服务。

三是完善多元化的金融配套支持体系。第一,优化涉海领域支付体系,

完善涉海领域征信体系,做好涉海领域配套金融服务;搭建涉海中小企业互保增信平台,为涉海中小企业提高增信支持和融资便利。第二,应根据海洋经济具有较强的外向型经济特征,在风险可控的前提下,加强外汇管理的支持与服务;积极开展国际结算、国际贸易融资、内保外贷、人民币跨境结算等国际业务,支持涉海企业开展跨境人民币业务和对外投融资,促进涉海投资贸易便利化;重点发展离岸金融业务,拓展保税港区功能;争取QFLP和RQFLP额度,以期利用境外低成本资金建立主要面向海洋经济产业的中外合资投资平台。第三,构建"互联网+涉海金融"发展模式,借鉴互联网理念,运用互联网思维,围绕构建多层次的海洋金融支撑体系,打造海洋经济发展的政策洼地、产业高地。第四,除提供传统的信贷融资服务外,鼓励金融机构在企业发债、资产证券化、股权私募、并购融资、信息咨询等业务方面积极作为。

2. 加快产品与服务创新,建立多维度的金融创新体系

一是坚持"产融联合"原则,创新金融产品和服务方式。第一,提供海洋物流金融、海洋临港金融、海洋绿色金融、海洋渔业金融、海洋旅游金融、海洋城市金融、海洋科技金融、海洋离岸金融等八大金融服务。其中,重点是按照"绿色发展"理念的要求,在沿海地区尝试开展碳排放权抵押贷款、能效贷款、CDM项目融资、EMC融资等,构建涉海绿色金融激励与补偿机制。第二,紧紧围绕南通"十三五"规划中关于"形成公铁水空管、江海河高效联运的枢纽型、功能性、网络化综合交通体系"的目标,加强对沿海港口、港口集疏运体系、港口腹地基础设施建设的金融支持。第三,重视供应链金融,依靠涉海金融对海洋产业的相关产业链、贸易链的上中下游企业以及仓储物流企业进行整合,提高整个产业链的竞争力。第四,要引导鼓励金融机构大力支持海洋先进制造业和海洋现代服务业的发展,重点扶持船舶工业及海工装备等海洋先进制造业,以及海洋技术咨询、海洋法律服务、航运经纪、海洋信息服务、海洋科技与教育、滨海旅游、邮轮游艇产业、海洋总部经济等中、高端海洋经济产业的发展。第五,利用融资业务平台开展港口物流设备、船舶制造、海洋工程装备制造等融资租赁业务,为客户提供"装备+金

融"的一站式系统解决方案。

二是要推动资产抵押方式创新。第一,通过优化涉海领域信贷管理模式,加快涉海金融抵押方式创新,探索标准化仓单质押、订单质押、存货浮动质押、提货权质押、渔船抵押(担保)贷款、沿海滩涂经营权抵押担保贷款等创新方式。第二,充分利用海域使用权、海岛使用权、捕捞权等特色资源,积极开展相关物权抵押贷款;充分利用经营性物权以及知识产权,加快开展经营性物权、专利权、商标权抵押等新型抵押贷款业务,拓宽贷款质押范围,破解涉海产业贷款难瓶颈。第三,进一步完善海域价值评估体系。海域抵押贷款业务需要健全的海域价值评估体系,开展海域使用权价值评估是推进海域使用权抵押贷款工作的重要环节,海域使用权的评估价值是银行金融机构确定贷款额度的主要参考依据,要建立海域使用权价值评估资质核准机制,完善海域使用权价值评估体系。这对降低海域使用权抵押贷款风险,保障抵押权人利益具有重要作用。

三是推动海洋科技金融发展,助力科技研发及人才培养。第一,引导鼓励金融机构积极支持海洋科技创新体系建设,充分挖掘海洋新兴产业发展和海洋科技成果产业化中的金融需求。第二,要加大金融支持海洋科技与海洋人才的培育的力度,推动海洋经济领域的"双创"。第三,要根据技术创新的不同阶段的特点,引入风险投资通过股权融资方式作为海洋新技术的"孵化器"与"育儿袋"。第四,支持企业及个人通过"众筹"方式积累创新资金;支持中小高新技术海洋企业通过创业板在资本市场融资。第五,发行海洋高新技术企业的可转换债券、变动利率优先股票。第六,采用市场化原则建立多层次多类型的天使投资基金、风险投资基金、股权投资基金、海洋科技发展基金、新兴产业基金、海洋科技人才基金,保障海洋科技进步与高端人才培养。

3. 加快市场创新,打造高效且功能完备的涉海金融平台

一是建立符合海洋经济发展需求的交易平台。第一,构建海洋产权交易平台。海洋产权交易平台作为多层次资本市场的重要组成部分,是集海洋自然资源、生产要素、涉海知识产权与技术、涉海企业产权流转为一体的

综合性交易平台。有利于推进海洋产权的界定和明晰、降低海洋产权交易成本以及满足海洋产权交易的特殊性要求。第二,打造海洋经济中自然资源及碳排放权等环境资源的环境交易所等在内的交易平台,通过赋予资源有偿使用价值和金融属性,提高涉海金融支持海洋经济的作用空间。第三,通过积极对接资本市场,持续完善投融资平台,引入战略投资者等手段,提高资本运营水平,提升价值创造能力;支持涉海企业凭借海洋资源资产通过上市、发债等渠道开展直接融资。第四,以建设长三角北翼区域现代物流中心为目标,打造集运输、仓储、深加工、商贸为一体的海洋大宗商品交易市场,并发布商品指数。

二是将发展融资租赁作为重要突破口。第一,加强融资租赁业务平台建设。根据涉海企业设备投资特点,积极开展直接租赁、售后回租等融资租赁业务,重点支持海洋工程装备业、船舶修造业等临港工业和港口码头建设的设备投资,引进吸收成长性好、成套性强、产业关联度高的关键设备,提高海洋产业技术含量。第二,优化融资租赁发展环境,破解融资租赁体制机制障碍。从支持各类融资租赁机构设立、明确相关财政奖励政策、鼓励企业运用融资租赁、拓展融资租赁机构资金来源渠道、鼓励开展业务创新、营造良好发展环境等六个方面为融资租赁公司发展提供政策支持。第三,依托通州湾,设立为海洋渔业、海运、游艇等海洋经济产业服务的融资租赁公司。投资领域包括现代海洋渔业、海洋资源开发、海洋生物工程、海洋装备制造、现代海洋化工、海洋食品加工、海洋物流运输、海洋文化旅游、新能源、新材料等。

三是打造两大涉海金融中心。第一,打造航运物流金融中心。完善港航物流金融服务体系,依托通州湾构建航运金融物流集聚区,大力开展船舶融资、航运物流保险、二手航运物流船舶交易等业务,探索发展航运物流衍生产品。第二,打造海洋科技金融服务中心。创新与完善促进海洋科技开发、成果转化和海洋高新技术产业发展的一系列金融工具、金融制度、金融政策,形成具有典型示范效应的海洋科技金融服务中心。

4. 加快风控手段创新，建立有效的风险管控体系

一是完善风险防范机制，第一，金融机构应规范涉海金融业务操作规程，联合政府部门做好海域使用权、沿海资产、渔业船舶等抵押品的处置，提升对海洋金融风险的识别、监测、防范和处置能力。第二，应建立与政府部门和专业评估机构的信息沟通共享渠道，及时获取企业环保信息、规划信息和行业信息，提升风险控制能力。第三，与政府部门探索共同建立海洋经济金融风险预警平台，研究评估大宗商品价格波动、海洋污染、国际航运形势变化等对涉海金融业务的影响，根据实际情况进行海洋信贷风险提示。第四，建立海洋创投引导基金，通过发挥风险投资机构对海洋科技创新项目的筛选和监督作用，降低贷款风险。探索有效的风险金补偿机制，建立和完善地方政府与金融机构"利益共享、风险共担"的风险分担机制。

二是扩大保险对海洋经济的覆盖范围。第一，将海洋第一产业纳入政策性保险，对于二、三产业，着重发挥商业保险的作用，创新险种设计，根据海洋产业周期特点灵活安排缴费期，继续扩大相对成熟的出口信用保险的覆盖范围，发挥其在海洋订单融资、仓单融资中的作用。第二，积极开发海洋渔业保险、海洋生态损害保险、物流保险等涉海保险产品创新，建立有效的巨灾风险补偿机制，增强风险的防范和分担能力。第三，发展政策性保险，通过政府的信用担保和资金支持，有效分散海洋产业风险。第四，以"绿色发展理念"为引领，针对海洋污染具有潜伏性、累积性，而且影响范围广、损失巨大、海洋生态的破坏难以恢复的特点，尝试构建并推广海洋生态损害责任保险。第五，围绕建设大宗商品国际物流中心，发展多式联运保险，拓展航运港口基础建设保险等业务，为大宗商品提供仓储和运输风险保障，为集疏运网络提供综合风险保障，为大宗商品交易服务平台建设提供船舶和货运保险服务。第六，发展船舶建造险、修船责任险、油污责任险、有毒有害物质污染责任险、海洋养殖保险、贷款保证保险、国内短期贸易信用险等险种，为现代海洋产业提供全方位风险保障。

三是加快推动金融避险工具创新。第一，完善海洋经济风险防控机制。鼓励保险产品创新，大力发展港口保险、航运保险、船舶保险和海洋环保责任险等险种,为海洋交通运输业、船舶工业和海洋油气业发展提供保障。第二,完善渔业政策性保险,提高渔业政策性保险覆盖面。第三,研究开发"天气指数"型等符合海洋渔业发展需要的养殖保险产品,建立海水养殖业巨灾保险基金,提高海上养殖业的抗风险能力。第四,发展期货等衍生品市场满足涉海部门避险需求,可以根据航线运价建立我国的海洋航运指数,推出航运指数期货等衍生品,为航运企业提供风险对冲工具。第五,大力发展场外OTC市场,通过非标准化合约规避价格风险。第六,推进外汇衍生品市场发展,鼓励涉外贸易企业通过汇率远期、货币互换、掉期等产品,对冲汇率风险。

      南通大学江苏沿海沿江发展研究院 冯 俊

          南通市沿海办规划处 杨晓峰

      南通沿海开发集团有限公司投资发展部 顾沛文

        山东财经大学区域经济研究院 董彦岭

           民生银行南通分行 崔丹丹

(本研究报告为南通大学江苏沿海沿江发展研究院2014年招标课题"南通涉海金融创新问题研究"的研究成果)

推进南通现代农业加快发展的实践与展望

摘 要 近年来,南通现代农业在生产技术水平、规模化经营水平以及可持续发展水平的稳步提升方面取得了显著成就。在当前南通现代农业发展面临着资源环境压力加大、农业农村生态环境亟须改善、从事农业的劳动者素质有待提高等的约束下,南通应紧抓多重国家战略叠加机遇,充分利用自身的区位优势、开放优势以及现代农业已有的产业化优势,以转变农业发展方式为根本,以建设国家现代农业示范区为重点,以互联网技术带动农业升级为突破,以新型城镇化和城乡发展一体化建设为支撑,早日将南通打造成国家现代高效农业样板区、江苏沿海农产品加工和出口集聚区和长三角休闲观光农业示范区。

现代农业是一个动态和历史的概念,是继传统农业之后的一个农业发展的新阶段。习近平总书记在去年底视察江苏时的重要讲话中强调,"要按照'生产技术先进、经营规模适度、市场竞争力强、生态环境可持续'的要求,加快建设现代农业"。今年中央一号文件明确指出,"必须尽快从主要追求产量和依赖资源消耗的粗放经营转到数量质量效益并重、注重提高竞争力、注重农业科技创新、注重可持续的集约发展上来,走产出高效、产品安全、资源节约、环境友好的现代农业发展道路"。

近年来,随着经济发展步入新常态,现代农业建设面临的内外部条件发生了深刻变化,在此背景下,南通传统农业如何加快向现代农业转变,进而在江苏江北地区率先实现农业基本现代化,是摆在我们面前的一项全新课题。本文通过总结南通现代农业发展特点,分析南通现代农业建设面临的

机遇和挑战,积极探寻推动南通现代农业建设迈上新台阶的路径,提出相应的建议。

一、南通现代农业的发展现状和特点

近年来,南通农业发展始终坚持以促进农业增效、农民增收为目标,大力发展高效农业和特色农业,加快推进农业标准化和产业化建设,不断提升农业生产能力和水平,"生产技术先进、经营规模适度、市场竞争力强、生态环境可持续"的现代农业建设取得了显著成就。

(一)农业生产技术水平持续提升

一是高效设施农(渔)业提档升级。至2014年底,全市高效设施农业面积占耕地面积比重达到16.06%,高效设施渔业面积占水产养殖面积比重达到21.9%。二是农业机械化加快发展。大力推进水稻、小麦等大宗农作物机械化,积极推广粮食低温烘干、农产品初深加工、水产养殖等新技术、新机具,全市农业综合机械化水平达到79%,在苏中苏北率先建成省水稻生产机械化示范市。三是农业科技创新能力显著增强。推动以科技型涉农企业为主体、以农业产业需求和市场为导向、以产学研联合为基础的农业科技创新体系建设。目前,全市63%的市级以上农业龙头企业拥有研发中心,科技人才占9%。建成1个农业类国家级产业技术创新战略联盟和7个省级联盟。四是农业公共服务体系不断健全。全市乡镇农业公共服务体系大专学历以上农技推广人员占比超过70%。

(二)农业规模化经营水平不断提高

一是大力发展项目农业,促进农业规模经营。2013年、2014年"三资"投入农业分别为230亿元、250亿元。目前,全市土地适度规模经营、生猪规模化养殖、家禽规模化养殖和水产标准化健康养殖等比重分别为72%、85%、96%和52%。二是农业园区建设水平明显提升。全市分别建成国家级、省级、市级农(渔)业标准化示范区17、21、30个。全市已建成省级重点农产品批发市场7个,省级现代农(渔)业产业园区10个,省级农产品出口示范基地(区)20个,农产品加工集中区10个。三是新型农业经营主体蓬勃发展。目前,已建成专业大户7 200家、家庭农场2 164家、"三大"合作组织6 512家、市级以上龙头企业278家。特别是按照"农户提供土地,服务组织全程经营,收益协商共享"的思路,在全国率先探索"全托管"服务方式,培育示范点569个,服务面积30.8万亩,服务农户7.2万户,有效缓解了"谁来种地、怎么种地"难题。南通"全托管"模式获省委、省政府充分肯定,被《人民日报》《新华日报》、中央电视台等专题报道。

(三)农产品市场竞争力明显增强

农业标准化生产亮点频出。截至2014年底,我市黄羽鸡养殖、生猪生态养殖2个国家级标准化示范区、启东青毛豆、通州景瑞农业、海安蚕桑等3个省级示范区通过省验收;《桑叶茶树栽培技术规程》等12项省级地方标准获批;发布南通市级农业地方标准26项。农产品质量安全保持较高水平。2013年,农产品质量安全抽检合格率99.17%,位居全省前列。全市"三品"数量占全省总数的24.93%,位居全省第五。加强对中洋河豚、如东狼山鸡、海门山羊肉、吕四海蜇等4个地理保护产品的开发利用。目前,全市每年生产的农产品70%销往上海,约占上海市场的10%,是上海重要的"菜篮子"、"米袋子"、"鱼池子"。

(四)农业可持续发展水平稳步提高

粮食单产连续六年超历史,粮食产量年均增长率为1.06%。大中型规模养殖场畜禽粪便综合利用率达86%,秸秆综合利用率达89%,农业废弃物综合利用率达84.9%,林木覆盖率达21.76%。连续23年实现耕地占补平衡,全市划定基本农田42.68万公顷,占耕地面积的93%,高于全省平均水平5个百分点。探索建立"双百整治"和"十百千"工程为载体的耕地和基本农田保护补偿激励机制,大力推进高标准农田建设,目前全市建成高标准农田350.7万亩,占比全市耕地面积的52.5%。

二、南通现代农业的发展基础和条件

近年来,我市坚持以加快农业基本现代化建设为主线,以统筹城乡发展为抓手,以促进农民持续增收为中心,不断加大投入和推进力度,现代农业取得了长足发展,在下一步推动现代农业建设迈上新台阶具有一定的基础和优势。

(一) 区位优势明显

南通"靠江、靠海、靠上海",东临黄海、拥有206公里海岸线,南依长江、拥有230公里江岸线,南通港年货物吞吐量超过2亿吨,与上海隔江相望。苏通大桥、崇启大桥的相继建成以及沪通长江大桥的开建,让南通融入"上海1小时都市圈",为现代农业发展提供了重要机遇。作为沿海经济发达地区,南通推进传统农业转型升级,提高现代农业发展水平,具有独特的地理区域优势、优越的自然条件和良好的经济基础支撑。

(二) 粮油产业优势突出

南通是长江流域优质粳稻主产区,是全国最大的优质弱筋小麦主产区,是国家大型商品粮优质水稻生产基地市和国家级双低优质油菜基地市,水稻、小麦、油菜单产水平均居江苏省前三位。全市稻麦周年单产达1 023.1公斤/亩,在长三角地区名列前茅。油菜实现"双低化",单产210公斤/亩。

(三) 农业产业化水平持续提升

目前,全市规模以上农业龙头企业918家,其中,国家级7家、省级51家,均居全省前列。近年来,全市每年生产的农产品70%销往上海,约占上海市场的10%,是上海重要的"菜篮子"、"米袋子"、"鱼池子"。中洋集团河豚生产规模世界第一,中宝集团豆粕类加工量全国第一,鑫缘茧丝绸集团行业排名全国第一,银河面粉生产规模全国第三,京海集团肉鸡生产规模全国第四。建成国家级"一村一品"示范村镇7个、省级示范村镇11个,全省领先。

(四) 外向型农业全省领先

全市建成各类外向型农业载体22个,其中出口农产品示范基地(区)20个,苏台农业合作园区2个。主要出口蔬菜、肠衣、海水产品及茧丝产品。出口额1 000万美元以上的企业有7家,占出口总额的37.7%。全省农产品出口额100强企业中,南通有13家。2014年全市农产品出口额5.85亿美元,同比增长30%,全省第二。

三、南通市现代农业建设面临的机遇和挑战

当前,国际经济形势复杂严峻,气候变化影响加深,农产品价格波动加剧,农业生产成本上升,在高基数高平台上保持粮食增产、农业增效、农民增收的难度进一步加大。同时,江苏沿海开发和长三角一体化两大国家战略叠加、"一带一路"和长江经济带规划的实施,也给南通现代农业建设带来大量机遇。

(一)挑战

1. 农业发展资源环境约束趋紧

支撑农业发展的资源已经很紧,特别是土地资源,第一、二、三产业的发展,带来土地资源争夺矛盾。第二、三产业的高产出,让农业发展面临的风险挑战更加突出。同时,全市还有近50%的耕地未达到高标准农田要求,部分农田灌排、泵站和沟渠设施标准偏低,亟须更新改造。

2. 农业农村生态环境仍需改善

南通市工业化、城市化进程的加快推进,使得农村持续发展与人口多、耕地少、环境容量压力大的矛盾更加突出。近年来,随着村庄环境整治工程的实施,农村环境有了很大改观,但与城市相比还有一定差距,农业面源污染治理、生活垃圾和污水处置、河道综合整治等方面的任务还相当艰巨。

3. 从事农业的劳动者素质有待提高

目前,南通农业从业人员的老龄化、兼业化、副业化趋势比较明显。50岁以上的农业劳动力占比较高,文化水平偏低,掌握农业科技知识偏少,农业专业人才缺乏。

(二)机遇

1. 政策体系日趋完善

近年来,各级政府高度重视"三农"问题。党的十八大、特别是十八届三中全会以来,中央明确指出要加快发展现代农业,深入推进农村改革。习总书记还强调,"中国要强,农业必须强;中国要富,农民必须富;中国要美,农村必须美"。围绕上述目标,国家出台了一系列更加有力的"强农、惠农、富

农"政策,以促进现代农业的快速发展。同时,江苏省贯彻统筹城乡发展战略,特别是落实总书记"推动现代农业建设迈上新台阶"要求,推出支持全省"三农"发展的新举措,将形成更加完善涉农政策体系。这些趋势性变化表明,南通农业和农村经济发展正处于新的机遇期,这为南通农业的腾飞,搭建了新的平台。

2. 经济实力不断增强

在最近发布的《中国城市竞争力蓝皮书:中国城市竞争力报告》中,南通城市综合经济竞争力排名第28位。经济发展速度居于全国领先行列,强劲的经济发展态势,有利于不断拓宽农业投资渠道,形成多元化的农业投入机制,不断改善农业生产条件和基础设施。未来5-10年,南通经济仍将保持较快的增长速度,经济实力的继续增强,对农业的支持和保护力度将进一步加大。

3. 城乡一体化进程快速推进

未来几年,南通将以陆海统筹发展为抓手,加大强农惠农政策力度,加快形成城乡发展一体化新格局,逐步形成以城带乡、以工促农的长效机制,让广大农民分享发展成果。这些措施的落实,有助于提高农业规模化水平、农业劳动生产率,不断扩大对优质多样农产品的需求,为现代农业发展拓展新的市场空间。

四、南通现代农业发展展望和建议

(一)发展展望

未来一段时间,南通必须站在"两个率先"大局的高度,深刻领会"现代农业建设迈上新台阶"的内涵和要求,主动把握和积极适应新常态,早日将南通打造成国家现代高效农业样板区、江苏沿海农产品加工和出口集聚区、长三角休闲观光农业示范区。

工作中注重把握四个方面:

一是以建设国家现代农业示范区为主抓手推进农业现代化。牢牢抓住建设国家现代农业示范区的重大机遇,强化改革创新,用现代装备武装农业、现代科技提升农业、现代方式经营农业,加快调整农业结构,着力做强农业园区,积极培养农业人才,统筹推进农业持续增效、农村持续发展、农民持续增收,探索具有南通特点的农业现代化路子。

二是以产业化手段加快农业发展方式转变。着力构建农业全产业链,促进一二三产业融合发展,建立健全农业产业化经营体系和机制,培育壮大高集约度、高附加值、高外向性的现代高效农业,更好发挥农业的生产、生活、生态和文化传承等多种功能,做到生产技术先进、经营规模适度、市场竞争力强、生态环境可持续。

三是以互联网思维构建现代农业生产经营模式。主动把握互联网大潮对农业农村发展带来的深刻变革,运用信息技术改造提升农业,构建现代生产方式、营销模式,完善农业公共服务体系、农产品流通体系和农村商贸物流体系,全面提高农业农村信息化水平。

四是以新型城镇化思路做强城乡发展一体化功能支撑。坚定不移推进新型城镇化,加快城乡联动改革,破除体制机制障碍,强化产城融合发展和公共服务功能配套,促进物的新农村和人的新农村齐头并进,努力实现城乡共同繁荣。

(二)几点建议

1. 大力优化农业生产要素资源配置

一是加快推进农业结构调整。落实市委市政府《关于推进陆海统筹加快农业结构调整指导意见》,加快推进主导产业"6231"工程和特色产业"双百行动计划"的规划编制和实施工作,推动南通农业生产朝着土地节约型的劳动密集和资本密集的方向发展。二是加快土地流转推进农业适度规模经营。积极推进农村土地承包经营权确权登记颁证,加快农村产权流转交易市场建设,引导和鼓励农村承包土地经营权向本地农民创办的新型农业经营主体流转。同时,改善土地承包经营权流转的外部环境,推动农村劳动力转移就业,健全农村养老保险制度。三是加强农业劳动力素质教育,提高农业综合经济效率。根据农业结构调整和农村产业化发展的需要,积极开展与南通现代农业产业相适应的职业技能培训,提高农业劳动力专业技能,为

现代农业发展提供高素质的劳动力。深入实施农技人才培训,优化农技推广人员结构设置,保证人才资源储备,提高农技推广人员的整体素质。

2. 切实发挥科技在现代农业发展中的核心作用

在当前农业发展面临资源约束的条件下,现代农业发展由粗放型经济增长方式向集约型经济增长方式转变,科技进步才是关键。一是要围绕发展"高产、优质、高效"农业的目标,在农作物育种技术及新品种选育、优质特色畜禽、水产品种培育、生产技术方面有所突破。二是要促进农业技术的推广与普及。加大先进实用农业技术推广普及力度,重点抓好优良品种、节水灌溉、配方施肥、病虫害综合防治、作物栽培与管理等的推广。三是要加快推进农业示范园区建设,充分发挥园区的科技载体示范作用,强化高新技术成果转化与区域性农业综合开发利用的结合。四是鼓励科技人员参与土地规模经营,以合适的载体引导和吸纳大中专学生投身现代农业建设,推动产业升级,促进农业资源的合理利用和保护。

3. 加快构建新型农业经营体系

一是培育龙头企业,实施"强龙带动"工程,集中扶持发展一批产业关联度大、市场竞争力强、辐射带动面广的重点骨干龙头企业。逐步完善利益连接机制,通过龙头企业的核心带动作用,把农户联合起来,做强产业。二是鼓励兴办农民专业合作社,引导其规范化运作,建立健全利益分配和风险机制,增强自我服务和自我发展能力,逐步提高农民组织化程度。三是引导龙头企业与合作经济组织扩大合作,大力发展"龙头企业+合作社"、"龙头企业+合作社+农户"等形式的经营联盟,促进龙头企业壮大与农民增收,实现优势互补、产销对接,形成带动规范生产、促进农民增收的组织机制。四是建立现代农业营销组织,积极推进农产品营销经纪人队伍建设,鼓励农产品经纪人队伍的发展。

4. 大力实施品牌农业战略

食品安全已经成为越来越多消费者首要考虑的因素,大力发展有机、绿色、无公害食品,树立安全食品品牌,全面推进品牌农业建设,已成为现代农业实现跨越式发展的必由之路。因此,品牌农业和标准化建设已成为现代农业发展的主攻方向。具体措施上，要围绕主导产品和特色产品的生产需要，制定覆盖产前、产中、产后全过程的农产品质量和生产技术综合标准，加快农业产业化、标准化、商品化进程，增强农业核心竞争力。

5. 健全现代农业社会化服务体系

一是政府财政出资建立农业发展担保基金，完善金融机构对现代农业发展的融资载体，以解决现代农业生产经营投融资的难题。二是加大政府对农业保险的支持力度，研究增加保险品种，扩大农业政策性保险覆盖面，减少农业灾害损失，以鼓励新型农业经营主体投资现代设施农业。三是建立多层次网状分布的农产品流通渠道。树立"互联网+"思维，大力发展农产品电商，帮助新型农业经营主体畅通品牌农产品销售渠道。四是完善以公益服务为核心的农技推广服务组织体系。进一步深化基层农技推广体系改革，明确政府在农业科研投资中的主体地位，增加对农技推广服务组织的投入，确保组织正常运转和功能发挥，切实将农技推广服务组织建设成农业成果推广、农业生产技术服务和现代设施农业的主体。

南通大学江苏沿海沿江发展研究院　金　飞
中共南通市委农村工作办公室　周　晟

（本研究报告为2014年江苏沿海沿江发展研究院招标课题"南通加快发展高效精品农业和都市农业的实践与思考"研究成果）

第三编

启东经济发展研究

启东市"十三五"海洋产业发展对策研究

> **摘 要** "十二五"以来,启东市海洋经济快速发展,已形成以海洋渔业为基础、海洋工程装备制造业为支撑、滨海旅游业为特色的产业体系。本文在全面分析"十二五"以来启东市主要海洋产业发展情况的基础上,结合国际国内海洋经济发展形势,建议"十三五"时期,启东市应积极抢抓"一带一路"、长江经济带和上海自贸区、南通陆海统筹发展等战略叠加机遇,不断壮大海洋渔业、海洋工程装备制造业、滨海旅游业及临港重装备、临港物流、海洋生物医药等相关产业,力争"十三五"期末,全面建成海洋经济强市。

21世纪以来,海洋成为世界各国经济与科技振兴的新前沿,发展海洋经济,壮大海洋产业成为各国新的经济引擎和战略支撑。在此形势下,中国相继颁布了系列相关规划和扶持政策,着力推动我国由海洋大国走向海洋强国。2003年,国务院编制《全国海洋经济发展规划纲要》,正式提出了我国海洋经济发展的总体目标。2008年,国务院批复了《国家海洋事业发展规划纲要》,进一步细化了海洋资源、生态环境、战略安全、公共服务等多个方面的发展任务。党的十八大报告首次提出了"建设海洋强国"的重大战略部署。2013年7月,中共中央政治局就建设海洋强国问题研究进行集体学习,习近平总书记强调,要加强海洋产业规划和指导,优化海洋产业结构,提高海洋经济增长质量,培育壮大海洋战略性新兴产业,提高海洋产业对经济增长的贡献率,努力使海洋产业成为国民经济的支柱产业。

随着国家海洋发展战略的加快实施,我国自北向南形成了大连、天津、青岛、上海等在内的八大海洋产业集聚中心(图1)。就江苏而言,自2009年江苏沿海开发上升为国家战略以来,江苏海洋经济也步入了快速发展的新时期。2014年,全省海洋经济生产总值实现5 960亿元,增长11%左右。2014年4月,财政部、国家海洋局增设江苏省为海洋经济创新发展区域示范试点,重点推进海水淡化、海洋装备等产业科技成果转化。地处江苏沿海的南通,早在1993年就提出"海上南通"战略决策,2003年提出了"江海联动"战略部署。近年来,随着"一带一路"、长江经济带等国家战略的推动实施,南通全力推进陆海统筹发展综合配套改革和通州湾江海联动开发示范区建设。这为启东充分发挥沿江沿海区位优势和资源禀赋、加快海洋产业发展带来重要契机。

图1　中国海洋产业集聚中心布局[来源《中国海洋经济发展报告(2013)》]

一、启东市海洋产业发展现状

启东市地处江苏沿海,拥有203公里江海岸线,60多万亩滩涂,集黄金水道、黄金海岸、黄金大通道于一身,是全国著名的"海洋经济之乡",具有发展海洋经济得天独厚的资源禀赋。目前,已经形成包括海洋渔业、海洋工程装备制造业、滨海旅游业等较为完备的海洋产业体系(图2)。2014年,启东海洋产业生产总值达260亿元,占全市地区生产总值比重达36%。海洋经济在国民经济中的地位显著提升,已成为启东发展的新的增长极。

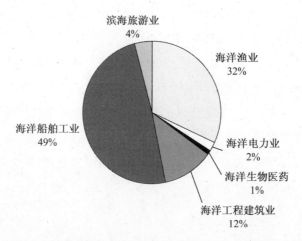

图2　启东海洋经济产业产值比例(2014年统计数据)

(一) 海洋渔业

海洋渔业指通过养殖、捕捞水生动植物及藻类获取水产品的活动,包括海水养殖、海洋捕捞、海产品加工,属于海洋第一产业。启东市海洋渔业资源发达,吕四渔场是全国四大渔场之一,吕四渔港是全国六大中心渔港之一,海产品年捕捞量约占南通市的1/2、江苏省的1/3。其中水产品种类达2 000多个,具有重要经济价值的不下于300种,海蜇、文蛤、鲳鱼、黄鱼等闻名海内外。早在1993年,启东就成为江苏省第一个跻身全国渔业百强的县市。经过多年发展,启东海洋渔业的发展呈现出以下特点。

一是产业水平快速提升。(1) 海洋捕捞业。目前启东市有在册捕捞渔船545艘,总功率9.38万千瓦;在建渔船36艘,总功率3 000千瓦。2014年,全市渔业总产量36.5万吨,其中养殖产量16.2万吨,捕捞产量20.3万吨,渔业总产值84亿元,比2013年增长5.5%,全市渔业直接出口创汇额6 009万美元(图3)。远洋捕捞渔业快速发展,全市具有远洋渔业资质企业2家,建成专业远洋渔船8艘,渔船总功率5 738千瓦,预计2015年远洋渔业产量1.2万吨,产值2亿元,各项指标居全省前列。(2)水产养殖业。全市已形成临海高效设施渔业园区、浅海设施养殖园区、三疣梭子蟹与脊尾白虾产业园区三大重点水产养殖园区,高效设施渔业面积达13.67万亩,规模和水平全省领先。淡水渔业有序发展,沿江扣蟹养殖日益规模化,全市现有扣蟹培育面积3.6万亩,平均亩效益5 000元以上。(3)水产加工、流通业。2014年,全市水产品加工总产量13.9万吨、总产值35.8亿元;大小水产品加工企业156家,其中规模以上的58家,主要从事休闲水产品、虾皮和紫菜等加工。目前建成江苏省级渔业龙头企业3家,南通市级渔业龙头企业29家,农业部水产健康养殖示范场8个,省级水产品出口示范基地5个,在南通市领先。吕四海产品市场已成为江浙地区最大的水产品集散地,2014年水产流通产值2.58亿元。

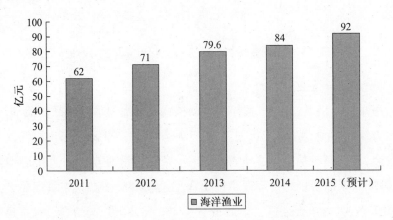

图3 "十二五"期间启东市渔业经济发展情况

二是基础设施日益完善。"十二五"期间,吕四国家级中心渔港新港区、协兴港国家一级渔港等渔港改扩建工程相继启动,有效改善了渔港设施条件,发挥了对小城镇和周边经济的辐射带动作用,引导水产品交易、集散、加工、餐饮、旅游等相关产业发展。2013年,吕四国家级中心渔港新港区正式启用,港区水域总面积95.4万平方米,陆域工程规划总面积210.8万平方米,渔港码头岸线总长约7 663米。新港规划停泊渔船数量2 300艘,鱼货卸载量每年30万吨,为国内规模最大的人工渔港。启东协兴渔港综合开发工程基础设施建设加快建设,运营后,除了供船只停靠、维修外,还具有旅游、休闲、水产品交易等多项功能。

三是服务能力全面提高。一是组织机构健全。市内设有海洋与渔业主管局、海洋与渔业执法大队、渔船检验站、水产研究所(渔业技术推广站)、海洋与渔业环境监测站等渔业行政、事业机构,还有水产学会、渔民(业)协会、水产加工流通协会等中间组织,渔业服务功能得到有效保障。二是科技兴渔战略大力实施。2014年全市共举办各类渔业科技培训班68期,培训渔业一线人员3 050人次。通过对示范户的测产统计,户均亩产量、亩产值、效益均比周边养殖户平均值增加10%以上。辐射带动周边渔(农)民5 000户、辐射面积5.2万亩,户均亩效益较前三年平均值增加10%以上。

(二) 海洋工程装备制造业

海洋工程装备制造业是海洋资源,特别是海洋油气资源勘探、开采、加工、储运、管理和后勤服务等方面的大型工程装备和辅助装备的总称,属于海洋第二产业。海洋工程装备是先进制造、信息、新材料等高新技术的综合体,产业辐射能力强,对国民经济带动作用大。2010年10月,国务院颁布《关于加快培育和发展战略性新兴产业的决定》,明确将海洋工程装备产业纳入重点培育和发展的战略性新兴产业。目前,我国海洋工程装备制造业在环渤海与长三角地区形成具有一定集聚度的产业区(图4)。南通市是江苏船舶与海洋工程装备三大重点基地之一、国家海洋工程装备与船舶产业集聚标准化示范区,海工装备产业规模全国第二,海工装备市场份额和企业总数均占全国三分之一左右。2014年,南通市海工船舶重装备产业实现产值1 670.8亿元(图5)。启东市作为南通重要海洋工程装备产业集聚区,其海洋工程装备制造业的发展呈现出以下特点。

图4 我国海洋工程装备基地分布情况

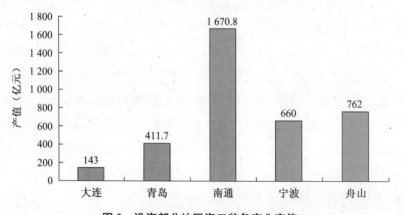

图5 沿海部分地区海工装备产业产值

一是发展速度快。近年来,启东市围绕"中国一流、世界知名"海工及重装备产业基地的目标定位,充分发挥黄金岸线资源优势,持续加大重大海工项目招引和建设力度,海工船舶制造产业实现了快速发展。2011年到2014年间,海工装备产业产值从56.3亿元增长到149.4亿元,年均增长38.4%;

应税销售从 40.5 亿元增长到 103 亿元,年均增长 36.4%(图 6)。

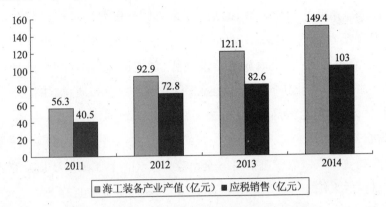

图 6　2011—2014 年启东市海工装备产业产值

二是园区平台优。启东市海工船舶工业园,位于长江入海口北支三条港至连兴港段,拥有 -5 米深水岸线 18.3 公里,规划陆域面积 35.8 平方公里。目前园区内已经集聚了中远海工、太平洋海工、胜狮能源装备等 20 余家企业,形成以中远海工、蓝岛海工、宏华海洋为主的海洋石油钻井装备制造,以太平洋海工、京沪重工、润邦海洋、丰顺船舶为主的海洋特种船舶制造,以胜狮能源装备、振华重工为主的港口能源装备制造三大产业板块。启东海工船舶工业园是南通唯一一家省高端装备制造业特色基地,也是全国最大的海工平台生产基地。

三是龙头企业强。太平洋海工致力于 LPG、LEG 和 LNG 船等技术最复杂、建造难度最大、附加值最高的特种船用设备的设计和建造,LPG 船订单超过全球订单的 1/4,液罐订单超过全球总量的 40%,成为全球 LPG 船和液罐及液化系统的主要生产基地。中远海工研发的"深海高稳性圆筒型钻探储油平台的关键设计与制造技术"获国家科技进步一等奖,该平台的 SEVAN650 系列也是当今世界海洋石油钻探平台中技术水平最高、作业能力最强的高端领先产品。宏华海洋油气装备(江苏)有限公司的核心装备——首座起吊能力 1.1 万吨的"宏海号"投入使用。润邦海洋成功建造了国内第一台自升式的海上风电安装平台。

(三)滨海旅游业

滨海旅游业指利用海岸、海岛、海洋的景观资源的经营性服务活动,包括海洋观光游览、滨海休闲娱乐、滨海住宿度假,属于海洋第三产业。近年来,启东市围绕"全面放大桥港优势,创建优秀旅游城市"的目标,做大海洋旅游文章,推进智慧旅游建设,提升江海旅游品质,加快提升"江风海韵、休闲启东"旅游品牌。"十二五"期间,新增国家3A、2A级景区各1家,省自驾游基地1家,省四星、三星级乡村旅游点各2家,圆陀角旅游度假区成功获批省级旅游度假区。全市累计接待游客1 027万人次,实现海洋旅游总收入121.3亿元(图7、图8)。启东滨海旅游业的发展主要呈现出以下特点。

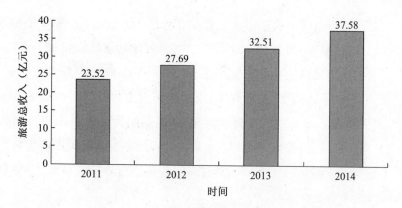

图7 2011—2014年启东市旅游收入情况表

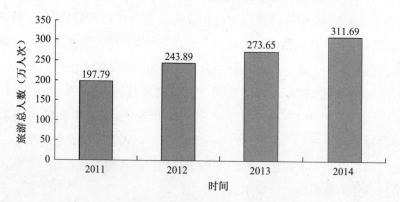

图8 2011—2014年启东市旅游接待游客人数情况表

一是规划编制不断完善。依照《启东市旅游发展总体规划(2010—2020)》,加快"三极两带一心"的旅游片区及功能配套服务区规划编制。启东圆陀角旅游度假区总体规划已通过评审,滨海景观大道、黄金海滩景区改造等规划编制完成,吕四海洋风情区"渔港小镇"概念设计已经完成,进士府、古银杏和范龙老街的古迹保护设计全面铺开。

二是旅游产品加速打造。以吕四、圆陀角、启隆三个旅游聚集区为主要基地,大力开发休闲度假旅游产品。目前,圆陀角风景区被江苏省旅游局授予"江苏省自驾游基地"称号,黄金海滩景区正按照 AAAA 级景区标准进行升级改造,吕四鹤城公园改造(一期)已经完成。依托和整合启东市丰富的人文历史和自然旅游资源,形成景区(点)观光、城市观光、乡村观光系列产品,江天生态园、大自然度假村建成投运,创成省四星级乡村旅游点。

三是功能配套全面提升。成立市旅游特色产品展销中心和市旅游服务中心,推评出 10 家旅游特色商品专卖店,博圣酒店、恒大威尼斯酒店投入运营,旅游配套服务水平逐步提升。主动对接上海国际旅游度假区等平台,成立"启东—崇明—静安旅游联盟",先后与上海星尚、旅游卫视等合作,摄制并播放 10 多期启东旅游专题节目。积极组织旅游企业参加"华东旅游风情展"、"上海世界旅游博览会"、海峡旅游博览会等国内各类旅交会,知名度和影响力不断提升。

二、启东市海洋产业发展中存在的问题

"十二五"期间,启东市海洋产业呈现快速发展态势,但也存在一些问题,具体表现在:

一是规模总量仍偏小。总体而言,启东市海洋经济产业规模总量仍偏小,对全市整体经济的发展支撑不足,与"中国海洋经济之乡"的称号仍有一定差距。2014 年,启东市海洋产业生产总值达 260 亿元,占全市地区生产总值比重为 36%,与 2013 年基本持平。

二是产业结构待优化。2014 年,启东市海洋渔业产业产值占海洋经济总产值的比重达 32.2%,海洋工程装备产业产值占海洋经济总产值的比重

达 60.9%。但是海洋生物医药产业产值仅有 1.8 亿元,占海洋经济总产值的比重仅为 0.6%。滨海旅游业处于起步阶段,产值占比明显低于一、二产业,与海洋产业发达国家及地区三产占比高于一、二产业的发展态势仍有较大差距。

三是创新能力需提升。近年来,启东市紧紧围绕发展海洋经济总体目标,全面实施创新驱动、科技兴海、科技兴渔等战略,取得了显著成效。但科技创新的支撑力有待进一步加强。海工船舶工业园虽已集聚一批中字号、国字号企业,但缺乏支撑产业做大做强的完善的研发体系,一些技术开发水平和关键生产工艺水平仍然比较落后,关键技术人才主要依靠从海外引进。海洋生物医药发展滞后,缺乏中试研究平台,影响了实验室成果转化进度,科技优势转化为经济优势方面有待提高。海洋渔业科技创新支撑不够,渔业技术装备亟须升级更新;利用"物联网"技术推动渔业发展成效尚不明显,渔业"大数据"仍处于起步阶段,推动渔业信息化、智能化发展任重道远。

四是生态环境有压力。沿海开发和资源保护的良性机制和体制尚未完全建立起来,长江径流等带来的外来污染源难以控制,农业面源污染、工业及生活污水排海对沿海水域的影响和压力日趋增加。根据《2014 年江苏省海洋环境质量公报》,我省海洋垃圾密度较高区域主要分布在滨海旅游休闲娱乐区、农渔业区、港口航运区。启东市海洋渔业和港口运输业的快速发展也给海洋环境带来新的压力。

三、"十三五"时期启东海洋产业发展形势与思路

21 世纪是海洋世纪,海洋在全球的战略地位日益突出。新的技术革命使新的可开发利用的海洋资源不断发现,海洋已成为财富源泉与全球经济重要增长极和发动机。

从国际形势看,海洋产业在世界经济中的比重,1970 年占 2%,1990 年占 5%,目前已达到 10% 左右,预计到 2050 年将上升到 20%,主要增长领域集中在海洋石油和天然气、海洋生物、海洋电子信息、海洋休闲娱乐、海洋服务和海洋新能源等。目前,世界经济进入深度调整期,美国经济复苏态势比

较明显,欧洲、日本经济复苏步伐缓慢,新兴经济体增速普遍放缓,随着欧美发达国家加速"去杠杆化"和"再工业化",新兴经济体产业同构竞争增强,包括海洋产业在内的新兴产业越来越成为竞争的焦点,为应对新的形势和挑战,沿海国家普遍调整或制定新的海洋战略和政策,从全局战略高度出发关注海洋问题,实施海洋行动计划,加大海洋科技研发投入,优先布局海洋新兴产业,力图争夺发展主导权,抢先确立国际竞争优势。

从国内形势看,当前我国正处于加快产业转型升级的关键期,由陆域走向海洋、由浅海走向深海,发展海洋产业成为我国重要的战略抉择,也是维护国家主权的基础条件。海洋产业成为沿海省市发展布局的新重点。2011年以来,国家先后批准了山东、浙江、广东、福建、天津五个海洋经济试验区,浙江舟山群岛新区获批成为首个以海洋经济为特色的国家级新区,辽宁沿海经济带、河北曹妃甸工业区、天津滨海新区、上海浦东新区、广西北部湾经济区、海南国际旅游岛等沿海区域发展规划相继实施,各沿海省市发展海洋经济百舸争流的局面正在形成。

从启东实际看,"十三五"期间,"一带一路"和长江经济带建设战略叠加辐射,上海自贸区、南通陆海统筹发展综合配套改革深入实施,将为启东沿海开发带来更多政策红利;吕四港集疏运体系加快完善、启东综合保税区加快规划建设,将为启东沿海开发注入更大活力;沿海前沿区域华峰超纤、广汇能源、卓达新材料等一批重特大产业项目加快建设并竣工投产,将为启东沿海开发提供强劲动力;江海产业园创建省级滩涂综合开发试验区,国家1000米以下低空空域逐步开放,将为启东通用航空产业发展带来千载难逢的良机;沪启铁路通道开始前期研究,宁启铁路启东段和海启高速公路陆续贯通,将进一步优化完善启东交通区位条件。

综上所述,今后一段时期,启东市海洋经济发展虽面临一定的挑战和压力,但总体上仍处于大有作为的战略机遇期。必须要积极抢抓"一带一路"、长江经济带和上海自贸区、南通陆海统筹发展等战略叠加机遇,继续实施"领跑沿海、融入上海、包容四海"的发展战略,围绕实现启东沿海开发新突破、勇当江苏沿海开发排头兵的总体目标,以深水大港开发为龙头带动,以优势产业集聚为主攻方向，以基础设施配套为坚实支撑，以现代城镇建设为有力依托，进一步创新体制机制、激发发展活力、强化生态建设、优化发展环境，持续做强海洋经济，壮大海洋产业，力争"十三五"末，全市海洋生产总值突破460亿元，占全市地区生产总值中的占比达40%以上，海洋新兴产业增加值占主要海洋产业的比重提高至20%以上，全面建成海洋经济强市。

四、"十三五"时期启东海洋产业发展的对策建议

（一）海洋渔业方面

充分利用资源优势和产业发展优势，坚持开发利用与保护治理相结合，以转变海洋渔业经济发展方式为主线，促进海洋渔业经济高效集约发展。力争"十三五"末，海洋生态环境进一步改善，各类海洋功能区环境质量监控率达100%，沉积物质量和海洋生物质量达到Ⅱ—Ⅲ类标准；渔业经济和产业结构进一步优化，全市渔业总产量达到43.6万吨，年均增长3%；渔业一产总产值突破84.4亿元，年均增长5%；科技支撑保障能力进一步强化，全市渔业科技贡献率达到65%，水产原良种覆盖率均达到70%。外向型渔业发展进一步拓展，渔业"走出去"战略稳步推进，全市渔业出口额超过1亿美元。

一要依法治海，切实加强海洋环境保护。严格执行《海域使用管理法》《海洋环境保护法》《渔业法》等法律法规，加强海洋综合管理，进一步规范海洋开发秩序，依法审批和监督各类海洋开发活动。科学指导海洋资源综合开发和海洋环境保护，实施污水达标排放和总量控制等措施，减轻海洋污染。严格执行涉海项目的海洋环境评价制度，加强滩涂围垦科学论证和审批。进一步强化海上执法管理，建设一支政治素质高、业务能力强的渔业执法队伍，确保各项法律法规的贯彻实施。理顺各涉海部门关系，依法治海，使海洋资源的开发、管理走向法制化和科学化。

二要科技兴海，切实提升科技支撑能力。加强创新基础能力建设，加快建设行业公共技术平台和科技基础设施，建设行业研发、创新、检测平台，支持企业技术创新平台建设。加强渔业技术推广体系和水生动物防疫检疫体

系建设，鼓励企业设立研发机构，开展重大科技专项攻关，构建现代渔业产业发展技术支撑体系。重点围绕水生动物重大疫病防控、水产品质量安全、健康养殖技术等渔业发展方式转变中亟须解决的关键技术，开展联合攻关，争取形成具有自主知识产权的科技创新成果。通过完善政策、创新制度、优化环境，营造引才、聚才、育才新优势，围绕海洋重点学科、发展方向，以多种方式引进一批中高层次的涉海科技人才、工程技术人才和管理人才，多渠道创建海洋经济创新人才的培养体系，突出企业在人才开发中的主体地位。

三要强化投入，切实完善支渔投入机制。加大公共财政对农村基础设施建设等的投入，建立健全财政支渔资金投入机制，重点用于渔业基础设施及生态环境设施建设、高效设施渔业、远洋渔业、资源增殖放流、渔船标准化改造、渔业科研、技术推广、渔业标准化和扶持以渔产品加工为重点的龙头企业、优势水产品生产示范基地和现代农（渔）业园区等。调整养殖与捕捞的财政投入比例，增加养殖业方面的资金投入。创新现代渔业投入机制，采取政策性奖励、财政贴息或以奖代补等多种措施，吸引工商企业资本、民间资金等参与现代渔业建设。

(二) 海洋工程装备制造业方面

以"打造中国一流、世界知名的海工及重装备产业基地"为目标，做足区位优势、产业优势、资源优势的文章，整合资源，腾笼换凤，延伸产业链，做好金融、科技、研发等三产配套服务，持续做强优势产业板块。力争"十三五"末，形成以海洋工程装备产业为核心、以重大技术装备产业为支撑、以高技术船舶为辅助、以海工船舶配套为拓展、以生产性服务业为延伸的综合产业体系，建成产业规模超千亿的海洋工程装备产业基地。

一要持续提升创新水平。立足于扶持大产业的理念，做好科研机构、培训机构、孵化基地等配套。鼓励产、学、研联合，支持具有一定实力的科研院所与海工船舶企业组建科技型企业；积极与国内外设计公司合资合作，引进产品开发和制造技术。支持大型海工及重装备企业建立企业技术中心，强化企业主体创新能力。引导企业加大科技开发投入，提高企业研发能力，加快创新型品牌的开发步伐，增强核心竞争力，使海洋工程建造技术和特种船舶造修技术达到国内外先进水平。大力度招引核心人才,形成海洋工程人才高地。

二要持续推进转型升级。进一步打造特色知名品牌,扩大品牌集聚效应,持续做优做强以中远海工、宏华海洋为龙头的海洋油气钻井装备产业,以太平洋海工、振华重工为龙头的海洋特种船舶制造产业,以胜狮能源、京沪重工为龙头的海洋能源及重装备产业。有序推进一批破产企业的整合重组,吸引优质海工及其配套产业的龙头企业实现兼并、重组、入股,进一步淘汰落后产能,集中力量加强产品研发力度,实现技术突破。加快优化产品结构,努力实现"五个转变",即发展重心由主要追求规模速度向更加注重质量效益转变,发展途径由主要依靠要素投入向更加依靠科技进步转变,发展内容由造船为主向海洋工程、造船及配套产品协调发展转变,引进重点由单纯引资向引智、引技、引资相融合转变,园区打造由粗放型、低水平向生态型、特色化转变。

三要持续推动项目建设。建立专题协调会议、动态情况通报、重要事项督办等具体推进机制,组织项目专题会办,帮助解决项目建设和投产的关键条件,扩大有效投入,培育增长点。做好已生产企业的跟踪服务,积极关注企业生产中遇到的问题,围绕资金运作、产品销售、订单签订等实时监控。做好在建企业的服务,积极关注相关手续办理,相关矛盾的调解,做好电、水、路等配套。持续加大项目招商力度,着力引进一批大项目、好项目。瞄准世界500强、"中字头"、"国字号"和国内著名民营企业,做大规模、做长链条、做强技术、做优品牌,加快形成一批配套能力强、市场影响大特色产业。立足现有产业配套。侧重于吸引单体规模大、技术含量高、附加值大的船舶配套产业,把海工船舶产业链做细、做全、做精,构建具有区域竞争力的产业体系。立足配套服务。引进科研院所、研发机构,在园区建立生产基地、营销中心、研发机构等;引进金融机构入驻园区,共同开发资源、促进生产要素合理流动,提高资金利用率,打造产业优化升级的先导区、创新创优的引领区。

（三）滨海旅游业方面

深入贯彻落实《国务院关于加快旅游业发展的意见》和《省政府关于全面构建"畅游江苏"体系促进旅游业改革发展的实施意见》，以规划为引领、项目为支撑，进一步转变发展方式、提升产业品质，推动旅游业态从观光旅游型向观光旅游休闲度假复合型转变，加快打造兼具国际化水准和江海人文特质的长三角江海休闲度假旅游目的地。"十三五"期间，确保接待旅游总人数每年以20%左右增长。

一要加快圆陀角旅游度假区建设。按照"日出江海，韵动中国"的总体形象和国家级旅游度假区的标准，重点推进圆陀角三水交汇景区、恒大威尼斯水城、圆陀角滨海景观大道、新湖旅游度假区、连兴港渔人码头、圆陀角老景区提升、黄金海滩景区改造、温泉度假村、玉龙寺景区等项目建设，真正打造融生态观光、运动休闲、度假人居等多种功能于一体的长江口生态度假胜地。

二要加快吕四风情渔港建设。重点推进吕四港海上旅游试验区、海洋风情区、海鲜美食街、海产品博览中心、鹤城公园改造、吕四老街（含进士府）改造、洞宾广场等项目的建设，完善咨询服务、休闲休憩、道路交通、旅游标识、旅游购物等要素配套，逐步构建集海鲜美食、古镇体验、渔港休闲等多种功能于一体的千年古镇渔业休闲港。

三要加快发展休闲渔业。充分利用启东渔区自然环境及人文资源，与渔业生产、渔产品、渔业风俗、渔业经营活动相结合，拓展渔业功能，建设休闲渔村、休闲园区，提升旅游品质，提高渔业综合效益。通过省级高效设施渔业项目平台，着力推进小宇家庭农场休闲渔业、清灵水产养殖专业合作社生态渔业建设等休闲渔业项目建设，形成各具特色的渔家旅游景点，不断扩大休闲渔业在现代渔业中的占比份额。大力扶助观赏鱼养殖，努力打造我市休闲渔业品牌。

（四）其他重点产业方面

一要推动临港重装备产业发展。依托吕四港环抱式港池区域建设临港重型装备产业的良好条件，重点培育以重大技术装备、重要基础装备为方向的重型装备产业，发展大型石化成套设备、港口重型机械、大型环保设备、海水淡化等资源综合利用设备、大型基础施工设备等。重点支持大唐电厂、广汇能源等能源供应项目，建成长三角地区重要的能源供应基地。

二要推动临港物流产业发展。依托启东港一类口岸，大力推进宁启铁路二期建设，加快推进北沿江铁路和沪启过江铁路、过江隧道前期工作，加大航空产业园通用机场报批和启东综合保税区申报力度，积极谋划"海进江"大宗货物"水水中转"基地，做大做强临港物流产业。

三要推动海洋生物产业发展。依托启东经济开发区、滨江医药化工园、上海自贸区启东生物科技创新协作园，加大国内外优秀海洋生物医药科研机构、企业和人才的引进力度，加快海洋生物技术及产品的研发和产业化，推动海洋生物制品及保健品在治疗癌症、心脑血管疾病等方面的产业化进程。鼓励支持江苏双林海洋生物药业等企业积极发展技术先进、环境友好、产业链终端的海洋生物医药产业，建立企业海洋生物医药技术研发能力和产业化促进体系。

启东市委办公室　沈衍冰
祝凤祥
汪琛华
李世大
夏　辉

（本研究报告为2014年江苏沿海沿江发展研究院招标课题"启东市海洋产业发展对策研究"研究成果）

启东市推进新型城镇化对策研究

摘　要　城镇化是解决城乡差距的根本途径,也是最大的内需所在。推进新型城镇化取得新突破,是启东市"十三五"期间加快经济转型升级的重要支撑。未来一段时期,启东市应在江海城市形态初步形成、现代城市功能日益彰显、城市基础设施不断完善、城市软实力逐步提升的基础上,通过统筹规划和政策支持,优化新型城镇化空间布局,加强新型城镇化产业支撑,改革新型城镇化体制机制,提高新型城镇化发展质量,推进新型城镇化持续发展,更好地促进启东市进一步提高城镇化速度和提升城镇化质效。

新型城镇化建设,是"十三五"期间保持经济社会持续健康发展的强大引擎,也是扩大内需的最大潜力。2014年,启东城镇化率已达53.6%,正处于城镇化快速提升的关键时期。如何按照中央、省和南通市关于新型城镇化建设的决策部署,走出一条符合时代特色、阶段特征、启东特点的新型城镇化道路,事关启东"五个迈上新台阶"的发展大局。本文通过新型城镇化理论探索以及启东推进城镇化的实践回顾和现状分析,对启东加快新型城镇化的发展路径和工作重点进行探索研究。

一、加快新型城镇化正迎来千载难逢的历史机遇

1978年以后,控制城市人口增长和城乡分隔的城镇化政策被摒弃。随着经济社会发展,我国城镇化发展策略也发生了阶段性变化。

第一阶段是1980—2000年。城镇化政策主要的内容:一是允许农民进

入城市就业,鼓励农民迁入小城镇;二是确立了以积极发展小城镇为主的城镇化方针,"小城镇、大战略"取得了初步发展。

第二阶段是2000—2011年。城镇化从部门政策逐渐上升为国家战略,并提出大中小城市和小城镇协调发展。2000年10月,中央首次把逐步加快城镇化进程作为一项战略任务,制定了一系列政策措施。2002年,党的十六大进一步明确了城镇化的路径,将城镇化工作提到一个新高度。2009年中央经济工作会议和2011年中央一号文件提出,要把建设社会主义新农村和推进城镇化作为保持经济平稳较快发展的持久动力,推进城镇化发展的制度创新。

第三阶段是2012年至今。新型城镇化作为国家发展战略的确立,进一步明确了城镇化是我国现代化建设的历史任务,是扩大内需的最大潜力所在和推进经济结构战略性调整的关键。党的十八大将城镇化提到了前所未有的高度。2014年3月,国务院印发《国家新型城镇化规划(2014—2020年)》,提出要努力走出一条以人为本、四化同步、优化布局、生态文明、文化传承的中国特色新型城镇化道路。

二、启东推进城镇化的实践回顾与现状分析

(一)演进历程

启东的城镇化进程既是城镇发展的阶梯式推进过程,更是经济社会发展的螺旋式上升过程。根据城镇化率的变化轨迹(见图1),改革开放以来启东城镇化的发展历程大体可分为四个阶段:

第一阶段:自然发展阶段(1978—1983年)。其主要特征是:区域经济长期以第一产业占据主导,农业从业人口占总人口数超过80%,城镇人口增长缓慢,城镇化率为5%左右。

第二阶段:起步阶段(1984—1991年)。其主要特征是:区域经济中第二产业逐步上升,农村集体经济和民营经济快速发展,人口和经济活动迅速向城镇集聚,城镇数量增加,城镇化水平升至12%。

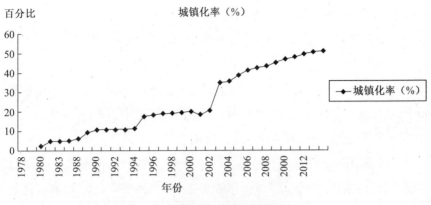

图1 启东改革开放后的城镇化率

资料来源:《启东年鉴》

第三阶段:快速发展阶段(1992—2008年)。其主要特征是:区域经济中第二产业跃至主导地位,第三产业GDP占比超过农业GDP占比("十五"期末三产占比15.2∶49.2∶35.6),城镇化水平达42.6%。这一阶段,城镇化发展动力主要得益于快速推进的工业化、市场化,城镇建设形态呈现产城同向集中扩张、城镇间发展不均衡的特点。

第四阶段:提升发展阶段(2009年至今)。其主要特征是:区域经济中二、三产业占比不断提高,外来人口逐渐增多,城镇化率突破50%。信息化、新型工业化成为启东城镇化的新增动力,城镇化呈现出城市定位区域化和城乡统筹发展的特点。

(二) 发展现状

在经济社会发展新常态下,启东遵循城镇化发展的内在规律,以科学规划为依据,以产业支撑为基础,以制度创新为动力,走出了一条独具特色的新型城镇化发展道路。

一是江海城市形态初步形成。深入实施"南进、东拓、北延"的区域发展战略,全面拉开启东城市发展框架,基本形成"三极三带"的空间布局。新一轮城市总体规划获省政府批准,养老、医疗、教育等9个专项规划完成编制。沿海园区功能配套不断完善,吕四港经济开发区环抱式港池和国家级渔港建设有序推进,江海产业园申报省级滩涂综合开发试验区工作进展顺利,圆陀角旅游度假区成功获批省级旅游度假区。

二是现代城市功能日益彰显。主城区建成区面积从2010年的18平方公里拓展到2014年的32平方公里,城区人口由建市初的1万多人增加到25.2万人。2014年实现服务业增加值290亿元,占地区生产总值比重超过40%,基本形成集商务会展、教育科研、行政办公、文体休闲于一体的综合城区。2015年,主城区汇龙镇获评全国文明乡镇。

三是城市基础设施趋于完善。吕四港10万吨级进港航道一期工程基本完工,崇启大桥、临海高等级公路竣工通车,宁启铁路二期、海启高速启东段开工建设,海陆空、公铁水、江海河"无缝衔接"的综合集疏运体系加快构筑。"十纵十横三环"城市交通干道体系初具规模,老城区改造和新城区拓展不断强化,城市形象进一步提升。水、电、气、污水与垃圾处理、公共停车场等配套设施建设加快,公共服务的效率和水平切实提高。

四是城市软实力不断提升。深入推进"创新型城市"建设,城市综合创新能力不断提升,连续七次荣获全国科技进步先进县(市)称号。先后荣获国家卫生城市、省园林城市称号,第六次获评省文明城市,顺利通过国家生态市考核验收。《关于推动文化建设迈上新台阶的实施意见》制定完成,努力打造北上海文化产品创新高地、长三角文化发展新引擎,建设中国江海文化新城。城市管理体制不断优化,民生事业建设深入推进,基本实现公共服务均等化、社会保障一体化。

(三)存在问题

在肯定启东城镇化发展成就的同时,也应清醒地看到,由于历史的原因,启东的城镇化水平与发达地区相比仍存在较大差距,城镇化发展过程中还存在一些突出问题。

一是城镇化速度有待进一步提高。启东城镇化速度不仅远远落后于苏南地区,而且低于全省平均水平(见表1)。2000—2010年,启东城镇化年增长率低于全省平均年增长率,且城镇化速度与全省城镇化速度差距逐渐拉开。与苏南地区比,2012年,启东城镇率达51.1%,低于2010年苏中地区的56%及苏南地区2000年的59.6%。

表1　江苏不同地区城镇人口数及其构成比较

	城镇人口数(万人)			城镇人口比重(%)		
	2000年	2010年	年均增长(%)	2000年	2010年	增加百分点
苏南地区	1 467	2 288	4.54	59.6	70.3	10.7
苏中地区	636	917	3.73	37.7	56.0	18.3
苏北地区	983	1 533	4.54	31.2	51.5	20.3
江苏平均	—	—	—	41.5	60.3	—

注：苏南地区包括南京、苏州、无锡、常州、镇江5市及所辖县区，苏中地区包括南通、扬州、泰州3市及所辖县区，苏北地区包括徐州、连云港、淮安、盐城、宿迁5市及所辖县区。资料来源：江苏省第五、六次全国人口普查资料。

二是城镇化质效有待进一步提升。与苏南发达地区的县级市相比，启东不仅城镇化进程滞后，而且城镇化发展各项指标均有较大差距，特别是人均GDP、财政总收入、城镇居民人均可支配收入等涉及城镇化建设质量的关键指标(见表2)。

表2　启东与苏州市下辖区市的城镇化建设质量比较

	人均GDP	财政总收入	非农产业产值比重	城镇居民人均可支配收入	城乡居民收入比	城镇居民人均居住面积	城镇居民恩格尔系数	建成区绿化覆盖率
单位	元	亿元	%	元		平方米	%	%
启东	53 629	103.56	89.24	23 889	1.91∶1	39.31	36.0	39.9
常熟	113 133	352.09	98.03	35 041	2.03∶1	无数据	31.4	44.4
张家港	148 727	413.04	98.65	35 128	2.04∶1	39.78	29.9	45.48
昆山	147 186	602.20	99.09	35 190	1.74∶1	40.89	33.3	44.06
吴江	93 417	325.00	97.40	35 212	2.05∶1	42.00	34.7	63.02
太仓	121 656	226.45	96.44	34 887	2.03∶1	无数据	34.4	42.00

数据来源：2013年3月12日《中国经济周刊》。

三是农民市民化进程有待进一步提速。城镇化的本质是人的城镇化。由于依附于城乡户籍上的相关政策和社会福利没有完全剥离，致使进城农民难以及时转为城市居民,并且长期在城市生活下去。目前,启东大部分农村居民选择在城镇工作和生活,外出务工人员和本地"离土不离乡""亦工亦农"的"双面人"仍然保持着农村的生活习惯和思维方式。

四是城市管理体制有待进一步完善。城镇化涉及经济、政治、社会、文化等诸多领域,是一个系统工程,但由于没有建立统筹推进的城市建设和管理协调机制,城镇发展的目标体系不明确、政策支持体系不完善,致使城镇发展仍然处于各自为战的状态。在现行城市管理和财政体制中,市级财政特别是乡镇财政调控能力薄弱,影响了城市建设和城镇化的推进。

三、当前加快推进启东新型城镇化的路径探索

面对城镇化建设的新要求和全面小康社会建设的新任务,新型城镇化必须更加突出统筹城乡发展和构建城乡一体化新格局,优化完善以中心城区为主体、城市副中心和中心镇为依托、小城镇为纽带、新型农民集中居住区为基础的城乡空间布局,推动建设结构完善、布局合理、均衡配置、覆盖城乡的公共服务设施体系,加快形成特色鲜明、功能互补、和谐相融的现代城乡形态,积极打造生态宜居、环境优美、舒适便利的城乡人居环境,进一步推动建设经济强、百姓富、环境美、社会文明程度高的新启东。

(一)以科学谋划为先导,优化新型城镇化战略布局

规划是城镇化的龙头和"指挥棒"。根据新型城镇化发展要求,充分考虑未来城市的承载能力、基础建设、城市环境和发展前景,制定具有超前性、分阶段性和科学性的发展规划。

一是突出江海联动,统筹谋划布局。新型城镇化注重在产业支撑、人居环境、社会保障、生活方式等方面实现由"乡"到"城"的转变,因此要站在全局的角度去谋划城镇发展。启东最大的资源在江海,最大的优势在江海,最大的潜力也在江海,应充分放大独特的区位优势、资源优势,在长三角城市群建设中明确发展定位,在放大江海优势中打造个性特色。按照省沿海开发"六大行动"部署,围绕提档升级,全面发力推进,推动港口、产业与城市联动发展,加快打造沿海开发升级版,构筑沿海发展新优势。

二是坚持因地制宜,明确目标定位。启东拥有得天独厚的区位优势,与国际大都市上海地缘相接、人缘相亲、文化相通、经济相融。在中国城市规划设计研究院的重大课题《打造上海大都市经济圈研究》中,启东被明确标识为"上海大都市经济圈"组成成员。围绕长三角区域总体定位,找准启东在上海城市群规划中的方向定位,明确启东和上海在功能构成、功能布局、功能载体等方面的差异性和联动性,加快打造"一堡三地"。深入实施接轨上海"139"工程,巩固深化两地在人才、产业、要素、交通、基础设施等领域合作的成果,加快推进上海自贸区(启东)产业园、上海自贸区启东生物科技创新协作园建设。

三是提升区域功能,优化空间布局。启东城镇化率并不低,但是城市发展质量不够高,主要存在小城镇比较分散,规模不够大,集聚辐射能力不够强,乡镇之间发展差异较大等问题。因此,优化空间布局、高效整合资源是破解启东城镇化发展瓶颈亟待解决的问题。高效利用城区空间资源,大力推进市区提质扩容,培育壮大中小城镇,将人口、产业都适度地向中心城镇集聚,使城镇化发展合理、科学、有序。根据城镇发展已形成的初步格局,结合区域功能,着力构建"一主两副多特"的城镇架构,切实增强城镇的聚集、辐射和拉动作用。全市15个镇乡、园区应立足现有优势和基础,大力培育城镇特色经济,促进所在区域内城乡资源优化配置,提升城镇功能,塑造城镇形象。

(二)以产业发展为支撑,夯实新型城镇化经济基础

积极围绕"调高调轻调优调强调绿"的思路,坚持高端化、高质量、高附加值取向,大力发展以高新技术产业为主导、服务经济为主体、先进制造业为支撑、现代农业为基础的现代产业体系,推动产业结构向中高端迈进。

一是对接"中国制造2025",大力发展实体经济。把握"新产业、新技术、新业态、新模式"发展趋势,推进"大众创业、万众创新",围绕做优做大三大优势产业和三大新兴产业,实现启东制造向启东"智"造的新跨越。紧密结合我市产业发展基础,主动对接"中国制造2025"国家战略,积极争取国家、省重大项目和相关政策支持,重点抓好一批具有代表性的海工装备产

业升级项目,切实增强核电、风电、太阳能等能源装备领域以及阀门、防爆电器等通用机械领域的核心竞争力。坚持先进制造业和现代服务业双轮驱动,坚持信息化和工业化两化融合,扎实推进智能制造、创新制造、绿色制造、品牌制造、基础制造、军民融合等六大重点制造工程。

二是聚焦"互联网+",积极发展互联网经济。利用"互联网+"推动新型城镇化建设,可以打破时空限制,使城市的公共服务资源向乡镇延伸和覆盖,进一步提高城镇化的质量与内涵。重点推进"互联网+工业",以推进两化深度融合为主线,加快实施智能制造工程,全面推广普及3D打印技术、自动识别、工业机器人等先进制造技术,推动生产车间智能化改造;加快推进"互联网+服务业",放大国家一类开放口岸优势,完善电子口岸功能,加快推进综合保税区建设和自贸区进口商品展示交易中心建设,深化与上海自贸区的对接;积极推进"互联网+农业",加快实施智慧农业可持续工程和农产品电子商务工程,加快推进物联网等新一代信息技术在农业生产领域的应用。

三是突出生产性服务业,加快发展服务经济。立足启东制造业的优势,以优化整合全产业链、促进企业向价值链高端发展为方向,着力推进生产性服务业加快发展。重点加快启东经济开发区互联网产业园的规划建设,推进国动产业园、中德大数据研究院等项目,打造云计算、大数据、物联网、移动互联网等信息服务产业的高地;加快供销总社农产品国际物流港、广汇物流基地等项目建设进度,培育一批综合物流中心、专业物流中心和配送中心。注重运用现代科技信息技术,推动生产性服务业技术创新、模式创新、管理创新和制度创新。加快服务业集聚区提档升级,增强其要素吸附能力、产业支撑能力和辐射带动能力。

(三)以深化改革为动力,完善新型城镇化体制机制

推进新型城镇化,必须大胆先行先试,进一步强化前瞻性战略思维,坚持立足当前与放眼长远相结合、反映民意与尊重科学相结合,加快建设体制机制顺畅、充满创新活力的新型城镇。

一是培育完善市场化机制。坚持政府规划和市场主导两条腿走路,充

分发挥市场在产业升级、要素集聚以及人口转移方面的基础性以及推动性作用，运用市场供求关系、价格杠杆以及优胜劣汰的竞争机制来优化城乡各生产要素的配置，从而提高资源的配置和利用效率。对政府性公共设施资源，引入市场和社会力量进行公开经营、管理，政府加强对公共事业质量、价格和服务的宏观监管，做好"守夜人"角色；对水气管道、城市电线铺设等非经营性服务以及特殊群体帮扶等社会民生问题，强化政府责任，努力实现服务均等化，确保托住民生底线。深化城镇投融资体制改革，建立多元化投融资体制，动员各方力量多渠道筹集建设资金，实现城镇建设投入与产出的良性循环。

二是全面深化土地制度改革。土地关系到农民的切身利益，也关系到城乡统筹的顺利推进。加快新型城镇化应加大土地制度创新力度，实现土地规模化，促进农民转移。按照国家、省统一部署，建立城乡统一的建设用地市场，允许农村集体经营性建设用地出让、租赁、入股，实行与国有土地同等入市、同权同价，保障农民土地增值收益。同时要着力盘活"两头"：一头围绕"盘活存量、严控增量"的要求，重点针对各类工业园区闲置的工业用地进行深度整合与二次开发；另一头在推进土地承包经营权确权与流转的基础上，进一步促进农用地的集约高效与规模化运作，建立健全耕地保护激励机制，确保耕地占补平衡。

三是持续深化户籍制度改革。"农业转移人口市民化"是衡量城镇化进程的一个最主要的标志。目前，启东已经实行了统一的户口登记管理制度，从根本上打破了城乡分割的户籍管理二元结构。下阶段应继续深化户籍制度改革，实行分类引导，针对有进城意愿的农村转移人口，着力为其提供平等的市民身份和待遇，享受城镇的社会保障、医疗、教育等公共服务，使住房保障跟得上，就业和社区服务跟得进，社会保障接续得上，促进更多的农民转化为市民；针对没有进城意愿的农村人口，要确保其农民权益不受伤害，走就地城镇化道路。同时，要推动进城人员由简单的进入城市向生产生活方式、思维方式、行为习惯等全方位的深度城镇化转变。

(四)以改善民生为根本,提高新型城镇化发展质量

促进民生改善是推进新型城镇化的根本目的所在。必须统筹推进基础设施、公共服务、社会保障、公共文化等领域建设,将更多的农村社区建设成为城市社区,促进更多的农民转化为市民,加快形成一体化发展新格局。

一是推进基础建设标准化。完善的基础设施是城镇化发展的必然要求,也是城镇对农村辐射和吸纳功能得以充分发挥的重要物质基础。大力实施美好城乡建设行动,强化城乡能源、交通、通信、水利等基础设施的衔接互补,实现城乡共建、城乡联网、城乡共享。加快城市路网与干线公路的有效对接,重点推进国道高速路网、省道骨架路网、市区干线路网、乡村联运路网等路网体系建设。加快水、电、气、污水与垃圾处理、公共停车场等配套设施建设,切实提高城乡公共服务的效率和水平。大力度推进高标准农村水利建设,重点实施河道疏浚工程,进一步改善农业生产基础条件。

二是推进公共服务均等化。新型城镇化,必然建立配套的公共服务体系,应大力推进教育、卫生和文体优质资源布局向镇村转移,促进城乡社会事业均衡发展。坚持教育优先投入、优先发展,完善教育统筹发展机制,合理配置公共教育资源。不断完善就业服务体系,突出抓好农村转移劳动力、城镇就业困难人员等重点群体就业,促进充分就业。全面深化医疗卫生体制改革,深入实施基本药物制度,不断提高城乡居民医保水平。坚持政府主导、社会参与、分类规划、循序渐进的原则,加快形成以居家养老为基础、机构养老为支撑、农村(社区)养老为依托的多元化养老格局。

三是推进社会保障一体化。建立完善的社会保障体系是加快新型城镇化的重中之重,也是破解限制城镇化发展瓶颈的必由之路。近年来,启东社会保障体系的城乡差距在不断缩小,城镇居民医保的筹资标准和待遇水平不断提高。发展新型农村养老保险,整合城乡老年居民养老补贴、被征地农民基本生活保障和"老农保",探索建立新型居民养老保险制度,实现城乡养老保障一体化。加大对城乡困难群众的生活补助、临时救助,落实城乡低保、农村五保标准动态调整机制,实现城乡最低生活保障一体化。更加注重解决困难群众和特殊群体的住房问题,扩大公共租赁住房建设规模,加大保

障性住房供应,进一步改善居民住房条件。

(五)以生态建设为重点,推进新型城镇化持续发展

将生态理念贯穿于新型城镇化建设的全过程是坚持科学发展的具体体现,也是推进城乡可持续发展的必然选择。必须坚定不移地走生产发展、生活富裕、生态良好的文明发展之路,以良好的城镇生态环境支撑新型城镇化发展。

一是积极倡导生态文明。近几年来,启东城镇化呈现出稳步快速发展的态势,城镇成为推动全市经济增长和社会进步的"引擎",与此同时,城镇也成为资源消耗最多、环境压力最大的生态"凹地"。积极引导城镇化健康发展,将生态文明建设融入城镇化全过程,是摆在我们面前的一项重要战略任务。在城镇化建设中,应运用多种形式和手段,强化低碳节能、绿色环保理念,切实增强人民群众的生态价值意识、生态忧患意识、生态责任意识。积极开展绿色生活、低碳出行、低碳办公等生态实践活动,倡导节能环保、爱护生态、崇尚自然、绿色消费的生活方式,让爱护生态、亲近自然成为社会风尚和全市人民的自觉行动。

二是切实加强生态创建。近年来,启东扎实推进村庄环境整治,城乡环境发生明显变化,城市形象明显提升。下阶段,应进一步探索公众参与生态文明建设的新途径,鼓励和引导更多的社会力量、社会资源参与,逐步形成政府引导、企业支持、社会组织协助、公众参与的生态文明创建模式。大力建设生态景观,加快形成生态绿色屏障,努力做好水、绿、景的文章,扎实推进一批生态工程建设,确保公共绿地、道路绿化、单位小区绿化等城市绿化面积显著增加。巩固提高"四位一体"农村环境综合整治成果,加快推进镇乡、园区生活污水处理、集镇公共绿地等工程建设,不断优化农村生产生活环境。

三是全力推进生态经济。启东拥有良好的生态资源,应因地制宜,大胆探索,按照生态经济的理念发展生态农业、生态工业、生态旅游业,推进绿色城镇化和乡村生态化。大力发展绿色经济、循环经济和低碳经济,积极探索低碳能源、低碳消费、低碳产业等发展模式。加大节能减排力度,坚持源头

控制、科技支撑、严格监管三管齐下,全面推行清洁生产,提高资源利用效率。加快污水处理厂等基础设施建设,确保污水处理率等指标达到国家标准,垃圾处置实现城乡全覆盖。严格环境保护制度,严把环境准入门槛,坚决淘汰高消耗、高排放的落后产能,控制产能过剩行业盲目扩张和重复建设。

启东市委办公室　李菲菲

施　亮

彭红辉

朱鼎鼎

龚　卿

朱　琦

（本研究报告为2014年江苏沿海沿江发展研究院招标课题"启东市推动新型城镇化对策研究"〔Y201414〕研究成果）

启东市设立综合保税区的条件分析与路径选择

> **摘　要**　长三角地区是国家战略的叠加地,长三角一体化、江苏沿海开发、苏南国家自主创新示范区建设等战略深入实施,"一带一路"和长江经济带、上海自贸区建设等战略机遇不断释放新动能,作为"靠江靠海靠上海"的启东,体现得尤为集中、尤为明显。积极抢抓国家战略机遇,全方位推动启东综合保税区申报工作,对于拓展对内对外开放新空间,加快建设"强富美高"新启东意义重大。

党的十八届五中全会提出,要完善对外开放战略布局,推进双向开放,支持沿海地区全面参与全球经济合作和竞争,培育有全球影响力的先进制造基地和经济区。启东市地处长江经济带与沿海经济带T型结构交汇点,与上海隔江相望,节点优势、资源优势、竞争优势明显。支持启东设立综合保税区,有利于积极参与"一带一路"和长江经济带建设,率先复制上海自贸区试点经验,加快培育新的经济增长点。

一、综合保税区概况及发展现状

在各类海关特殊监管区域中,综合保税区涵盖了保税区、出口加工区、保税物流区和保税港区的功能与政策,是目前国内除自由贸易区外开放层次最高、优惠政策最多、功能最齐全、手续最简化的特殊开放区域。根据国家关于加快海关特殊监管区域整合优化方案,将逐步整合现有的出口加工区、保税物流园区、保税港区等为综合保税区,新设立的海关特殊监管区域统一命名为综合保税区。

（一）综合保税区的功能形态

综合保税区通常具有口岸物流、保税物流、保税加工、生产性服务贸易等功能（参见图1）。

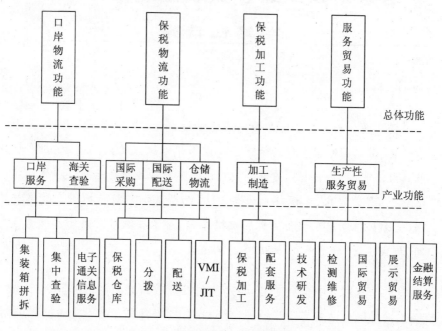

图1 综合保税区功能层次图

（1）口岸物流。口岸物流功能包括口岸服务和海关集中查验功能，提供从集装箱和散货的装卸搬运到海关查验区的通关、查验服务等。

（2）保税物流。保税物流是指在海关监管范围内，将保税货物进行空间移动的过程，包括从港口到各保税仓库、保税加工区域之间分拨、中转配送活动，以及为周边加工制造企业提供 VMI 和 JIT 生产所需的零库存服务。保税物流功能主要开展国际采购、国际配送、保税仓储业务服务，国际采购、分销与配送功能货物进区退税，并可以在区内进行出售前的简单加工，然后享受区内通关的"一站式"服务向国际市场分销；进口的保税货物同样可以简单加工后返销到国外，若销售到国内需办理进口手续。

（3）保税加工。保税加工是指对于境外的进口原材料、元件可以在保税的状态下进行加工，加工完成后可以直接运到境外销售，不需缴纳关税和增值税。保税加工功能为在区内开展来料加工、进料加工提供便利。

（4）生产性服务贸易。区内企业发展研发业务，如果属于自用的业务设备都可享受区内税收优惠；国外和保税区外货物送到保税区内企业监测维修也可享受税收优惠。综合保税区还可以利用商品常年免税的优势开展国际商品的展示、展销，可在综合保税区建设专业交易市场，把综合保税区建成"永不落幕的国际展览会"。

（二）综合保税区的政策优势

（1）海关政策。采取"集中报关，分批出区"的通关模式，简化通关手续，节省通关时间；海关对综合保税区与境外之间进出口货物实行备案制管理，除另有规定，境外货物出入区不实行进出口配额、许可证管理制度；综合保税区货物不设存储期限。

（2）税收政策。区内企业从国外进口的用于出口加工的各类材料可以对其全额保税；用于本公司办公所需的产品予以免税；区内企业间加工产品并在区内流转的免收增值税和消费税；区外商品进入区内可马上办理出口手续，获取相关退税。

（3）检验检疫。从区外运输至区内，用以区内加工型企业办公或加工的货物不需商检；对于"保税一日游"商品在检疫期有效时间内不用重复查验；对于在保税区内进行中转的货物，如果外包装无损的可以免于拆箱检疫。

（4）金融服务。国际型企业可以在区内成立会计结算中心，国内企业可以增设离岸账户，为发展国际结算项目提供方便的结算方式；对于某些常规项目需要经常涉及外汇资金的，区内企业可以在规定额度内增设外汇账户。

（三）国内综合保税区发展现状

我国于2006年12月批准设立了第一家综合保税区——苏州工业园区综合保税区。经过多年发展，截至2015年1月，我国已设立44家综合保税区。2010年之前,国务院批复设立的综合保税区全部位于东部沿海地区和边境地区。之后,为促进中西部地区对外贸易发展与产业结构升级,开始在内陆地区设立综合保税区,每年批复设立的综合保税区明显增加,在增设数量(18个)上超过了沿海地区(15个)(参见图2)。

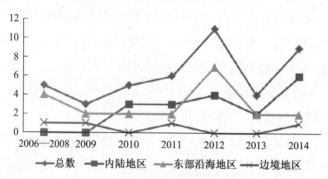

图2 综合保税区批复数量分析图

分析国内综合保税区的发展路径和目标定位,设立综合保税区主要有以下四条路径:

(1)策应国家战略规划。如西安综合保税区是响应《关中—天水经济区发展规划》设立、凭祥综合保税区是响应《广西北部湾经济区发展规划》设立、潍坊综合保税区是响应《山东半岛蓝色经济区发展规划》设立等。

(2)转型升级需要。苏州工业园综合保税区是由苏州工业园出口加工区、保税物流园区整合转型升级而设立,昆山综合保税区是由昆山出口加工区转型升级而设立,苏州高新区综合保税区是由苏州高新区保税物流中心转型升级而设立,北京天竺综合保税区是由天竺出口加工区、保税物流中心转型升级而设立等。

(3)有重大外向型项目入驻。如重庆西永综合保税区因惠普、富士康、英业达、广达等一批IT企业进驻而设立,郑州新郑综合保税区、成都高新综合保税区分别因富士康iphone手机、富士康平板电脑大项目设立等。

(4)口岸边境国际贸易需要。如新疆阿拉山口综合保税区主要对哈萨克斯坦开展对外贸易、发展现代物流,黑龙江绥芬河综合保税区主要为打通东北亚中、俄、日、韩陆海联运大通道。

二、启东设立综合保税区的战略意义和现实基础

(一) 战略意义分析

综合保税区作为我国开放型经济发展的先行区,对承接国际产业转移、推进区域经济协调发展、促进对外贸易和扩大就业具有重要意义。

(1) 设立启东综合保税区,有利于率先复制推广上海自贸区试点经验。2013年成立的上海自贸区是推动改革创新和提升开放型经济水平的"试验田",自贸区已由最初涵盖外高桥保税区、外高桥保税物流园区、洋山保税港区和浦东机场综合保税区等4个海关特殊监管区域28.78平方公里扩展到120多平方公里,并根据先行先试推进情况及产业发展辐射带动需要,逐步拓展实施范围和试点政策范围,最终形成可复制、可推广的制度经验要在全国推广。作为江苏离上海自贸区最近的县域城市,既可以率先承接上海自贸区溢出的仓储、加工、配送、商务等服务需求,也可以复制推广自贸区的贸易便利化措施,在沿江沿海口岸开展国际贸易"单一窗口"试点,推动上海与启东口岸之间试点"一次申报、一次查验、一次放行"便利通关改革,按照自贸区的同一标准、同一系统电子围网监管,将自贸区内期货保税交割等业务延伸到启东综合保税区内,打造沪启之间的"前店后厂""前店后仓""前展后贸"等合作模式,推动启东加快成为全面融入上海的新天地。

(2) 设立启东综合保税区,有利于深化江海联动、推进陆海统筹。2013年南通获批陆海统筹发展综合配套改革试验区,这是南通发展的重要载体和改革的重大平台。启东已在海域使用管理制度改革、港口开发建设管理机制改革、陆海统筹发展金融服务创新示范区建设等方面进行了系列探索,取得了明显成效。在综合保税区全面推进陆海统筹发展综合改革试点,可以更好地统筹陆海域资源,统筹布局陆海生产力,推动沿江"腾笼换凤"与沿海"筑巢引凤",加快形成陆海统筹发展的体制机制,拓展陆地互动、江海联动、城乡一体融合发展的空间格局。

(3) 设立启东综合保税区,有利于促进产业转型升级,加快打造"三优三新"产业集群。综合保税区以其开放程度高、政策优惠大吸引着国际、国

内资本和优质资源不断集聚,在引进龙头型、基地型战略投资项目方面具有独特优势。设立启东综合保税区,既可以厚植本地区海工船舶、电动工具等产业的发展优势,又可以加速引进一批核心技术和品牌服务,促进本地产业转型升级。根据启东市"十三五"发展规划,将在未来五年打造形成海洋工程及重装备、电力及能源装备、精密机械及电子三大优势产业和新材料、新医药和通用航空等三大新兴产业的"三优三新"产业集群。围绕综合保税区开展产业链招商,有助于吸引一批"三优三新"产业项目投资布局,并以此带动研发设计、现代物流、金融服务等生产性服务业和电子商务、网络服务等新兴服务业的发展,推动启东加快成为先进制造业集聚的新高地和"四新"经济发展的主阵地。

(4) 设立启东综合保税区,有利于促进对外贸易,提升开放型经济水平。启东市对外贸易虽有一定基础,但存在规模不大、质量不高、结构不优的问题。利用综合保税区平台,实施优进优出行动计划,增强对外投资和扩大出口结合度,有助于培育以技术、标准、品牌、质量、服务为核心的对外经济新优势。一方面,可以充分用好国家完善出口退税分担机制、提高劳动密集型产品和高新技术产品出口退税率等政策,推动企业扩大出口份额;另一方面,可以提高进口产品科技含量和附加值,推动服务贸易扩大规模、优化结构,不断将产业优势转化为市场竞争优势。

(5) 设立启东综合保税区,有利于加快推进区域中心城市建设。《国家新型城镇化规划(2014—2020年)》明确提出,长江三角洲等东部地区城市群要加快形成国际竞争新优势,在更高层次参与国际合作和竞争,发挥其对全国经济社会发展的重要支撑和引领作用。由中国城市规划设计研究院上海分院承担的"十三五"规划重大课题《打造上海大都市经济圈研究》中明确,启东为上海大都市经济圈重要一员。江苏在城镇体系规划中提出把启东建设成区域性中心城市。设立启东综合保税区,有利于人流、物流、资金流、信息流的加速集聚,促进启东城市治理理念的更新、城市功能品质的提升和城市文明程度的提高,在强化与长江沿线城市互动合作的同时更好地带动辐射苏中、苏北地区发展。

（二）现实基础分析

（1）良好的区位优势。启东市地处长江入海口，是江苏沿海开发前沿区域，经崇启大桥南连上海自贸区，经沿海高速和临海高等级公路北接丝绸之路经济带，溯江而上西进长江经济带，经吕四大港东出 21 世纪海上丝绸之路，是三大国家战略的交汇点。

启东与上海距离仅为 50 公里，与日本、韩国距离约 400 海里。目前，启东港一类口岸正式开放；南通港吕四港区 10 万吨级进港航道一期工程完工，满足 5 万吨级海轮乘潮通航；市域"六横、六纵、两沿、两高速、一环、一通道"路网体系基本形成；宁启铁路二期正在建设，将于 2017 年通车，沪崇启过江快速通道加快研究；通用航空机场启动规划建设。

（2）优质的港口资源。启东港由沿海吕四港区和沿江启海港区两部分组成。境内江海岸线 203 公里，其中，海岸线 77 公里，长江岸线 47.3 公里，沙洲岸线 78.7 公里。启东港拥有较丰富的深水岸线及港口资源，深水海岸线 30 公里，中深水长江岸线 23 公里。其中，吕四港境内的小庙泓水道以乌龙沙、横沙、腰沙为掩护，常年"微冲不淤、浪小水深"。位于吕四港东北侧的冷家沙海域直接濒临外海，可建 30 万吨级深水码头基地，具备长三角地区非常难得的深水港资源。平行于吕四港岸线的小庙泓水道全长 42 公里，平均水深达 16 米，最深处达 23 米，沿线可建 10 万吨级泊位 40 多个。与港口相互支撑的腹地资源丰富，启东市土地总面积 1 208 平方公里，拥有 66 万亩滩涂。境内八大园区功能配套完善，均基本实现"九通一平"。启东经济开发区规划总面积为 100 平方公里；启东吕四港经济开发区开发面积 35 平方公里，港区和港口工业区规划面积 8.87 平方公里；滨海工业园区建成区达 11.35 平方公里，18 平方公里的拓展区正扎实推进；海工船舶工业园区规划建设 22 公里岸线、20 平方公里工业园区。2015 年，启东港总吞吐量为 1 047.05 万吨，其中，外贸吞吐量 515.84 万吨，内贸吞吐量 531.21 万吨，集装箱 10.57 万 TEU。国际航行船舶进靠口岸 41 艘（次），其中，新造出口船舶 7 艘，共计 2.52 万净吨。

（3）雄厚的经济基础。2015 年启东市实现地区生产总值 800 亿元，人均地区生产总值达到8.4万元。实现一般公共预算收入76.83亿元,占地区生产总值比重达9.6%。完成进出口总额30.7亿美元,总量列南通各县市第一、全省各县市第九(参见图3、图4)。"十二五"期间,启东市累计新批外商投资企业165家,新批工商登记注册外资28.5亿美元,注册外资实际到账11.5亿美元。累计完成对外承包劳务营业额14.1亿美元,年均增长53.8%。目前,全市进出口企业超过330家,进出口超千万美元企业30多家,其中超亿美元企业6家,产品远销世界120多个国家和地区。

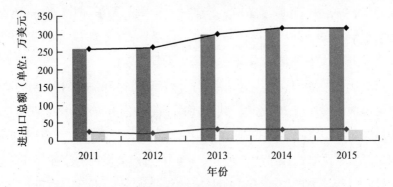

图3 2011—2015年进出口总额(■南通 ■启东)

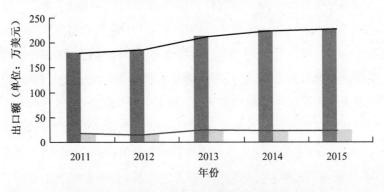

图4 2011—2015年出口总额(■南通 ■启东)

(4)鲜明的特色产业。"十二五"期间,启东市打造形成了海工装备、新能源及光电、电动工具、新医药、节能环保等五大产业集群。2015年,五大产业特色集群完成产值980亿元,占规模工业产值的比重达59.4%。依托启东经济开发区省级光伏新能源产业园,已集聚了韩华新能源、林洋新能

源、湘电东泰新能源、海四达新型动力电源、华乐光电等为代表的一批总投资逾100亿元的重点企业。围绕建设国家级海洋工程重装备产业基地目标,已吸引了中远海工、振华重工、太平洋海工、胜狮能源装备等20家总投资逾300亿元的新兴海工企业。以吕四、天汾为中心的生产、销售、出口电动工具产业集群不断壮大,全市共有注册电动工具企业352家,其中规模以上企业108家,2015年实现规模企业产值292.8亿元。以拜耳医药、盖天力药业、艾力斯药业、希迪制药、秋之友药业等为代表的生物医药产业,以神通阀门、瑞帆环保为代表的节能环保产业发展迅速。

(5) 完善的服务体系。基础设施方面,启东海关正式开关,启东港口岸查验配套设施基本建成,组织机构健全,新建了全方位的电子监控设施、数据交换系统、查验机构工作场所并配备了相应的办公设施。服务配套方面,启东市在南通率先推行"先照后证"和"三证合一"登记制度改革,核发南通市首张"三证合一"营业执照;组建行政审批局,在市场准入和投资建设领域推行相对集中行政许可权改革,"一枚印章管审批"深入推进;诚信启东建设加快打造,"一网三库"信用信息系统全面建设,为企业投资营造了良好的政务环境、法治环境。

(6) 深度的沪启融合。依托上海市政府发展研究中心启东基地,"对接上海三年行动计划"深入推进。目前,全市25%的工业产品为上海配套、45%的农产品供应上海、70%的游客来自上海、80%以上的投资直接或受上海影响进入启东。抢抓上海建设用地减量化的机遇,一批上海优质企业转移搬迁启东,江海产业园、上海自贸区启东生物科技创新协作园、浦东祝桥启东产业园、上海长岛等沪启合作园区和项目建设速度不断加快,产业承载能力和项目示范作用不断提升。

同时,我们也需清醒地认识到,启东市在申报设立综合保税区方面也存在一些不足,主要有:一是平台能级有待进一步提升。八大园区中省级园区3家,国家级开发区亟待破题,吕四港国际冷链物流基地仍需加大申报建设力度。二是港口功能有待进一步完善。目前启东港仍以货物装卸、储运为主,功能较为单一,物流增值服务等功能刚刚起步,金融、保险等功能几近空白,港口与航运要素对其他生产要素的集聚力有限。和国内外的大港口相比,启东港在硬件设施和配套服务方面还比较落后,尤其是港内集疏运系统、港口公共信息平台等基础性配套设施还需加快建设。三是创新能力有待进一步增强。由于开港时间较短等原因的限制,启东港对高端人才的吸引力严重不足,一些高端领域如金融租赁、冷链物流等方面的人才目前仍是空缺,直接影响到启东港物流模式的创新和技术管理水平的进步。四是招商引资力度有待进一步加大。投资额大、拉动作用强、龙头型、基地型的重特大项目还不够多,配套生产、贴牌生产多,终端产品、品牌产品少,迫切需要集中精力招引一批重特大的产业项目尤其是以进出口为导向的外向型企业,来推动传统产业提档升级、新兴产业提质扩量。

三、启东设立综合保税区的路径分析

根据《海关特殊监管区域设立审核办法(试行)》,设立需遵循三个原则,一是有利于实施国家区域发展战略规划;二是有利于中西部地区承接产业转移;三是有利于海关特殊监管区域整合优化,以及确实有外向型大项目待进驻。按照三个有利于原则,结合启东发展实际,可以有三个方案选择。

方案一:在吕四港经济开发区设立综合保税区(保税港区),实施"区港联动"。区港联动是指进一步整合保税区的政策优势和港口的区位优势,将保税区的特殊政策覆盖到港区,实现区域联动、功能联动、信息联动、营运联动,拓展和提升保税区和港口的功能,形成保税区与港口良性互动发展的局面。2004年4月,我国首个"区港联动"试点在上海外高桥保税区启动;之后,青岛、大连、张家港、厦门象屿、深圳盐田、天津保税区与其邻近港区开展联动试点。试点证明,依托得天独厚的地理优势及保税区的政策优势,保税区对外贸易大幅攀升,物流产业迅猛发展,"区港联动"也是我国主要港口加快发展的必由之路。目前,吕四港经济开发区环抱式港池、渔港经济区、新材料产业园加快建设,拥有东凌粮油、中国供销华东国际物流港、广汇能源、华峰超纤等大批项目,国际冷链物流货物检验检疫专业实验室、省和国家级粮油和能源进出口基地也在积极申报中,因而有条件设立综合保税区,并探

索实施"区港联动"。

方案二：在崇启大桥沿江区域设立综合保税区（保税物流中心），实施保税仓储、物流配送等业务。崇启大桥是山东、苏北等地货物进入上海自贸区最便捷通道，在此区域设立综合保税区，与自贸区建立大通关协作机制，探索实施信息互换、监管互认、执法互助，可以有效提升货物通关效率。目前，进出口通关时间是衡量投资环境的客观指标，涉及单证、货物、资金所流经的海关、出入境检验检疫、水陆空港、船务代理、货运代理、仓储、运输、海事、边防、银行、税务等多个环节，而实现"统一口岸数据、异地关检联动，一次申报、一次放行"的目标关键在单证、货物、资金"三流配合"。我们认为，单证流、资金流是同质的，压缩货物流是提升通关效率关键中的关键。因此，此区域设立综合保税区，可以有效分流上海自贸区货物通关的压力，提升山东、苏北等地货物进入自贸区的通关效率。

方案三：在上海长岛设立综合保税区，实施离岸金融等业务。离岸金融业务是指银行体系接受或办理与所在国经济活动无关的国外客户银行业务的活动，主要是向非居民提供境外货币借贷、投资、贸易结算、证券交易等，且不受市场所在国和货币发行国以及金融法规和法律限制。上海长岛位于启隆镇，南与崇明县接壤，是启东位于上海的"飞地"，拥有优越的地理位置和丰富的旅游资源，在此区域设立综合保税区，可以积极争取推广上海自贸区金融改革创新成功经验，比如：支持第三方支付机构开展跨境人民币支付业务，争取开展跨国公司经常项下跨境人民币集中收付、跨境人民币双向资金池业务试点，等等。

四、全力以赴抓好申报工作

申报设立综合保税区是启东发展重要战略决策之一，要坚定信心，以目标必成的意识，在"向上、向下、对内、对外"四项工作上下功夫，全方位推动启东综合保税区申报工作。

一是向上精准对接。对接发展战略。对接战略就是对接方向、对接机遇。要认真研究国家"一带一路"、长江经济带建设以及上海自贸区发展的最新动态,放出眼光主动作为,争取获得更多的发展红利,争得更大的发展优势。对接政策规划。积极对接上级综合规划和专项规划,加快推动国家级开发区、国际冷链物流基地申报建设力度,力争早日破题、早出形象。对接主要部门。积极做好与国家部委、省及上海市有关部门对接,争取上级各部门的帮助支持。省级层面审批涉及11个省厅(局),分别是:南京海关、省发改委、省财政厅、省国土资源厅、省建设厅、省交通运输厅、省商务厅、省工商局、省税务局、省人行、省检验检疫局审核。国家层面审批涉及10个部(委),分别是:海关总署、发改委、财政部、国土资源部、住建部、商务部、税务总局、工商总局、质检总局、外汇管理局审核。同时,充分依托上海市政府发展研究中心,开展对接上海自贸区专题研究,率先复制推广一批制度经验,谋求接轨上海更高的"贴合度"和"精准度"。

二是对内深化研究。研究功能定位。坚持立足综合保税区的功能定位与建设目标,科学制定总体规划、详细分区规划和控制性规划。根据国家海关特殊监管区域设立审核办法及整合优化方案,深入研究周边地区综合保税区的功能定位,确定形成与周边地区错位发展、配套供给的功能特色。同时结合启东综合保税区辐射半径内的开放型经济和实体产业的特色,研究综合保税区内各功能区块的具体布局安排,最大限度地发挥综合保税区保税加工、保税物流、服务贸易等业务。坚持适度超前,发挥区港联动优势,以综合保税区为中心节点,加强周边交通路网等设施规划研究。研究投资方案。按照"政府主导、社会参与"原则,坚持资金筹措市场化方向,建立多元投入机制,拓宽市场化融资渠道。具体投资设想是,由政府投资公司(城投或国投)和目前具有运营管理综合保税区成熟经验的国资公司(如上海外高桥集团)等成立联合投资公司,具体负责综合保税区的投资开发。

三是对外强化招引。强化项目招引。入驻企业是综合保税区设立的关键和支撑。全力抓好大项目招商,紧盯国内外知名企业,加快推动一批龙头型、旗舰型的大项目入驻。学习研究其他综合保税区的成功做法,着手谋划招商的重点产业、重点项目及政策措施,并做好投资成本核算和效益分析。强化人才招引。坚持招商与引智并举,加快引进一批熟悉港口物流、服务贸易、金融投资等业务的创新团队、创新人才。

四是向下落地生根。强化组织保障。成立启东市申报综合保税区领导小组,研究政策规划,协调解决问题。强化部门联动。联合国土、住建、海关等部门,落实综合保税区相关规划,尽早启动控制性详细规划编制,为启东综合保税区内产业发展和项目落地提供科学引导和规划支撑。

启东市委办公室　祝凤祥

陆海统筹背景下启东市园区发展新模式研究

摘 要 八大园区是启东市经济发展的主阵地,启东市正呈现出园区布局不断优化、经济总量不断扩大、发展后劲显著增强等良好发展势头。当前,启东市应紧抓"一带一路"、长江经济带和上海自贸区建设等多重国家战略叠加机遇,深入实施陆海统筹发展战略,通过推动管委会实体与公司实体并行、加快小城市建设、提升载体功能、打造"决策—审批监管—服务"三级服务体系等新举措,大力推动园区管理体制与机制创新,促进园区又好又快发展。

推进陆海统筹发展是贯彻党的十八大提出的建设海洋强国战略的重要举措。2013年12月17日,江苏省委、省政府正式印发《南通陆海统筹发展综合配套改革试验区总体方案》,南通市委十一届六次全会对陆海统筹发展综合配套改革工作进行了全面部署。启东市地处长江入海口,是南通陆海统筹发展的核心区域,园区是经济发展的主战场,是深化经济体制改革的试验田。当前,启东正面临"一带一路"、长江经济带和上海自贸区建设等国家战略交汇叠加的新机遇,正在加快推进新型城镇化、区镇合一、金融改革创新等多重陆海统筹改革工作,是探索和创新园区发展模式的绝佳"窗口期"。

一、启东园区发展呈现出的主要特点

近年来,启东市委、市政府以陆海统筹为指引,不断聚力园区经济发展,八大园区已成为全市经济发展的主阵地、项目建设的主战场、对外开放的主窗口和吸纳就业的强磁场，是全市经济持续高速增长的关键"核动力"。

1. 园区布局不断优化，发展层次不断提升

一是以陆海统筹优化园区布局。启东市根据省、南通沿海开发总体战略部署，以《南通陆海统筹改革方案》为蓝本，产业和园区不断向沿江沿海集聚，形成了"沿江"和"沿海"两大产业带、两大园区方阵。二是国字号打头省字号助阵引领园区高端化转型。正在全面打造国家级开发区、上海北翼第一海港、综合保税区和省级高新区、滩涂综合开发试验区、旅游度假区等产业新平台。三是"互联网＋"转型，大力发展大数据、互联网金融等"四新"经济，互联网经济产业园正在加快建设。

2. 园区经济总量不断扩大，经济贡献度不断提高

今年以来，启东市八大园区实现工业应税销售288.89亿元，同比增长1.54%，占全市比重达到63.2%，比上年同期提高3.8个百分点；实现服务业应税销售46.8亿元，同比增长14.8%，占全市比重达到43.1%，比上年同期提高3个百分点。八大园区地区生产总值占全市比重达51.76%，规模工业产值占全市比重达82.9%，园区已经成为全市经济发展的重要平台和主要支撑。

3. 园区发展后劲显著增强，承载能力明显提升

今年以来，八大园区经济发展后劲不断增强，新经济增长点不断涌现，完成固定资产投资241.1亿元，占全市比重达62.6%；新增工商登记注册外资2.71亿美元，占全市比重达70.2%，实际到账外资1.23亿美元，占全市比重达89.7%。园区承载能力明显提升，建成污水处理厂11座，污水日处理能力达5万吨；建成科创园、博士创业园等创新创业孵化器，孵化面积近4万平方米。总建筑面积9.2万平方米的科创大楼投入使用，国动产业园全面运营，"区镇合一"和简政放权体制机制改革不断深化，园区功能日趋完善。

二、启东市园区发展面临的机遇

园区发展面临的最大机遇可概括为两类：一类是国家以"一带一路"、

长江经济带和上海自贸区战略支撑发展开放型经济实现双向开放的机遇;另一类是以新型城镇化、简政放权等为代表的深化体制机制改革所释放的政策红利机遇。

1. 面临国家战略交汇叠加提升双向开放水平的历史机遇

启东市地处江苏沿海开发的前沿区域,是国家三大战略的交汇点,具备建成国家战略互联互通双向开放桥头堡的优势。随着国家三大战略的深入推进,启东市园区将充分受益于长江经济带战略下长江深水航道、长江北支综合治理工程、北沿江及沪启铁路建设等政策,进一步促进对内开放;同时将受益于"一带一路"及上海自贸区战略下"大通关"、电子口岸建设、负面清单管理制度和服务业对外开放等政策,进一步提升对外开放水平。

2. 面临环上海产业梯度北迁加速扩张启东产业能级的机遇

反映水势渗流速度 v 与水力坡降 J 成正比($v=kJ$)的达西定律在产业转移中同样适用,产业总是向投资价值洼地(投资价值坡度高)的方向转移。从环上海产业空间布局看,当前以上海为中心,向西——沿"沪宁线"的产业带空间布局基本饱和,向南——沿"沪杭线"的产业带也正在趋于饱和,向北启东市作为环上海"最后一处投资价值洼地"的效应日益凸显;未来,向北——沿临海高等级公路、沿海高速和拟建的沿海高铁、沪启铁路的"江苏沿海产业带"将是上海及自贸区产业和改革红利外溢通道的不二之选,启东市园区将是本轮产业转移受益的第一阵地,发展空间和发展能级堪比20年前的昆山,是实现产业能级从百亿级向千亿级规模跨越扩张的战略机遇期。

3. 面临陆海统筹下推进新型城镇化发展和金融改革创新的机遇

启东市按照江苏新型城镇化和南通陆海统筹发展改革总体部署,大力推动园区体制改革创新,8大园区中5大园区实行了"区镇合一",吕四港镇被列为全省首批20个新型城镇化试点镇之一。本轮新型城镇化改革,中央政府赋予试点地区先行先试政策,试点地区着力破除现行体制机制的束缚阻碍,重在探索出体制改革和机制创新的路径。江苏新型城镇化着重推进多元化可持续的城镇化投融资机制等12项改革,是园区破解人口、土地和行政管理等发展瓶颈的重要机遇。融资和投资仍然是制约园区发展的主要瓶颈,打通用海用地审批、出让、监管的壁垒,创新海域权融资举措是启东市园区跨越发展的突破口。当前,启东市正在建设陆海统筹发展金融服务创新示范区,PPP模式等拓宽了基础设施及土地开发投融资机制和渠道。

三、启东市园区发展面临的挑战

1. 园区发展层次有待进一步提升

经过多年不懈努力,启东市建成了八大园区,其中省级经济开发区2个,省级旅游度假区1个,沪苏合作园区2个,海工装备园被认定为国家海工装备产业基地,节能环保装备基地和生物医药基地被认定为"国家火炬计划特色产业基地",但缺乏"国字号"的开发区,与启东市经济发展的总体水平不匹配。面临国家"一带一路"、长江经济带和上海自贸区战略交会叠加的机遇,但缺乏发展外向型经济的"屠龙刀"——综合保税区。

2. 管理体制机制有待进一步创新

当前,上海市的园区如市北高新园等,大部分采用"大公司+小管委会"管理体系,公司主实,管委会从虚,市场化推进园区开发建设。而启东市大部分园区采用"大管委会+小公司"管理体系,管委会主实,公司从虚。当前,一方面,随着"区镇合一"和审批监管权限下放,园区管委会职能从过去服务和开发为主,向服务、开发和审批、监管并行发展,形成运动员和裁判员一体的格局。另一方面,随着外向型经济的发展,越来越多的外资企业来启投资,外资企业倾向于选择与自身在合同关系中更具有平等地位的公司签订投资合同而非政府(管委会)。

3. 发展环境有待进一步优化

一方面,随着园区企业的增多,用工规模持续扩大,对园区物流、检测等生产性服务和商贸休闲等生活性服务配套提出了更多要求;另一方面,随着大数据、互联网金融等"四新"经济的发展,对园区的通信、电力、商务和人才环境又提出了新的要求。特别是启东市直线距离上海不到百里,但物流距离超百公里的物流环境现状对启东园区吸引上海企业形成了一定的制约。

四、园区管理模式比较与借鉴

目前,我国园区管理模式主要有四类,即准政府模式、政企合一模式、政企分离模式和公司主导模式。准政府模式、政企合一模式是县域园区采用的主要模式不再赘述,仅介绍政企分离模式和公司主导模式。

1. 公司主导型模式(即公司主实、管委会从虚模式)

上海市市北高新技术服务业园区是典型的公司型模式,开发运营的管理主体明确为市北高新集团,管委会由市领导牵头各职能部门负责人组成,定期召开会议协调处理园区开发中存在的问题,管委会不是常设机构。这一模式更容易和国际标准接轨,有利于园区在全球化背景下发展开放型经济,但是由于园区开发区前期投资大,投资回报周期较长,运营不当容易使得园区开发公司陷入资金困境。

2. 政企分离模式(即管委会与公司并行模式)

苏州工业园区的管理在很大程度上借鉴了新加坡政府的经验,实行严格的政企分开,管委会主要制定规划、制度规范和落实政策。开发功能由中新合资开发公司来承担。行政方面,实行管委会和乡镇两级管理模式,园区管委会是准政府体制,主要负责工业园区的整体统一规划和新区的建设、管理;老区部分还是充分发挥乡镇政府的作用,乡镇政府的编制和构架保持不变,继续实施其职能,但是服从管委会的统一规划和管理。工业园区每年给乡镇一定财政支持,并制订具体的开发和招商引资计划。其最大的创新之处就是实现了两个分离:即管理主体与开发运营主体、政府与企业的分离。园区管理主体与开发主体的完全分离,使政府脱离了既是"裁判员"又是"运动员"双重身份的尴尬境地。

五、陆海统筹背景下启东市园区发展新模式初探

当前,陆海统筹背景下,园区发展的最大优势是土地资源优势,需要破解的最大难题是园区开发的投融资需求,解决的路径是运用市场化机制,探索创新园区发展模式,包括管理体制机制创新、新型城镇化政策创新运

用等。

1. 采用新模式，创新园区管理体制机制

根据启东市各园区发展的不同特性，对"区镇合一"和审批权下放的园区，可借鉴苏州工业园，采用管委会实体与公司实体并行模式，进一步强化管委会规划制定、行政审批、监督管理和完善政策的职能，进一步推动开发公司进行实质性市场化运作，运用市场化机制拓宽投融资途径，采用PPP等延伸园区开发产业链，形成土地整理、基础设施建设与运营、土地一级开发、工业地产开发与运营，园区产业与商业管理运营、孵化和创投管理等细分产业链，不断拓展园区开发增值渠道，提升园区开发的价值，同时也能培养、锻炼和提拔一批干部。江海产业园、圆陀角旅游度假区等新设园区可考虑大力推进市场化开发机制建设，进一步完善公司制模式，着重创新和完善土地开发模式和机制。

2. 借力新型城镇化，创新园区开发途径

城乡一体化改革历来是园区创新发展的机遇，常熟市曾充分运用国家新农村建设政策，拓荒山，开沟挖湖建成全国重点风景名胜区、5A级虞山尚湖风景区。吕四港开发区可充分运用省新型城镇化试点政策，大力推进小城市建设；其他园区要充分研究新型城镇化政策，创新运用农民市民化成本分担机制、多元化可持续的城镇化投融资机制等改革措施，着力破解园区土地开发、融资、人口管理等发展难题。

3. 加强载体功能建设，大幅提升园区发展层次

要充分放大国家一类开放口岸优势，加快国家级开发区申报，全力争取综合保税区建设。要加快推进吕四港10万吨级进港航道、沪启铁路过江通道、通用机场跑道等海陆空通道建设，职能部门与园区联动，积极争取国字号平台和国家级试点。吕四港可尽早启动保税区相关建设，适时开展自由贸易港前期研究工作。滨海园、江海产业园和圆陀角旅游度假区要攻克难点，推动省级高新区、滩涂综合开发试验区尽早落地，加快建成省旅游度假区。互联网经济产业园要以省互联网平台示范园区为标准，高规格高起点建设。

4. 打造素质过硬的干部队伍，不断优化园区服务环境

加快提升党员干部用新思路把握改革新机遇、用新思维紧跟发展新潮流、用新机制推动发展新事物、用新举措应对发展新趋势的本领，加快培养熟悉产业、懂金融、具有国际视野的复合型干部，打造能够全面驾驭开放型经济的干部队伍。加快行政审批局建设，着力打造"五合一"服务平台。加快对接上级关检合作"三个一"，简化通关程序。积极推广复制上海自贸区以负面清单管理为核心的外商投资管理制度和以贸易便利化为重点的贸易监管制度。

5. 把握改革新规律，构建更加科学高效的投资服务体系

加快形成与行政审批集中、审批权下放改革相适应的投资服务体系。借鉴太仓等苏南地区投资管理模式，加快形成"决策—审批监管—服务"三级服务体系，市级层面加快组建投资决策委员会，着重项目投资的产业准入、环境影响、创新能力评价等；部门与园区管委会负责项目的审批和监管工作；园区开发运营公司着重项目投资服务工作。从而实现投资决策重心上移更加科学、审批监管重心夯实落到实处、投资服务重心下移更加高效的目标。

吕四港经济开发区主任　石光辉
吕四港经济开发区　岳国强

（本研究报告为2014年江苏沿海沿江发展研究院招标课题"陆海统筹背景下启东市园区发展新模式研究"〔Y201412〕研究成果）

后记

自沿海大开发上升为国家战略以来，江苏省采取有力措施，突出规划引领、江海联动和陆海统筹，着力构建较为完善的现代基础设施体系，加快沿海产业集聚步伐，积极推进体制机制创新，沿海开发工作取得了比较显著的成效。

长江经济带上升为国家战略后，南通大学依托江苏沿海沿江发展研究院组建了江苏长江经济带研究院，针对长江经济带跨区域发展基本规律和江苏省应对方略开展了深入研究，研究成果受到省市党委、政府和社会的高度关注。

2016年是"十三五"开局之年，也是长江经济带建设全面推进之年。为贯彻落实习近平总书记重要讲话精神，推进中宣部重大现实问题课题"长江经济带重大战略研究"的深入开展，南通大学于2016年4月4日，与光明日报社、上海社会科学院共同举办了以"长江经济带世界级产业群建设"为主题的第二届长江经济带发展论坛。本届论坛围绕长江经济带创新驱动发展战略研究、长江经济带立体交通走廊战略研究、长江经济带绿色生态廊道战略研究等8个热点议题展开深入研讨，论坛得到各大媒体的广泛关注。

这本《2015年江苏沿海沿江发展研究报告集》收录了包括第二届长江经济带发展论坛综述、中宣部重大现实问题课题"长江经济带重大战略研究"阶段性成果在内的共22篇研究报告和相关文章。

在此，谨向支持研究院工作的单位、部门以及专家学者表示衷心感谢！

南通大学江苏沿海沿江发展研究院